IM LABYRINTH DER ZEITEN

MIT MORDECHAI W. BERNSTEIN
DURCH 1700 JAHRE
DEUTSCH-JÜDISCHE GESCHICHTE

*Mit Übersetzungen aus dem Jiddischen
von Lilian Harlander und Lara Theobalt*

BERNHARD PURIN · AYLEEN WINKLER [HG.]

Dieser Katalog erscheint zur gleichnamigen Ausstellung
im Jüdischen Museum München vom
17. März 2021 bis 13. Februar 2022

REDAKTION
Ayleen Winkler

LEKTORAT
Lilian Harlander
Lara Theobalt

ÜBERSETZUNGEN
Christopher Wynne
Liliane Dombrowski

GRAFIK
Haller & Haller

GESAMTHERSTELLUNG
Hentrich & Hentrich Verlag Berlin Leipzig

© 2021 Jüdisches Museum München
© 2021 Hentrich & Hentrich Verlag Berlin Leipzig

1. Auflage 2021
Printed in Germany

ISBN 978-3-95565-431-3

HENTRICH
&HENTRICH

INHALT

Mordechai W. Bernstein, 1948

VORWORT

Als das Jüdische Museum München 2018 gemeinsam mit dem Museum für Franken in Würzburg die Ausstellung „Sieben Kisten mit jüdischem Material. Von Raub und Wiederentdeckung 1938 bis heute" zeigte, war im begleitenden Ausstellungskatalog auch ein aus dem Jiddischen übersetzter Beitrag von Mordechai W. Bernstein aus dem Jahr 1956 enthalten. Darin berichtete er von seinem Besuch in Würzburg Ende der 1940er Jahre und seinem gescheiterten Versuch, verschollene jüdische Ritualgegenstände aufzuspüren. Das bot Anlass, sich genauer mit dem Autor, seinem Aufenthalt in Deutschland 1948–1951 und dessen Niederschlag in drei in Buenos Aires in jiddischer Sprache erschienenen Bänden zu beschäftigen. Aus den rund 70 Aufsätzen wurden für Ausstellung und Katalog 18 Texte ausgewählt, in denen sich Bernstein mit Objekten befasst, die sich noch heute in privaten und öffentlichen Sammlungen in Deutschland befinden. Ausstellung und Katalog stellen diese Objekte vor, die Mordechai W. Bernstein aufgespürt hat. Dabei wird Bernsteins Blick aus der Perspektive der unmittelbaren Nachkriegszeit dem heutigen gegenüber gestellt. Die Bandbreite der Objekte reicht von einer antiken Öllampe mit *Menora*, einem 1541 im Allgäu gedruckten hebräischen Buch, einer verbrannten *Tora-Krone* aus Laupheim bei Ulm bis hin zu einem Modell der im Juni 1938 zwangsweise abgebrochenen Münchner Hauptsynagoge. Die Ausstellung zeigt auf diese Weise die Vielfalt deutsch-jüdischer Kultur, aber auch ihre Brüche auf.

Mein herzlicher Dank gilt an erster Stelle den Enkeltöchtern Morde-chai W. Bernsteins, die uns in großzügiger Weise den Abdruck der Über-setzungen seiner Texte ermöglicht haben. Danken möchte ich ebenso den privaten und öffentlichen Leihgebern, die uns Exponate ihrer Sammlungen für fast ein Jahr großzügig anvertraut und uns auch bei den Recherchen vielfach unterstützt haben. Des Weiteren gilt mein Dank den Autorinnen und Autoren, die Katalogbeiträge für diesen Band beigesteuert haben und so mitgeholfen haben, nicht nur Bernsteins Texte aus heutiger Sicht einord-nen zu können, sondern auch die in der Ausstellung zu sehenden Exponate besser zu verstehen. Danken möchte ich auch all jenen, die maßgeblich am Entstehen von Katalog und Ausstellung mitgewirkt haben. Nora Pester und ihr Team im Verlag Hentrich & Hentrich haben in bewährter Weise den vorliegenden Ausstellungskatalog produziert, den Hannelore und Andreas Haller gestaltet haben. Architekt Martin Kohlbauer hat mit seiner Ausstellungsgestaltung den Inhalten und Objekten einmal mehr einen beeindruckenden Rahmen gegeben.

Den Mitarbeiterinnen und Mitarbeitern des Jüdischen Museums München, die in den unterschiedlichsten Bereichen am Zustandekommen von Ausstellung und begleitendem Ausstellungskatalog in nicht einfachen Zeiten engagiert mitgewirkt haben, danke ich ebenfalls herzlich. Besonders freut es mich, dass die bei diesem Ausstellungsprojekt sehr umfangreiche Übersetzungsleistung aus dem Jiddischen durch die Expertise im eigenen Haus möglich war. Mein Dank gilt Lara Theobalt und insbesondere Lilian Harlander, die nicht nur den größten Teil der Texte Mordechai W. Bern-steins selbst übersetzt, sondern die Übersetzungsarbeiten auch koordiniert hat. Schließlich gilt mein Dank meiner Kollegin Ayleen Winkler, die in den letzten eineinhalb Jahren an Entstehen von Ausstellung und begleitendem Katalog aktiv und engagiert mitgewirkt hat.

Bernhard Purin
München, im Februar 2021

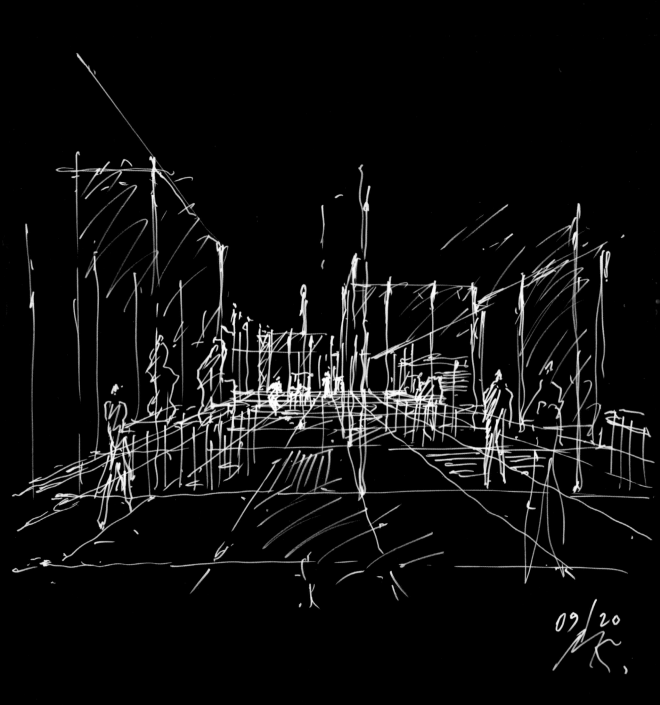

09/20

MATRIX EINER SPURENSUCHE

Gedanken zu den Prinzipien der Gestaltung der Ausstellung »Im Labyrinth der Zeiten«

Meine Absicht ist es, die Besucher mit einem starken sphärischen Raumeindruck dem imaginären Museum des Mordechai W. Bernstein näherzubringen. Leitmotiv ist hierbei das im Titel der Ausstellung angesprochene Labyrinthische, das als Raumraster die Basis für das Aufspüren der einzelnen Exponate bietet. Eine Vielzahl von vertikalen dünnen Stäben werden gemeinsam mit Spiegelflächen und transluzenten Geweben in die gebaute Struktur des Museums, die hier als Synonym für die Stadt steht, eingefügt. Die Exponate werden auf fragilen Metallgestellen, die eine Analogie zur Raumstruktur darstellt, präsentiert.

Martin Kohlbauer

Wien, im Februar 2021

Mordechai W. Bernstein, um 1950

MORDECHAI WOLF BERNSTEIN (1905–1966)

Ein Historiker und Journalist auf den Spuren
jüdischer Geschichte im Nachkriegsdeutschland[1]

Mordechai Wolf Bernstein war unter seinen Freunden als lernbegeisterter, kontaktfreudiger und engagierter Autodidakt bekannt. Er übte in seinem Leben viele Berufe aus: Unter anderem war er als Anhänger der jüdischen Arbeiterbewegung politisch aktiv. Zugleich arbeitete er als Nachtwächter, Tischler, Journalist, Herausgeber von Büchern und Zeitungen oder Lehrer und Forscher. Er lebte an vielen Orten der Welt wie beispielsweise in der Sowjetunion, Deutschland, Polen, Argentinien und Amerika. Insgesamt beherrschte Bernstein sieben Sprachen (Jiddisch, Hebräisch, Polnisch, Russisch, Deutsch, Spanisch und Englisch), obwohl ihm wohl die jiddische Sprache und Literatur am nächsten waren.[2]

Mordechai Wolf Bernstein kam am 14. Juni 1905 in Bytén im heutigen Belarus als drittes von vier Kindern und als einziger Sohn von Mosche und Zippe Bernstein zur Welt. Nach einer traditionellen Erziehung durch seinen Vater besuchte er nach dessen Tod im Jahr 1921 jüdische Schulen in Baranowicze, Slonim und Białystok. Den Besuch eines jüdischen Lehrerinstituts finanzierte er sich durch verschiedenste Gelegenheitsjobs. Früh begann Bernstein sich für Politik zu interessieren, wurde Sekretär des Allgemeinen Jüdischen Arbeiterbunds – eine 1897 in Wilna gegründete jüdische Arbeiterpartei, kurz „der Bund" genannt – und Mitglied des Zentralkomitees des Bund in Polen. Im Bund war Bernstein vor allem unter dem Namen „Matvey" bekannt.[3] 1930 heiratete Bernstein die ebenfalls aus Bytén

1 Dieser Text ist eine Erweiterung von Harlander 2018.
2 Kohn 1986, S. 5.
3 Vgl. Rusiniak-Karwat 2017, S. 142.

stammende Zelda Goldin. Gemeinsam gingen die beiden nach Warschau, wo 1931 ihr einziges Kind, die Tochter Masha, zur Welt kam. In Warschau begann Mordechai Bernstein für das Yidisher visnshaftlekher institut (YIVO, Jüdisches Wissenschaftliches Institut) zu arbeiten, dessen Hauptsitz sich in Wilna befand. Zudem schrieb er für verschiedenste, dem Bund nahestehende Zeitungen wie beispielsweise die „Folkstsaytung" oder „Undzer Tsayt". Nach dem Einmarsch der Deutschen in Polen 1939 floh Mordechai Bernstein in das zu dieser Zeit litauische Wilna und betätigte sich auch dort als Journalist und Historiker für das YIVO. Kurze Zeit später flohen auch Zelda und Masha Bernstein aus Warschau nach Wilna.[4] Durch seine Tätigkeit als Journalist erfuhr Bernstein, dass der japanische Diplomat Chiune Sugihara[5] Visa für Jüdinnen und Juden ausstellte, die aus dem Kriegsgebiet fliehen wollten. Es gelang ihm, für sich und seine Familie ein solches Visum zu erhalten.[6] Doch ehe die Familie die weiteren notwendigen Papiere organisieren konnte, wurde Bernstein Ende August 1940 von der sowjetischen Geheimpolizei wegen seiner Tätigkeiten für den Bund in Haft genommen. Bis Juni 1941 war er im Lukiškės-Gefängnis in Wilna inhaftiert, wo er sich mit Menachem Begin (1913–1992), dem späteren Ministerpräsidenten Israels, eine Zelle teilte. Anschließend wurde Bernstein in eine Haftanstalt in der Nähe von Gorki (heute Nizhny Novgorod) verbracht, wo er verblieb, bis er im Januar 1942 freigelassen wurde.[7]

Nachdem klar war, dass Mordechai Bernstein sie nicht würde begleiten können, nutzen Zelda und Masha Bernstein das Visum von Chiune Sugihara und machten sich im Januar 1941 auf den Weg über Russland nach Japan und von dort aus weiter nach Kanada, wo sie die Kriegszeit verbrachten. Im Oktober 1945 übersiedelten sie nach New York.[8] Masha Bernstein, später Leon, begann in Amerika für die englischsprachige Ausgabe des „Forverts" zu schreiben. Hier schrieb sie Kolumnen, in denen sie auch von ihrer eigenen Fluchtgeschichte sowie dem Schicksal ihres Vaters erzählte.[9]

Mordechai Bernstein ging nach seiner Freilassung 1942 nach Fergana im heutigen Usbekistan, wo er sich erneut dem Bund anschloss. Er half

---

4 Ebd., S. 5–6; Rusiniak-Karwat 2017, S. 142–143.
5 Chiune Sugihara (1900–1986), japanischer Diplomat, rettete ca. 6.000 Juden in Litauen, indem er ihnen in Eigeninitiative Visa ausstellte.
6 Vgl. Rede von Karen Leon, Tochter von Masha Leon, geb. Bernstein, bei der Eröffnung der digitalen Ausstellung „Visas for Life and the Bond of Humanity: Sugihara Chiune's courageous humanitarian act" am 08. Dezember 2020.
7 Rusiniak-Karwat 2017, S. 141, 144, 147–148; Kohn 1986, S. 6; Adler 2020, S. 113, Leon, Masha: A Film Exploration of the Camp David Peace Negotiations, in: Forward (22.09.2011): <https://forward.com/articles/143358/a-film-exploration-of-the-camp-david-peace-negotia/>.
8 Rusiniak-Karwat 2017, S. 144–145; Kohn 1986, S. 6; Adler 2020, S. 63.
9 Roberts, Sam: Masha Leon, Society Columnist and Holocaust Survivor, Dies at 86, in: The New York Times (07.04.2017): <https://www.nytimes.com/2017/04/07/nyregion/masha-leon-dead-society-columnist-for-the-forward.html>.

anderen Bundisten bei der Auswanderung und war für die Verteilung von Geldern des Polnischen Bund in New York und dem Jewish Labor Committee verantwortlich.[10]

Im Oktober 1943 geriet Bernstein erneut in Gefangenschaft, weil er sich weigerte, die sowjetische Staatsbürgerschaft anzunehmen. Er wurde zu fünf Jahren im Gulag[11] verurteilt, im Frühjahr 1944 jedoch wegen schlechter Gesundheit vom Gulag nach Taschkent verbracht. Im Sommer 1946 gelang es ihm mit der Hilfe eines Mitglieds des Bund Polnischer Patrioten nach Polen zu reisen, wo er sich in Łódź niederließ. Erneut engagierte er sich im Bund und nahm nun auch seine journalistische und historische Arbeit wieder auf. Er war für die Historische Kommission des Bund tätig und widmete sich der Erinnerungs- und Gedenkarbeit, indem er die Geschichte des Bund und die Schicksale jüdischer Sozialisten während der Kriegsjahre aufarbeitete.[12] Als sich langsam die Auflösung des Bund abzeichnete, machte er sich auf den Weg nach Deutschland, wo er 1948 im DP-Lager Feldafing ankam.[13]

In Deutschland arbeitete Bernstein als Bibliothekar in Stuttgart und war als Korrespondent des YIVO für Westdeutschland tätig. Er sammelte verschiedenste Materialien wie beispielsweise Pamphlete aus DP-Camps, Publikationen zu deutschen Judaica, aber auch Antisemitika, zu denen er auch regelmäßig Berichte verfasste.[14] Außerdem sammelte und erstellte er Spezialinventare der Bestände jüdischer Gemeinden in deutschen Archiven, die er dem YIVO und der Yeshiva University in New York zukommen ließ. Zum Teil griff er dabei auf Inventare zurück, die von Nationalsozialisten mit dem Ziel angefertigt worden waren, alle Akten zur „Geschichte der Judenfrage" zu erheben. Dabei hatten die Nationalsozialisten unbeabsichtigt erstmals auch für die Neuzeit einen Nachweis über archivalische Quellen zur jüdisch-deutschen Geschichte geschaffen.[15] In der Nachkriegszeit konnten diese Inventare nun anderen als von den Nationalsozialisten angedachten Zwecken zugeführt werden. Zudem begannen einige Archive, angeregt durch Bernsteins Recherchen, auch selbst derartige Spezialinventare anzulegen. Auf diese Weise trug Bernsteins Arbeit dazu bei wichtiges Quellen-

10 Rusiniak-Karwat 2017, S. 141, 148.
11 Netz von Straf- und Arbeitslagern in der Sowjetunion.
12 Rusiniak-Karwat 2017, S. 141, 149–150; Kohn 1986, S. 7.
13 Rusiniak-Karwat 2017, S. 150; Masha Leon: Eli Zborowski Center Stage at American Society for Yad Vashem Luncheon, in: Forward (01.06.2012): <https://forward.com/articles/157206/eli-zborowski-center-stage-at-american-society-for/>, Nach Kriegsende wurden Personen, die kriegsbedingt fern ihrer Heimat waren, sogenannte Displaced Persons, vorübergehend in provisorischen Lagern untergebracht.
14 Auf diese Berichte wird in der Korrespondenz zwischen Hanna Arendt und Gershom Scholem, die beide für die JRSO tätig waren, deutlich Bezug genommen. Vgl. Knott 2010.
15 Zur Geschichte der Inventarisierung archivalischer Quellen jüdischer Gemeinden in Deutschland vgl. Honigmann 2001.

material zur jüdisch-deutschen Geschichte für die Wissenschaft zugänglich zu machen.[16] Bis Ende 1951 hatte Bernstein insgesamt über 100.000 Unterlagen an das YIVO geschickt, die sich vorwiegend mit den Überlebenden der Schoa in Europa befassten.[17]

Zudem war Bernstein Berater der JRSO (Jewish Resitution Successor Organization) und der JCR (Jewish Cultural Reconstruction, Inc.),[18] die 1949 in der amerikanischen Zone als Treuhänderorganisationen für von den Nationalsozialisten geraubtes jüdisches Kulturgut anerkannt worden waren. Sie nahmen Bücher, Dokumente, Ritualgegenstände und andere Objekte, deren Eigentümer und deren Erben ermordet worden waren oder nicht ausgemacht werden konnten, in Obhut und verteilten sie an jüdische Gemeinden weltweit. Da deutsche Museen, Archive und Bibliotheken ihrer gesetzlichen Pflicht zur Anzeige von jüdischem Besitz in ihren Beständen oft nicht nachkamen, wurde die JCR selbst aktiv. Ihre Geschäftsführerin Hannah Arendt suchte mit einem Team von Wissenschaftlern, zu denen auch Mordechai Bernstein gehörte, gezielt nach solchem Material. Bernstein durchforstete Archive und Bibliotheken und erstellte Berichte über seine Funde für die JCR.[19] Während Arendt Bernsteins Mitarbeit offenbar wertschätzte,[20] war Gershom Scholem, der als Vertreter der Hebrew University in Jerusalem an den Tätigkeiten der JCR beteiligt war, skeptisch hinsichtlich der akademischen Bildung Bernsteins: "I said […] that the most that would be justified under the present conditions might be a mission of one or two men for tentatively 6 to nine months on the understanding that these could not be people of the type of Mr. Bernstein, but people of academic standing with a full command of German…"[21]

Während seiner Zeit in Deutschland erforschte Mordechai Bernstein auf diese Weise die Geschichte hunderter jüdischer Gemeinden, die während der NS-Zeit zerstört worden waren. Einiges davon publizierte er in der „Allgemeinen Wochenzeitung der Juden in Deutschland" wie auch in anderen jüdisch-deutschen Publikationen.[22] Im Januar 1952 emigrierte Bernstein nach Argentinien. Dort unterrichtete er an der I. L. Peretz Schule

16 Honigmann 2001, S. 27–29; vgl. Knott 2010, S. 306.
17 Kohn 1986, S. 7.
18 Ebd. S. 7; Knott 2010, S. 206.
19 Gallas 2016, S. 66, 165.
20 Vgl. Knott 2010, S. 306, 488, 492f.
21 Knott 2010, S. 274.
22 Kohn 1986, S. 7–8.

מ. וו. בערנשטיין

אין לאַבירינטן
פון תקופות

פאַרלאַג
"יידבוך"

ביי דער
"געזעלשאפט פאַר יידיש-וועלטלעכע שולן אין אַרגענטינע"
בוענאָס-אײַרעס

1955

Titelblatt: In den Labyrinthen der Zeiten, Buenos Aires 1955

und gab innerhalb von zehn Jahren, zwischen 1954 und 1961, fünf *Memor-bücher* zu osteuropäischen Städten in jiddischer Sprache heraus.[23] Darüber hinaus publizierte er drei Bände zur jüdisch-deutschen Geschichte:[24] 1955 entstand „In labirintn fun tkufes" (In den Labyrinthen der Zeiten), dem 1956 „Nisht derbrente shaytn" (Nicht verbrannte Scheite) folgte. 1960 wurde der letzte Band „Dos iz geven nusekh ashkenaz" (Das war die Epoche von Aschkenas) herausgegeben.[25]

23 Abramowitz/Bernstein 1954, Berger/Bernstein 1957, Bernstein 1958, Bernstein 1961, Bernstein 1964.
24 Kohn 1986, S. 8–9; Knott 2010, S. 653; Rusiniak-Karwat 2017, S. 150.
25 Alle drei jiddischen Publikationen stehen im Yiddish Bookcenter als Download zur Verfügung.
   Vgl. <https://www.yiddishbookcenter.org/search/collection/>.

Titelblatt: Nicht verbrannte Scheite,
Buenos Aires 1956

Titelblatt: Das war die Epoche von Aschkenas,
Buenos Aires 1960

Bernstein verarbeitete in diesen drei Büchern die Materialien, die er aus den Überresten jüdischer Gemeinden Deutschlands gesammelt oder erfasst hatte: Manuskripte, Bücher, aber auch Artefakte aus deutschen Archiven, Museen und Büchereien, die die Schoa überdauert hatten.

In seinen Texten reflektierte Bernstein immer auch seinen Aufenthalt in Deutschland und hinterfragte die Auseinandersetzung der deutschen Bevölkerung mit der unmittelbaren Vergangenheit. Er sah sich jedoch nicht nur im „Land der Täter", sondern in einem wahren Labyrinth der Zeiten, in dem er großen Rabbinern und altehrwürdigen jüdischen Gemeinden begegnete.[26] Er schlägt so in seinen drei Publikationen den Bogen von den Anfängen der jüdisch-deutschen Geschichte bis zur Schoa, führt seine

---

26 Bernstein 1955, S. 20.

Leser und Leserinnen sicheren Schrittes durch dieses Labyrinth der Zeiten mit all seinen Abzweigungen und Verästelungen. Siebzehn[27] der Artikel aus seinen Monografien liegen in diesem Band nun erstmals in deutscher Übersetzung vor und werden somit einem breiteren Publikum zugänglich gemacht.[28]

Neben diesen literarischen Tätigkeiten war Bernstein auch weiterhin politisch aktiv, verfasste zahlreiche Artikel für jiddische Zeitungen und Journale in Nord- und Südamerika. Er war Bibliothekar des YIVO in Buenos Aires und beteiligte sich dort am jüdischen Leben. 1962 ließ sich Bernstein endgültig bei seiner Familie in New York nieder, das er bereits zuvor – auch für längere Zeiträume – besucht hatte. Im selben Jahr überließ er dem YIVO, dem er stets verbunden blieb, eine große Sammlung seltener Bücher und Pamphlete aus Argentinien sowie etwas später auch Fotos aus deutschen DP-Camps und Antisemitika. Kurz vor seinem Tod war Bernstein in eine ganze Reihe verschiedenster Projekte eingebunden: So arbeitete er unter anderem an einer Geschichte der jüdischen Presse in der Ukraine, an einer Geschichte der jüdischen Familiennamen und auch an einer Schoa-Textsammlung für ein Lehrbuch. Mordechai Bernstein starb am 21. April 1966 in Manhattan.[29]

Sein Nachlass befindet sich zu einem großen Teil in New York und zwar sowohl in den Yeshiva University Archives[30] als auch in den YIVO Archives.[31] Bis auf einige Ausnahmen enthalten beide Sammlungen weitestgehend dieselben Inventare.[32] Die Berichte an die JRSO liegen im CAHJP (Central Archives for the History of the Jewish People, Jerusalem).[33]

---

27 Der Text „Drei Schlachmones Teller aus Würzburg" erschien bereits 2018 in deutscher Übersetzung. Vgl. Harlander 2018.
28 Kleinere Fehler und Irrtümer in den Texten wurden zugunsten der Lesbarkeit stillschweigend getilgt. Die Namensschreibung erfolgt nach der gängigen Schreibweise oder ansonsten gemäß den internationalen Transkriptionsregeln.
29 Vgl. Kohn 1987, S. 9–10; Knott 2010, S. 653.
30 Vgl. Kohn 1987; Honigmann 2001, S. 28.
31 YIVO-Archives, RG 285. In: <http://www.yivoarchives.org/?p=collections/controlcard&id= 32667&q=%22mordechai+bernstein%22>.
32 Vgl. Honigmann 2001, S. 28.
33 JRSO/NY/923b. In: <http://www.daat-hamakom.com/content_pages/the-papers-of-the-jewish-restitution-successor-organization-jrsonew-york-office/>.

FRAGMENT EINER ÖLLAMPE TRIER

Von Lilian Harlander

1
Fragment einer Öllampe

Nordafrika, ca. 4. Jh.
Fund 1901 in Trier
Hartgebrannter Ton, Überzug leuchtend und kräftig rotbraun
Im Spiegel ein siebenarmiger Leuchter auf dreigliedrigem Fuß
L: 5,2 cm; B: 5,8 cm

RHEINISCHES LANDESMUSEUM TRIER, INV. NR. ST 2105

Das Fragment einer kleinen tönernen Öllampe war lange Zeit Anlass für eine Kontroverse, die ihren Anfang um die Jahrhundertwende nahm und bis in die unmittelbare Gegenwart andauert. Dreh- und Angelpunkt der Debatte ist die Frage, ob diese Lampe mit einer eingeritzten *Menora* der Beweis dafür sein kann, dass bereits zur Spätantike eine jüdische Gemeinde in Trier gelebt hat.

Mindestens bis in die späten 1980er Jahre ging man davon aus, dass es nicht nur in Köln, sondern auch im römischen Trier eine jüdische Gemeinde gegeben habe.[1] Zurückgeführt wurde dies unter anderem auf das Fragment dieser Öllampe, vermutlich aus der zweiten Hälfte des 4. Jahrhunderts, auf deren Spiegel deutlich eine *Menora* zu erkennen ist. Gefunden wurde das Fragment 1901 in zwei Metern Tiefe bei Kanalarbeiten an der Ecke Hauptmarkt und Judengasse in Trier. Vermutlich stammt es aus nordafrikanischer Herstellung.

Bereits zu einem frühen Zeitpunkt der Debatte, wohl ausgelöst durch einen Aufsatz des Trierer Oberrabbiners Dr. Adolf Altmann, ist man sich ob der Beweiskraft des Öllampenfragments und der Richtigkeit von Altmanns Argumentation uneinig. Er macht zwar deutlich, dass es keine derart frühen schriftlichen Quellen für eine jüdische Anwesenheit im römischen Trier gebe,

diese aber dennoch aus verschiedenen Gründen wahrscheinlich sei: Immerhin sei dieses Öllampenfragment zu seiner Zeit der einzige Fund dieser Art in Deutschland gewesen. Besonderes Augenmerk sei auf die Fundstelle selbst in der Nähe des Eingangs zur Judengasse zu legen. Altmann vermutete schließlich, dass Öllampen eine wichtige Rolle im jüdischen Begräbnisritual gespielt haben könnten und dass sich in der Nähe der Judengasse in Trier eine jüdische Katakombe oder Grabgruft befinden müsse.[2] Gegenstimmen – zu denen sich auch Mordechai W. Bernstein etwa zwanzig Jahre später zählte – monierten, dass der Fund dieses Fragments nur wenig aussagekräftig sei, weil er aus keiner systematischen Grabung stamme. Auch sei denkbar, dass das Fragment erst zu einem späteren Zeitpunkt, als bisher vermutet, in den Boden gekommen war. Darüber hinaus wäre eine jüdische Grabstätte im später erst entstehenden mittelalterlichen Judenviertel unwahrscheinlich, da aufgrund *talmudischer* Vorschriften Friedhöfe außerhalb der Stadt angelegt wurden, sichtbar beispielsweise auch in Köln.[3] Auch nach römischem Gesetz war eine Bestattung innerhalb der Stadtmauern nicht erlaubt. Außerdem ist der siebenarmige Leuchter nicht unbedingt ein ausschließlich jüdisches Symbol und kann genauso gut ein Dekorationsmotiv für christliche Benutzer gewesen sein.[4]

1 1988 wurde das Öllampenfragment in der Ausstellung „Juden in Trier" gezeigt und letztlich als Beweis der Existenz einer jüdischen Gemeinde im römischen Trier des 4. Jahrhunderts herangezogen. Gleichzeitig betrachtete man die Lampe als „Zeugnis für die weitgespannten Handelsbeziehungen der Juden im Altertum". Allerdings wird auch deutlich gemacht, dass es nach dem 4. Jahrhundert keine kontinuierlich anwesende jüdische Gemeinde gegeben haben dürfte. Die erste schriftliche Quelle stammt aus dem Jahr 1066 und beschreibt, dass Juden für den Tod des Trierer Erzbischof Eberhard, der ihnen die Zwangstaufe auferlegen wollte, verantwortlich gemacht wurden. Vgl. Goethert-Polaschek 1988, S. 29f.
2 Altmann 1931, S. 119f. in Kann 1995, S. 18.
3 Kober 1932, S. 210–212. Häufig ging es in der Debatte v.a. darum, ob Trier möglicherweise früher eine jüdische Gemeinde hatte als Köln.
4 Kann 1995, S. 18.

Das ändert freilich nichts an der unvergleichlich bedeutsameren Position der *Menora* im jüdischen Kontext.

Darstellungen der *Menora* haben ihren Ursprung in dem goldenen siebenarmigen Leuchter, den die Römer im Jahr 70 u. Z. aus dem Zweiten Tempel in Jerusalem gemeinsam mit anderen Heiligtümern raubten und nach Rom brachten. Das berühmte Relief im Inneren des Titusbogen zeigt die gestohlene *Menora* und den Triumphzug durch Rom. Im 1. und 2. Jahrhundert findet man die Darstellung eines siebenarmigen Leuchters nur mehr auf einigen wenigen palästinischen Tonlampen, wahrscheinlich auf eine Scheu (und ein späteres *talmudisches* Verbot) zurückzuführen, heiliges Tempelgerät bildlich darzustellen. Erst mit der erstarkenden Christianisierung im frühen 4. Jahrhundert und der Verwendung christlicher Symbole in Kirchen und im Alltag verstärkten sich auch jüdische Symboldarstellungen wieder. Die *Menora* erschien in Synagogen und Privathaushalten, auf Schmuckstücken, Siegeln – oder auch Öllampen. Diese neu entstehende jüdische Ikonografie darf als Abgrenzung vom Christentum verstanden werden. Tatsächlich wurde die *Menora* auch im christlichen Kontext verwendet, indem man jüdische Konnotationen wie beispielsweise als Symbol für den Wiederaufbau des Tempels oder auch für Gott als Quelle der Tora und des Lichts umdeutete.

So wurde der siebenarmige Leuchter unter anderem zu einem Zeichen für das Kreuz Christi. Dies ändert aber nichts am grundsätzlich jüdischen Charakter der *Menora*-Darstellungen.[5] Diese Sichtweise geht sogar so weit, „dass in der Spätantike im Falle des Fehlens eindeutiger christlicher Hinweise eine Menora als jüdisch anzusehen ist".[6] Die zeitliche Verortung in der Spätantike spielt hier eine wesentliche Rolle, denn ab dem 6. Jahrhundert erfährt die *Menora* einen mehrfachen Bedeutungswandel und erscheint häufiger im byzantinisch-christlichen Kontext.[7]

Was dafür spricht, dass das Öllampenfragment tatsächlich in einem jüdischen Kontext stehen könnte, ist seine Fundsituation (aber ein wenig anders, als von Altmann gedacht): Neben der Öllampe wurden unter anderem auch Bleiplomben[8] mit *Menora*-Abbildungen gefunden.[9] Man geht davon aus, dass sie den Reinheitsgeboten entsprechende Ware kennzeichneten. Darüber hinaus fand man Gewichte,[10] die jüdischen Händlern zugeordnet werden können. All das spricht durchaus für eine jüdische Anwesenheit im spätantiken Trier, zumal sich der Fundort des Fragments in unmittelbarer Nähe des mittelalterlichen Judenviertels in Trier befindet.[11]

---

5 Berger 2005, S. 26–34.
6 Ebd., S. 34.
7 Ebd., S. 34.
8 Diese Plomben dienten wohl dem Verbinden von Fäden oder Schnüren einer Verpackung.
9 Ebenso wurde an einem anderen Fundort in Trier ein Plattenfragment gefunden, von dem manche Forschenden vermuten, dass es vielleicht von einem jüdischen Grabstein stammen könnte. Vgl. Berger 2005, S. 62, 121.
10 Weil diese Gewichte (datiert in das 1. oder 2. Jahrhundert.) aus Bronze ein Schin an der Oberseite haben und nahezu dasselbe wiegen wie ein Schekel (silberne Hauptmünze im Mittelmeerraum), geht man heute von einem jüdischen Kontext aus.
11 Berger 2005, S. 126.

Vergleichbare Lampen wurden bisher
nur in Augsburg und Szombathely-
Savaria, Ungarn (Aufbewahrungsort,
Fundort unbekannt) gefunden.
Alle drei zählen zur Gruppe der nord-
afrikanischen Lampen, wahrscheinlich
in Karthago hergestellt.[12] Letztlich –
nach jahrzehntelangen Diskussionen –
widersprechen die Indizien Bernstein
und den anderen Gegenstimmen und
lassen im Sinne Altmanns die Vermutung zu, dass wohl im spätantiken Trier
eine jüdische Gemeinde gelebt hat.

12 Allerdings muss man bei dieser Kategorisierung stets berücksichtigen, dass es selbstverständlich auch
nachahmende Werkstätten gegeben hat, die sich auch außerhalb von Afrika befunden haben können.
Berger 2005, S. 128f.

HEILIGE GEMEINDEN: TRIER

—— • • • ——

הייליקע קהילות: טריער

Synagogen mit Pergamenten, mit Büchern waren verbrannt
Und gemeinsam mit ihnen die Betenden…
Leben waren verschwunden…in Gräbern
Und was sollen meine hilflosen Hände tun?[1]
(Z. Segalowitch)[2]

Diese Zeilen sind aus Segalowitchs Klagelied über die Zerstörung unserer gegenwärtigen Epoche, über die Vernichtung, die die braunen Hakenkreuzler bewirkt haben. Dieselben Zeilen sind aber eine Wiederholung der Elegie-Schreiber, die die blutigen Taten der Kreuzzügler – die Ururgroßeltern der heutigen nazistischen Zerstörer – beweinten und beklagten. So betrauert der Klagende seine Schtetl:

Millionen Juden lebten
An der Weichsel, am San und am Dnjestr.[3]

Er wiederholt aber das Echo von vor tausend Jahren, das all die ermordeten Märtyrer beklagt, die an den Flüssen Mosel und Rhein, Sieg und Main gelebt hatten. In unseren Schtetl, sagt er:

Juden lebten von Obstgärten
In Kazimierz und an anderen Orten.
In Krajnik wurde Leder gewalkt,
In Nurzec wurden Balken gesägt![4]

1 Segalowitch 1945, S. 169.
2 Zusman Segalowitch (auch Segalovitsh) (1884–1949), jiddischer Schriftsteller und Journalist.
 Vgl. Liptzin 2007, S. 249.
3 Segalowitch 1945, S. 162.
4 Segalowitch 1945, S. 162.

Vor tausend Jahren pflegten Juden an jenen Flüssen Weingärten, sie gerbten Felle und Pergamentblätter, sie waren Goldschmiede, sie handelten und wandelten. Heutzutage waren es Millionen Juden in tausenden von Gemeinden, damals – in den Anfängen von Aschkenas – waren es nur tausende von Juden in dutzenden von Gemeinden. Heute wie damals handelte es sich um Heilige Gemeinden. Sie waren aber nicht heilig, weil sie nur aus einer religiösen Gemeinschaft von Eremiten, Einsiedlern, Asketen und Engeln bestanden. Damals wie heute war es auch:

Eine Mischung aus modernen und alten, antiquierten Sitten.[5]

Auch an jenen Flüssen waren, wie rabbinische Responsen und staatliche Archive berichten: Jüdische Siedler, stark wie Bären…geborene echte Narren…große Prediger…*Badchonim*[6] mit Reimen und Liedern…[7] Heilig waren sie, unsere Vorfahren am Ufer des Rheins – lassen Sie mich weiter durch die Zeilen unseres heutigen Elegikers sprechen:

In der Länder Städte und Schtetl,
In Orten der Weite und Breite,
Viele Zeiten, viele Generationen ohne Änderung,
Sind wir ein Volk der Zerstreutheit.

Wir sind in der Schwachheit Helden,
Wir sind nicht fröhlich und munter,
Wir gehen und fallen nicht auf die Knie,
Wir gehen, und gehen nicht unter.[8]

Wieder gelangt der Klagedichter in seinem Klagelied über die heutige Zerstörung zu den Wurzeln jener, die „nicht auf die Knie fallen". Die Begründer von Aschkenas zeigten den Weg mannigfacher Stärke in ihrer Schwachheit. Die Geschichte unseres Volkes ist voll mit Beispielen von Hingabe und Märtyrertum. Aber solch massenhafte und kollektive Selbstaufopferung, wenn Männer, Frauen und ihre Kinder gemeinsam beschließen,

5 Segalowitch 1945, S. 79.
6 Sg. Badchan, jüdische Unterhaltungssänger und Gelegenheitsdichter, die es besonders in Polen und in der Ukraine bis zur Schoa gegeben hatte.
7 Segalowitch 1945, S. 79.
8 Segalowitch 1945, S. 81.

nicht auf die Knie zu fallen, solch ein Märtyrertum offenbarte sich erstmals bei unseren Vorfahren, bei den Grundsteinlegern von Aschkenas.

Schon seit Langem wird bei uns der Ausdruck „Heilige Gemeinde" benutzt. Aber ihre eigentliche Veredelung erhielt diese Bezeichnung erst während der beispiellosen Stärke der Rhein-Gemeinden. Ab diesem Zeitpunkt erhielt der Begriff „Märtyrertum" einen neuen Sinn und erfüllte eine wichtige Aufgabe im Leben des Volkes. Das Märtyrertum, die Selbstaufopferung für den Glauben, für Ideen, für die Würde wurde zu einer der wichtigsten Existenzgrundlagen des Volkes. So wurde doch die „Angelegenheit Lekert"[9] zu dem symbolischen Akt der Sturmjahre gegen die zaristische Barbarei: Hunderte Resolutionen und tausende Proklamationen lösten keinen solchen Sturm aus wie der Schuss des einfachen Schusterjungen, der als Protest gegen die Beleidigung von Ideen-Genossen gedacht war. Er starb am Galgen. Aber auch die *Akeda*[10] Zygelbojm[11] scheint unter den Millionen Märtyrern mit einem besonderen Schimmer hervor. Diese Tat eines Einzelnen – eine Tat, zu der ihn niemand gezwungen hatte, nur er allein opferte sich – gegen das Stillschweigen der Welt, als seine Brüder brutal ermordet wurden, wird doch hervorgehoben und höher gestellt als andere Taten, mit größerem Umfang und tausenden Folgen. Das ist die Kraft des Nicht-auf-die-Knie-Fallens. Das Geheimnis, das uns dazu führt, weiterzugehen und nicht unterzugehen.

Wir werden nun einen Spaziergang durch jene anfänglichen Aschkenas-Gemeinden machen. Wir werden innehalten, in alten Chroniken blättern, Zeilen jener Elegiker herausnehmen, die von den tausend Jahre alten Kraft- und Märtyrerkapiteln erzählt haben. Die Details werden sicherlich dazu beisteuern, den Gang unseres Volkes in den letzten tausend Jahren zu verstehen. Vielleicht wird dadurch auch eine gewisse Antwort auf die schwierige Frage gefunden werden, was das Problem von Aschkenas und Sefarad ist.

∗∗∗

---

9 Hirsch Lekert (1897–1902), Schuhmacher und Mitglied des jüdischen Arbeiterbundes. Am 1. Mai 1902 verübte er als Vergeltungstat nach einer Prügelstrafe, die über Demonstranten verhängt wurde, ein Attentat auf Viktor von Wahl, den Gouverneur von Vilnius. Lekert wurde hingerichtet und in der jüdischen Geschichtsschreibung zum nationalen Helden und Märtyrer. Vgl. Hilbrenner 2016.
10 Wörtlich „Bindung", bezieht sich auf die Opferung bzw. Bindung Isaaks.
11 Samuel Mordecai Zygelbojm (auch Zigelboym) (1895–1943), polnischer Bundist und im Warschauer Getto Mitglied des sogenannten Judenrates. 1940 konnte er in die USA flüchten. 1943 beging er als Protest gegen die Untätigkeit der Alliierten hinsichtlich der Schoa Suizid. Vgl. Mishkinsky 2007, S. 696f.

Auf verschiedene Weise, durch besondere Wege und alle Arten von Gelegenheiten sind die im Folgenden erwähnten Heiligen Gemeinden mit den ursprünglichen Folianten der aschkenasischen Geschichte verwoben. Die folgende Aufzählung ist nicht vollständig. Sicherlich fehlen Punkte, die ebenso wie jene, die erwähnt werden, Teile des großen Aschkenas-Gebäudes waren. Das geschah aber nicht vorsätzlich, sondern hat auch mit der Landkarte der jüdischen Siedlungen in den ersten paar hundert Jahren der aschkenasischen Epoche zu tun, die vorgelegt wurde. Es ist aber davon auszugehen, dass die überwiegende Mehrheit vorhanden ist. Ich habe mich bemüht, bei jedem Ort die ursprünglichen Daten der Existenz von Juden und auch die ersten Geschehnisse und Fakten, die damit verbunden sind, zu erwähnen. Dabei halten wir uns so weit wie nur möglich, an eine chronologische Ordnung der Entstehungszeit der gegebenen jüdischen Siedlungen, sofern es gelungen ist, die notwendigen Quellen zusammenzutragen. Es gibt für diese vielen dutzenden alten Städte eine allgemeine Quelle, und zwar die historischen Erinnerungsgebete, die sich in den traditionellen aschkenasischen *Memorbüchern** befinden. Dort wurden die Märtyrer, die einen Märtyrertod gestorben waren, verewigt und dort wird an sie erinnert. In dieser Erinnerung für die Toten heißt es unter anderem:

> Gott möge gedenken der Seelen aller Ermordeten und Verbrannten der Heiligen Gemeinden und jüdischen Siedlungen, zusammen mit den Seelen von Abraham, Isaak, Jakob, Sara, Rebekka, Rachel und Lea, weil sie ermordet wurden, ertränkt, verbrannt, gepeinigt auf den Folterrädern, gehenkt, ausgelöscht, zerstückelt, lebendig begraben und mit allen gewaltsamen Toden des Märtyrertums bestraft.[12]

Wenn man über diese Sterbeaufzählung, die hier gelistet wird, nachdenkt, kommen einem unbeabsichtigt die Folterungen unserer Generation in den Sinn. Die heutigen Bestien übten die Praktiken ihrer Urahnen aus. Man wird an die Vernichtungslager erinnert: Auschwitz, Belzec, Treblinka, Majdanek, Sobibor, Paneriai; Getto-Aktionen, Gestapo-Keller…

***

* Siehe das Kapitel „Das Memorbuch von Koblenz" in meinem Buch „Nicht verbrannte Scheite",
   S. 171 und weitere.
12 Nach Salfeld 1898. Dieses formelhafte Gebet ist mehrfach in Variation zu finden.

Nun werden wir unseren zeitlich und territorial ausgedehnten historischen Spaziergang zum Ursprung der tausendjährigen Landschaft von Aschkenas beginnen.

Wir befinden uns an einem weiteren Standort der aschkenasischen Tradition, an einem weiteren Meilenstein des Ursprungs von Aschkenas. Dieses Mal handelt es sich nicht um einen Ort am Rhein, sondern an der Mosel, einem Nebenfluss des Rheins. Dieser Fluss war seinerzeit rot vom Märtyrerblut, das während der Massaker in allen drei Kreuzzügen wie Wasser floss.

**Tönerne Öllampe mit dem Symbol einer *Menora*,
die in Trier gefunden wurde.**

Hinsichtlich der Anfänge des jüdischen Triers gibt es Kontroversen darüber, wie man beweist, dass es schon in den ersten Jahrhunderten der weltlichen Zeitrechnung dort Juden gab. Als Hinweis wird ein archäologischer Fund gebracht. Im Jahr 1901 wurde während der Durchführung von Kanalarbeiten in Trier, im Haus Nummer 15 am Marktplatz, eine alte tönerne Lampe gefunden, mit dem altjüdischen Symbol einer siebenarmigen *Menora*. Solche Lampen mit diesem symbolischen Emblem wurden seinerzeit in Nordafrika, Kleinasien und Griechenland gefunden, kurz, überall dort, wo es römische Garnisonen gegeben hatte. Daraus will man folgern, dass es bereits in der Römerzeit Juden in Trier gegeben hatte.* Dieser Beweis ist nicht haltbar: Zugegebenermaßen hat dieser Fund mit einem jüdischen Emblem zu tun. Aber wer kann mit Sicherheit sagen, dass er einem Juden gehört hatte? Und wenn ja – vielleicht war er später dort gewesen, nicht etwa im 4. Jahrhundert, zusammen mit dem römischen Stützpunkt.

Ein gesicherteres Datum ist das Jahr 1066. Eine alte lokale nicht-jüdische Chronik erzählt, dass der dortige Bischof Eberhard die Juden aufgefordert hatte zu konvertieren, andernfalls würden sie aus der Stadt vertrieben werden. Die Chronik berichtet weiter, dass die Juden den Bischof mit einem Zauberspruch belegten und am selben Tag, als er das Edikt erlassen hatte, starb er plötzlich, während er am Altar stand…

So sehr man sich nicht auf die archäologische Lampe verlassen und auch an der Genauigkeit der legendenhaften Chronik zweifeln kann, bleibt aber eine Tatsache: Im Jahr 1096 zahlte die jüdische Gemeinde in Trier während der Massaker des ersten Kreuzzugs einen hohen Blutzoll. Davon erzählen breit und genau eine Reihe von Geschichten des damaligen Martyrien-Epos.

Bis heute finden wir Zeugen der alten heroischen jüdischen Gemeinde in Trier. Ich war dort, spazierte in den engen Gassen des ehemaligen Gettos, durchquerte das uralte jüdische Getto-Tor, auf dem noch die Ketten und Haken hängengeblieben waren, die den jüdischen Teil von der ganzen Stadt getrennt hatten.

---

* Dr. Rabbiner Adolf Altmann – „Das früheste Vorkommen der Juden in Deutschland". Juden im römischen Trier. Trier, 1932.

***

Wir sind nun am Ende unserer Exkursion entlang des Rheins und be-
nachbarter Flüsse angelangt. Der Spaziergang an den Strömen des Rheins
ist kein fröhlicher, denn jede Gemeinde erzählt von dem Leidensweg, den
sie durchlitten hat. Insgesamt gab es (gemeinsam mit Köln) dreißig Gemeinden, die im Zeitraum von ein paar hundert Jahren den Grundstein
gelegt und das spätere Aschkenas-Gebäude geformt hatten. Jede Gemeinde
trug ihren Teil dazu bei und alle zusammen wurden durch ein gemeinsa-
mes Schicksal vereint. Alle gemeinsam haben wissentlich oder unwissent-
lich, mit oder ohne Absicht, mit ihrem Leben und noch mehr durch die Art
ihres Sterbens den neuen aschkenasischen Ritus errichtet. In den folgenden
Kapiteln werden wir einen fragmentarischen Teil der wichtigsten Elemente
der Neuheiten herausbringen, die die Gemeinden in unser Volksleben gebracht haben; die neue Art von Martyrium, die charakteristisch für den
Anfang und später die gesamte Epoche von Aschkenas war. Wir werden
hineinblicken in die heroischen Seiten des Kapitels über die Märtyrer.

*Auszug aus: Mordechai W. Bernstein, Dos iz geven nusekh ashkenas, Buenos Aires
1960, S. 31–35, S. 40–42, S. 56. Übersetzt und kommentiert von Lilian Harlander.*

Der Eingang in die Judengasse in Trier, weit hinten das Getto-Tor.

MITTELSTÜTZE EINES FENSTERS
MAINZ

Von Simon Paulus

2
Mittelstütze eines Fensters

Mainz, 11. oder frühes 12. Jh.
Grauer Kalkstein
H: 58,5 cm; B: 17,5 cm; T: 17,5 cm (Säule)
H: 18,8 cm; B: 27,5 cm; T: max. 23,5 cm (Kapitell)

LANDESMUSEUM MAINZ, INV. NR. S 3091

Kurz nachdem im März 1904 beim Abriss einer Mauer am ehemaligen Reichklarenkloster in Mainz die Reste einer steinernen, reich ornamentierten Fensterarchitektur zu Tage getreten waren, erschien eine Artikelfolge des Theologen und Kunstwissenschaftlers Friedrich Schneider (1836–1907), der den Fund mit der bedeutenden jüdischen Gelehrtenfamilie der Kalonymiden in Verbindung brachte.[1] Fortan fanden die über Mainz hinaus kunstgeschichtlich gleich unter mehreren Gesichtspunkten als Zeugnisse profaner romanischer Bauplastik bedeutsamen Fragmente unter dem Begriff „Kalonymos-Fenster", bzw. als „Säulen" aus dem „Haus" oder „Palast des Kalonymos" reichen Niederschlag in der Literatur, wobei Schneiders Zuweisung vielfach angezweifelt wurde und die verschiedentlich dabei unternommenen Datierungsversuche zwischen dem Ende des 10. und dem Anfang des 13. Jahrhunderts stark divergieren.[2]

Die dürftige Dokumentation der Baufragmente bei der Bergung erschwert heute eine genauere Revision und Einordnung der Bauteile nicht nur im Hinblick auf ihren Entstehungskontext.[3]

Von den mindestens zehn in das damalige Mainzer Altertumsmuseum (heute Landesmuseum) überführten Bauteilen ist durch die im und nach dem Zweiten Weltkrieg bedingten Aus- und Umlagerungen gegenwärtig nur noch der hier gezeigte Mittelstützenpfeiler der Fenstergruppe mit seinem Adlerkapitell zugänglich bzw. auffindbar.[4] Der Bericht, den der damalige Kurator des Römisch-Germanischen Zentralmuseums Ludwig Lindenschmit 1904 von den Fundumständen gab, nennt als geborgene Bauteile eine Fensterbank und einen zur Hälfte erhaltenen Fenstersturz aus Kalkstein, zwei in Zweitverwendung als Wangen eingesetzte Sandsteinfragmente von römischen Grabsteinen sowie zwei, jeweils mit eigener Basis und eigenem Kapitell erhaltene Stützen aus grauem Kalkstein: ein Pfeiler sowie eine Säule.[5] Die beiden letztgenannten Teile fallen durch eine besonders reichhaltige bauplastische Behandlung auf.[6] Die vierkantige Stütze besitzt auf drei Seiten stilisierte Ranken- und Flechtwerkmotive. Die zur Innenseite gewandte Seite zeigt dagegen eine kniende, nackte Figur mit darüber liegendem Clipeus, dem Porträt eines bartlosen Kopfes mit

---

1 Schneider 1904a, Schneider 1904b, Schneider 1904c.
2 Lindenschmit 1904, S. 359 („11.–12. Jahrh."); Schrohe 1905, S. 596 (13. Jh.); Klingelschmitt 1925, S. 34, und Klingelschmitt 1927 (um 1000); Busch 1929, Abb. 421; Meyer-Barkhausen 1958, S. 7 (12. Jh.); Esser 1959, S. 28 (1. H. 12. Jh.); Volbach 1960, S. 16 (übernimmt für das aus dem Haus des Kalonymos geborgene Fragment eines Türsturzes mit Verweis auf Klingelschmitt 1925 die Datierung für das 12. Jh.); Böcher 1978, S. 104 („vermutlich ums Jahr 1000"); Arens 1980, S. 72 („eindeutig in die 2. H. des 12. Jhs. zu datieren"); Wiedenau 1983, S. 165 (übernimmt ausgehend von dem Türsturzfragment die Datierung von Arens 1980); Weber 1983, S. 17–19; Transier 2004, S. 60 (11. Jh.); Schulze-Dörlamm 2005, S. 306 (1. H. des 12. Jhs.); Marzi/Tiede-Fansel 2015, S. 11; ohne genauere Zuweisung Karl Nothnagel, Adlerkapitell, in: Reallexikon zur Deutschen Kunstgeschichte, Bd. I (1933), Sp. 180–187, in: RDK Labor, <http://www.rdklabor.de/w/?oldid=88635>; Abbildungen der Fenstergruppe finden sich u. a. auch in: Lazarus 1929, Sp. 570 und in Pucat 1942, S. 299.
3 Der Befund wurde fotografisch dokumentiert (Fotografien heute im Bildarchiv der Generaldirektion Kulturelles Erbe Rheinland Pfalz) und ein kurzer Fundbericht veröffentlicht, vgl. Lindenschmit 1904.
4 Zuletzt ausgestellt bei der Speyerer Ausstellung „Europas Juden im Mittelalter" 2004, vgl. Transier 2004, S. 60. Im von Karl Heinz Esser 1959 aufgestellten Katalog „Mittelalterliche Werke aus dem Mainzer Raum" werden nur noch vier Fragmente mit den Inv. Nm. 0.3027 a–d aufgeführt und lediglich die Stütze mit Kapitell aber ohne Basis abgebildet. Vgl. Esser 1959, S. 28, Kat. Nr. 67 und Abb. 11.
5 Zusätzlich erwähnt Lindenschmit noch zwei kleinere Säulenkapitele und das Fragment eines romanischen Rankenfrieses. Vgl. Lindenschmit 1904, S. 359.
6 Ausführlich beschrieben bei Klingelschmitt 1927, S. 40.

sorgfältig gescheitelter Frisur in einer Rundform, die an die imago clipeata römischer Sarkophage erinnert. Das mehrfach mit Wülsten und Plättchen profilierte Kapitell des Pfeilers weist ebenfalls zur Innenseite gerichtet eine Adlerfigur mit ausgebreiteten Schwingen auf. Die Säule mit schlichtem Säulenschaft und steiler attischer Basis zeichnet sich durch die Kapitellplastik aus: Zwei Seiten zeigen über die Ecke gegeneinander gewendete zweifüßige Drachen mit langen zurückgedrehten Hälsen, die anderen beiden Seiten symmetrisches Blattwerk. Die Platte wird durch ein umlaufendes verschlungenes Flechtwerk geziert.

Aus der Fundsituation in situ ließ sich das Fenster ergänzt um die Kopie der zweiten flankierenden Säule zu einer symmetrischen Fenstergruppe rekonstruieren, die im Museum als solche vermutlich bis in die 1940er Jahre zu sehen war und fotografisch dokumentiert ist. Welche „vier Säulen" Bernstein bei seinem Aufenthalt in Mainz tatsächlich zu Gesicht bekam, bleibt unklar. Das Fenster hat er jedenfalls nicht mehr in seinem aufgebauten, rekonstruierten Zustand sehen können. Seine Beschreibung umfasst lediglich die Bauplastik der beiden original geborgenen Stützelemente – womöglich hat er sich bei der Beschreibung durch die Abbildung in der Publikation Friedrich Theodor Klingelschmitts von 1927 irritieren

lassen, in der Säule und Pfeiler jeweils von zwei Seiten gezeigt werden.[7] Anders als bei Bernstein geschildert, wurden für die geometrischen Muster des Flecht- und Rankenwerks die Parallelen zu frühen oberitalienisch-lombardischen und westgotischen Vorbildern bzw. Vergleichsbeispielen nicht von den zu ihrer Zeit führenden Fachleuten Karl Albrecht Haupt und Wilhelm von Bode direkt für den Mainzer Fund hergestellt. Er fand in ihren Werken keine Erwähnung. Haupt hatte jedenfalls bei seiner Sichtung der Plastiken in den Mainzer Museen den Pfeiler und die Säule anscheinend noch nicht vorgefunden.[8] Vielmehr bezogen sich Schneider und Klingelschmitt auf die bei Bernstein auch korrekt wiedergegebenen einschlägigen Publikationen von Haupt und Bode.

Anhand der Beobachtungen an erhaltenen Partien des Mauerwerks (Kleinquaderwerk mit Ritzfugen) und der bautechnischen Charakteristik der Bauplastik wagten Schneider und Klingelschmitt die frühe Datierung um das Jahr 1000. Die Tatsache, dass es sich bei dem durch die reichhaltige Bauplastik ausgezeichneten Bauwerk um das repräsentative Wohnhaus einer gehobenen Persönlichkeit gehandelt haben musste, führte zu der steilen These, keinen geringeren als den legendären Gründer der Mainzer Gemeinde, Meschullam ben Kalonymos

---

7 Klingelschmitt 1927, Abb. S. 735.
8 Haupt 1909. Auch in der in der TIB Hannover aufbewahrten Sammlung von Haupts Reiseskizzen und Publikationsvorlagen lassen sich keine diesbezüglichen Skizzen oder Dokumente finden.

als Bauherren anzunehmen, dessen erhaltener Memorstein zu den ältesten Zeugnissen jüdischer Geschichte in Deutschland zählt.[9] Ausschlaggebend hierfür war neben der repräsentativen, zum Flachsmarkt hingewandten Lage am Rand des ältesten jüdischen Siedlungsbereichs[10] und der qualitätsvollen, oberitalienisch inspirierten Bauplastik – die Familie der Kalonymiden stammte aus Lucca – vor allem die heraldische Bedeutung des Adlerkapitells als „Schutzmarke" bzw. „Statussymbol", das den Bauherrn in unmittelbare Beziehung zum Kaiserhaus setzte.[11]

Natürlich muss man diese Zuweisung in das Umfeld der Kalonymiden kritisch sehen, speiste sie sich doch aus einer zunehmenden Verklärung dieser Familie gerade im Verlauf des 19. Jahrhunderts.[12] Doch dass Juden vor allem im Hochmittelalter als Bauherren einen nicht geringen Anteil an der Entwicklung des steinernen, repräsentativen Wohnbaus in den europäischen Städten hatten, dafür lassen sich zahlreiche Beispiele nicht nur aus den rheinischen und süddeutschen Gebieten, sondern auch aus Norddeutschland, aus der Normandie oder aus England anführen.[13] In diesen Kontext jüdischer Bauherrenschaft lässt sich die Mainzer Fenstergruppe ohne Weiteres einordnen, auch wenn man für die Entstehungszeit der Bauplastik auch noch das späte 11. oder frühe 12. Jahrhundert in Betracht ziehen könnte.[14] Gegen einen jüdischen Hintergrund spricht dabei weder der figürliche Schmuck, der sich in seiner Motivik keinem eindeutig christlichen Themenprogramm zuordnen lässt,[15] noch die Tatsache, dass bei den Abbrucharbeiten auch ein romanisches Portal mit der Darstellung eines Kreuzes in Kerbkreuztechnik im Türsturz gefunden wurde.[16] Schon Lindenschmit hatte die Vermutung geäußert, dass das Fenster möglicherweise bei einer späteren Umbauphase wiederverwendet und versetzt worden war,[17] das Portal somit einer jüngeren Bauphase zugeordnet werden könnte, in der das Gebäude bereits nicht mehr in jüdischem Besitz war. Sicher ist, dass das Grundstück mit dem Gebäude um die Mitte des 13. Jahrhunderts in den Besitz des reichen Frankfurter Ratsherren und Patriziers Humbert zum Widder gelangte, der es 1272 gemeinsam mit weiteren umliegenden Grundstücken in seine Stiftung des Klosters der Reichklarissen einbrachte.[18] Noch Anfang des 17. Jahrhunderts sollen im

---

9 Der Memorstein für Meschullam ben Kalonymos wurde bei Bauarbeiten nahe dem damaligen Ludwigsbahnhof 1860 aufgefunden und befindet sich heute auf dem Gelände des Denkmalfriedhofs auf dem Alten jüdischen Friedhof. Er wird in die 1. H. 11. Jahrhundert datiert und ist damit der älteste identifizierte Grabstein in Mainz.
10 Dazu generell Salfeld 1918.
11 Klingelschmitt 1927, S. 42.
12 Lehnardt 2016, hier besonders S. 188; Cahn 1969, S. 7.
13 Vgl. Paulus 2019. Eine umfassendere Studie zur Bedeutung von Steinhäusern im jüdischen Kontext ist in Vorbereitung.
14 Aufgrund des steilen Winkels der attischen Basis der Säule mit fehlender Eckzier, des stark gegliederten Profils des mittleren Pfeilerkapitells und der eher groben Bearbeitung der Gewände/Sohlbank ist aus stilistischer Sicht eine jüngere zeitliche Einordnung nicht wahrscheinlich.
15 Zwar sind figürliche Darstellungen im Judentum religionsgesetzlich untersagt, doch finden sich in der mittelalterlichen jüdischen Kunst zahlreiche Zeugnisse und Belege für die figürliche Darstellung und Abbildung von Lebewesen.
16 Arens 1980, S. 72f., Taf. 27c; Wiedenau 1983, S. 165.
17 Lindenschmit 1904, S. 359.
18 Schrohe 1904, S. 1–4; Klingelschmitt 1927, 44–47; Müller 2017, S. 23, 29, 82.

Obergeschoss eines der Gebäude des Klosters Spuren hebräischer Schriftzeichen sichtbar gewesen sein.[19]

Bleibt zuletzt die Frage nach der Interpretation der figürlichen Szene auf dem Mittelpfeiler der Fenstergruppe aus dem „Palast des Kalonymos". Eine genaue Deutung wagten hier weder Klingelschmitt noch Schneider, geschweige denn spätere Autoren. Karl Heinz Esser musste 1958 eingestehen, dass die figürliche Darstellung „noch nicht gedeutet" ist.[20] Weder drängt sich auf den ersten Blick eine biblische noch eine mythologische Erzählung auf. Ikonografisch lässt sich jedoch über die Gestik der knienden Figur mit ihrer an die Wange gelegten Hand (eine bereits in der Spätantike etablierte Trauergebärde) und den Clipeus der memoriale Charakter der Darstellung benennen. Eine jüdisch konnotierte Deutung der Drachendarstellungen (bzw. geflügelten Schlangen) des Säulenkapitells wäre denkbar: Fliegende Schlangen finden in den Prophetenbüchern (*Nevi'im*) als Tiere im „Land der Trübsal und Angst" (Ägypten) Erwähnung (Jesaja 30,6) und könnten somit dem kundigen Betrachter des Mittelalters als dämonisierte Gegenpositionen zum schützenden Adler einen Hinweis auf die Diaspora-Situation des Bauherrn gegeben haben.

19 Serarius 1604, S. 117. Für den Hinweis auf diese Quelle danke ich Stefanie Fuchs, Thierhaupten.
20 Esser 1959, S. 28.

AUF DEN SPUREN DES »PALASTES«
DER KALONYMIDEN

• • •

אויף די שפורן פון דעם „פֿאַלאַץ"
פון די קלונימוסן

Vielleicht können Sie mir sagen, wie man einen Palast findet, der vor tausend Jahren existiert hat? In tausend Jahren hat sich die Topografie der Stadt Mainz hundertmal verändert. Die Stadt liegt an der strategisch bedeutsamen Flusskreuzung von Main und Rhein, wo in jeder Generation Kriege Zerstörung und Verwüstung säten. Und hier muss ich einen Palast finden, der einem jüdischen Geschlecht gehört hat, das in diesen tausend Jahren dutzende Male aus Mainz-*Magenza* vertrieben und entwurzelt worden ist. Mag sein, dass hier in der Wiege des deutschen Judentums in *Magenza*, wohin die ersten Juden und auch der erste Kalonymos[1] aus Italien gekommen waren, tatsächlich niemand wusste, dass sie einen Palast gehabt hatten, der in vergangenen Jahrhunderten berühmt gewesen war. Ein Zufall brachte das vor fünfzig Jahren ans Licht.

Ich hatte Materialien darüber, wie und was genau im März 1904 bei Bauarbeiten an einer alten Mauer gefunden worden war, und begann den Spuren nachzugehen. Aber ich hatte die alten Straßennamen von vor fünfzig Jahren. Ich fragte nach der Reichklarastraße, denn dort musste es sein. Aber niemand wusste von einer solchen Straße. Also irrte ich durch die Straße, die Heinrich-Heine-Straße und danach Moltkestraße hieß und später sogar zur August-Bebel-Straße wurde. Irgendwo hier musste es doch sein. Ein alter Straßenfeger brachte mich auf die richtige Spur. Vielleicht meinte ich die Straße beim Reichklarenkloster? Wenn ja, bräuchte ich nicht weiter

---

1 Die Kalonymiden waren zwischen dem 11. und 13. Jahrhundert eine der führenden Familien in den *SchUM-Städten*, aus der wichtige religiöse Führungspersönlichkeiten hervorgingen.

zu suchen. Der Platz würde nicht mehr existieren. Er sei schon vor vierzig Jahren abgeräumt worden, im Ersten Weltkrieg habe man die Häuser dort abgetragen.

„Gibt es vielleicht die Flachsmarktstraße noch? Dort, an der Ecke dieser Straße sollte sich befinden, was ich suche…" „Was genau sucht der gnädige Herr denn?" Er könne mir alles sagen, denn er erinnere sich an alles, was sich in den letzten sechzig Jahren hier zugetragen hat. Er kenne jeden Einwohner und dessen Herkunft und könne mir genaueste Auskunft geben.

Also los, sag diesem Straßenfeger mit dem Hindenburg-Schnauzer, dass ich einen tausend Jahre alten Palast suche. Was habe ich schon zu verlieren? Also sage ich ihm, was mir auf dem Herzen liegt: „Ein altes Gebäude suche ich, ein sehr altes, historisches Gebäude."

„Meinen Sie vielleicht das Haus des Kalonymos?", fragte er. Ja, genau das meinte ich! Was er darüber wisse? Wenn ich das meinte, wisse er wirklich etwas darüber. Jetzt sei er zwar ein einfacher Straßenfeger, aber in der guten alten Zeit sei er Touristenführer gewesen und wisse deswegen Bescheid über alle Altertümer der Stadt. Jeder Ausflug von Ausländern in die schöne Rhein-Main-Stadt führe gewöhnlich zu diesem Ort, an die Ecke Reichklarastraße und Flachsmarktstraße, dorthin, wo sich die Militärbäckerei befunden hatte, um das tausend Jahre alte Wunderwerk anzusehen, das Haus der ersten Juden, der vornehmen und geachteten Familie Kalonymos. Aber jetzt? Nichts mehr da…Alles ist verschwunden. „Es ist ein Jammer, aber was soll man machen? Die Lebendigen und ihre Denkmäler liegen in Trümmern." Am Nachmittag suchte mich der nämliche Straßenfeger im „Kaiserhof" auf, wo ich mein Quartier hatte. Er kam freudestrahlend angelaufen. Der französische Besatzungssoldat, der das Gebäude bewachte, hatte ihn zuerst nicht hereingelassen. Der Straßenfeger blieb stur: Er müsse denjenigen treffen, der das „Haus des Kalonymos" gesucht hatte. Der Militärposten verstand nicht, was er wollte. Er fragte bei der Kommandantur nach, wo man auch nichts wusste. Wie es der Zufall wollte, verließ ich zu dieser Zeit den „Kaiserhof" und der Straßenfeger entdeckte mich: „Ja, diesen Herrn brauche ich…" Aufgeregt lief er auf mich zu und stieß dabei Halbsätze hervor: „Sie sind da, die Säulen sind da…vier Säulen von Kalonymos' Haus…kommen Sie bitte…im Lapidarium des Klosters…da sind sie." Alles hatte sich um uns herum versammelt. Meine Beschützer der Besatzungsmacht wollten diesen fragwürdigen Menschen schon ins Gefängnis werfen. Ich verstand, dass dieser alte Touristenführer irgendwelche Überreste von dem, was ich suchte, aufgespürt hatte. Ich sollte an diesem Nachmittag nach Oppenheim fahren. Kurzerhand verschob ich die Reise und wir begaben uns in einem Militärjeep ins Unbekannte, um die tausend Jahre alten Relikte anzusehen.

Wir kamen zu einer Klosterruine, einem ehemaligen Lagerraum des Städtischen Museums.[2] Als wir über einen Berg zerbrochene Steine, verdrehtes Eisen, Stücke deformierter Betonteile geklettert waren, kamen wir zu einem „Eingang", ehemals ein Tor. Wir krochen durch eine Art Durchgang und gelangten in ein verfallenes Gebäude ohne Dach. Weiter in den Hof. Wieder ein Durchgang und hinein in eine Halle mit einem Gewölbe aus Dachsparren, die ohne Zweifel einst ein Blechdach hatte. Nun stand sie offen. Aus dieser Halle gelangten wir ins Lapidarium. Was man dort nicht alles fand: Steinerne Truhen aus der Römerzeit, ein Sarkophag aus der keltischen Epoche, ein Hammer aus Stein, der beinahe viertausend Jahre alt war (Kommen Sie, beweisen Sie das Gegenteil!). Und zwischen diesen Merkwürdigkeiten wandelte jemand, der selbst aussah wie ein Exemplar dieser tausende Jahre alten Steine, die er in- und auswendig kannte. Sie rufen ihm die Nummer eines Exponats zu und ohne zu zögern gibt er die Erklärung.

Dieser eigenartige Kustos, der Hüter und Pfleger dieser „Schätze", erschrak sehr, als er hörte, was ich suchte. Vermutlich wusste er gar nicht, dass Hitler schon nicht mehr an der Macht war. Er begrüßte uns noch mit „Heil!" und beantwortete jede Frage mit einem ausgeprägten „Jawohl!". „Bei uns gibt es solche dreckigen Judendinge nicht!", meinte er steinern. „Wir bewahren keinen solchen Judenmist!" Diese Antwort kam mir äußerst seltsam vor, da doch an meiner Seite die französischen Soldaten mit ihren roten marokkanischen Pelerinen standen. Wie konnte er nur so dreiste Worte sagen?

---

2 Mit Ausnahme des Archivdirektor Wilhelm Diepenbach lässt sich keine der im Folgenden erwähnten Personen für Mainz verifizieren. Auch gab es vor 1933 keinen SPD-Oberbürgermeister in Mainz. Ob Bernstein die Personen frei erfunden hat oder eine Verwechslung mit Personen aus einer anderen Stadt vorliegt, muss offen bleiben.

Der Straßenfeger verstand wohl meine Verwunderung und flüsterte mir zu: „Der Mann ist blind." Er hatte bei der großen Bombardierung von Mainz 1943 beide Augen verloren. Da er aber über ein außergewöhnliches Gedächtnis verfügte, kannte er jedes Bröckchen im Lapidarium auswendig.

Aus diesem Kustos, dem Gespenst jener Welt, bekamen wir nichts heraus. Willi Helster, der Vertreter von Dr. Wilhelm Diepenbach,[3] dem Leiter des Städtischen Archives, kam zu Hilfe und war so liebenswürdig, mich zu Kalonymos' „Palast" zu bringen. So leicht ging das aber nicht, da der blinde Kustos auch ihn nicht hineinließ. Schließlich gelang es uns aber, diesen Hüter der „Rassenreinheit" der antiken Steine für uns zu gewinnen. Ein paar amerikanische Zigaretten überzeugten ihn und als man ihn aus dem zerstörten Gebäude des Lapidariums weggelockt hatte, konnten wir die Überreste der einstigen Pracht bewundern.

Die steinernen Säulen des verschwundenen Palasts

Mein Begleiter erwartete mich ganz früh. Er sollte mir die Geheimnisse im Lapidarium eröffnen, wo die steinernen Zeugnisse vergangener Zeiten gesammelt und bewahrt wurden.

Wir saßen bei einem halben Kaffee in der noch luxuriöser wiederaufgebauten Weinstube „Bacchus", die unter den Rhein-Main-Touristen wohlbekannt war und bereiteten den Plan vor, wie wir uns hineinstehlen könnten in die heiligen Hallen, die von einem blinden Nazi bewacht wurden. Ich fragte meinen Begleiter, ob uns denn dieser Nazi-Wächter diesmal nicht stören würde und ob er sicher sei, dass er als stellvertretender Leiter des städtischen Archivs mehr Glück haben werde als ich und meine französischen Begleiter. Er beruhigte mich, ich solle mir keine Sorgen machen. Denn erstens sei Dr. Diepenbach der Vorgesetzte aller städtischen Institute für Altertum und Denkmalpflege und der Kustos höre auf „Befehle". Und zweitens wisse nur er allein von dem „Schatz", den ich suchte, denn er und zwei andere hatten die Kalonymos-Säulen im Lapidarium versteckt und sie „getarnt".

3 Wilhelm Diepenbach (1887–1961), Archivar und Bibliothekar.

Das hatten sie getan, um sie vor der Zerstörung durch die Nazis zu schützen. Einer der drei war von der jüdischen Gemeindeverwaltung, er war im Getto Theresienstadt umgekommen. Der zweite fiel an der russischen Front, er war zum „Landsturm" eingezogen worden. Nur er sei geblieben und wisse, wo sich das, was wir suchten, befand. Und drittens kenne er für den blinden Kustos ein wunderbares Mittel: Er sei zwar blind, verfüge aber über einen seltenen Geruchssinn. Schon von Weitem rieche er eine amerikanische Zigarette, mache aus der Ferne eine „Camel" oder „Chesterfield" aus und sei für ein solches Geschenk bereit, Vater und Mutter und sogar den Führer zu verkaufen. „Was heißt, Sie haben es getarnt?" Er klärte mich auf, dass man die Überreste des Palasts des Kalonymos (dem ersten Juden, der vor einem Jahrtausend seinen Fuß auf aschkenasische Erde setzte und von dem der große Stamm des jüdischen Weltvolks entsprang) nicht unter dem Namen Kalonymos suchen dürfe, sondern unter „Humbert zum Widder".

Warum so ein merkwürdiger Name? Hier kommt die Geschichte, eigentlich eine Vorgeschichte zu unserer Pilgerfahrt zum „Kalonymos-Palast": Es war am 25. März 1904. In einem Gebäude, das damals eine Militärkaserne war, waren Bauarbeiter mit der Renovierung einer alten Mauer beschäftigt. Vor Jahrhunderten hatte das Gebäude zu dem Häuserkomplex des Reichklarenklosters gehört. Nach diesem Kloster hieß die Straße in der Tat Reichklarastraße. Die Maurer arbeiteten an der Ecke Reichklarastraße und Flachsmarktstraße und entdeckten dort etwas Antikes. Ein Teil der Wand rief bei ihnen Verwunderung hervor: Er sah in seiner Architektur irgendwie ungewöhnlich aus. Als sie den Putz von der alten Mauer herunter gerieben und den sich über Jahre abgelagerten Staub und Sand abgeschabt hatten, entdeckten sie Gesimse, ungewöhnliche Steinkonstruktionen, die mit feinen Ornamenten verziert waren. Die Wand sah aus, als wäre darin ein zugemauertes Fenster. Es kam häufig vor, dass bei Bauarbeiten in verschiedenen alten Gebäuden Überreste von früheren Altertümern gefunden wurden, die nicht selten in die Römerzeit zurückführten. In solchen Fällen, so eine Verordnung der Stadtverwaltung, sollte die Arbeit unterbrochen und der Fund unverzüglich dem Verein für die „Geschichte des Mainzer

Altertums"[4] gemeldet werden. Spezialisten der Archäologie kamen dann hinzu, um die Entdeckung zu erforschen. Auch in diesem Fall wurde die Arbeit unterbrochen und die nämliche Wand in der Reichklarastraße wurde zum Objekt zahlloser Diskussionen, Hypothesen und Ausführungen. Während er erzählte, legte mein Begleiter tatsächlich einen Stapel Literatur auf den Tisch, der mehr als 45 Jahre zurückreichte, und zeigte mir, welch großes Aufsehen diese Gegebenheit erregt hatte: In der damaligen „Frankfurter Zeitung" meldete sich als Erster Friedrich Schneider[5] zu Wort, Professor, Geistlicher und einer der Experten für römische Baugeschichte. Nach ihm erklärte sich Lindenschmit,[6] ein zweiter Spezialist für alte Bauwerke. Danach unterzog der deutsche Kunsthistoriker Haupt[7] in seinem Buch „Die älteste Kunst, insbesondere die Baukunst der Germanen" dieses Objekt einer Analyse. Es kam ein weiterer Forscher der Architekturgeschichte, ein gewisser Bode,[8] der das Thema in seinem Werk „Die italienische Plastik" behandelte. Noch dutzende andere machten diesen Fund zum Objekt ihrer wissenschaftlichen Forschungen. Was suchten sie? Was wollten sie über diese Wand wissen? Willi Helster setzte seinen Vortrag fort:

Es ging um zwei wichtige Daten – Wann war die Wand erbaut worden und wer hatte dort gewohnt? Man kam darauf, dass die ganze Wandkonstruktion (in der sich tatsächlich ein zugemauertes Fenster befand) aus den Jahren 900 bis 1000 stammte – also aus der Zeit, in der sich die ersten Juden in Mainz niederließen. Warum aber wurden das Fenster und generell das Gebäude überhaupt mit Juden in Verbindung gebracht? Weil es sich in jener Zeit um das Wohnquartier von Juden gehandelt hatte. Mit überzeugenden Argumenten bewiesen die Forscher, dass der Stil der Ornamente aus Italien mitgebracht worden war und auch in Spanien hatte man die gleichen Ornamente in Oviedo, in St. Maria de Naranko, St. Miguel de Lino, Val de Dios, Barcelona gefunden. Und weil die Kalonymiden aus jener Gegend, also aus Lucca in Italien, gekommen waren, und der Stil aus jener Zeit ist, in der sie sich niederließen, und weil sie tatsächlich an diesem Ort gewohnt hatten, kam man zu dem Schluss, dass hier die Familie Kalonymos gewohnt hatte. Die hiesigen Spezialisten für Geoarchäologie erbrachten einen

---

4 Mainzer Altertumsverein.
5 Friedrich Schneider (1836–1907), Domkapitular und Kunsthistoriker.
6 Ludwig Lindenschmit d. J. (1850–1922), Prähistoriker und zweiter Direktor des Römisch-
   Germanischen Zentralmuseums in Mainz.
7 Haupt 1909.
8 Bode 1891.

weiteren Beweis: Auf einer der gefundenen Säulen ist ein Adler in den Stein gemeißelt. In den alten Stadtplänen findet man für ein Haus tatsächlich die Bezeichnung „Zum Adler". Zuletzt wurde diese Bezeichnung im Jahr 1348 verwendet. In dem Jahrhundert verließen die Kalonymiden Mainz. In der Zeit der judenfeindlichen Gesetze und Morde „zogen sie sich zurück" (so vornehm schreiben die deutschen Forscher, faktisch wurden sie vertrieben) und an dem Ort, an dem die Juden gelebt und wo die Kalonymiden ihren Sitz gehabt hatten, erbauten diese heiligen Brüderchen das Reichklarenkloster.

Die Auswahl an Dokumenten, die stilistische Ähnlichkeit, die Flurnamen in dieser Gegend im Lauf der Jahrhunderte und die verschiedenen Hypothesen erlaubten die Schlussfolgerung, dass wir den einstigen Kalonymos-Palast vor uns hatten. Warum „Palast"? – Weil man es anders nicht nennen konnte. Derart prächtige Fenster konnte sich nur eine Familie erlauben, die eine bedeutende Rolle gespielt hatte. Eine so feine Architektur bei Privathäusern ist selten. Aber warum sollten wir es aus dem Gedächtnis besprechen, wir würden es bald sehen.

Es war ein Gang durch verschwundene Welten. Irgendwo wird geschildert, wie ein Engel oder ein Teufel eine Seele herumführt, die im Limbus ist und keine Erlösung finden kann. Diese Seele wird von einer Welt in die nächste geschleppt, stolpert umher, taumelt durch die Sphären, schwebt zwischen Himmel und Erde und ihr Begleiter stößt, schubst, jagt sie weiter, immer weiter durch den Limbus. Der Gang durch die Mainzer Straßen war eine solche Art „Spaziergang". Mein Begleiter, der jeden Stein und jede Ecke persönlich kannte, war in der Rolle eines solchen Engels (oder Teufels). Überall deutete er auf eine andere „Welt". Ein Gewirr aus Generationen und Zeitaltern: „Hier hatten die Pogrome ihren Höhepunkt. Genau da stand die alte Synagoge (Wann? Vor neunhundert Jahren). Hier hatten sich die Juden verteidigt und wurden vernichtet (Wann? Vor tausend Jahren). Und an dieser Stelle befand sich die „Judenwacht"[9] (Wann? Vor hunderten von Jahren). Dort war 1942 der Sammelpunkt für die letzte Deportation."

9 Bewachter Eingang in das jüdische Getto. Vgl. Fridberg 1927, S. 787 und Abb. S. 785.

Schon bald hatte ich vergessen, was wir suchten. Mir wurde schwindelig von so vielen Daten, so vielen Zahlen, von so viel „Jüdischkeit" im halb zerstörten Mainz. „Wir sind da." Wieder taumelten wir zwischen Ruinen, zwischen eingestürzten, von Bomben beschädigten Gebäuden umher, bis wir ins Lapidarium kamen.
„Grüß Gott, Herr…"
„Zu Befehl, Herr Doktor!"
„Führen Sie den Herrn bitte zu den Überresten des ‚Humbert zum Widder'."
„Jawohl, Herr Doktor!"

Ohne einen Blindenstock und ohne jegliche Hilfe schritt der Kustos voran. Jener blinde Alleswisser wand sich durch das Labyrinth aus hunderten Steinen, Kruzifixen, Steinbecken und römischen Sarkophagen. „Hier, Herr Doktor, da sind sie, die vier Säulen aus dem ‚Humbert zum Widder'."[10] Wir standen vor den Überresten des „Palasts" der ersten Juden in Deutschland. Vier Säulen, jede Säule mit eigenen Verzierungen: in den Stein gemeißelte Blumen und Blätter, menschliche Figuren und Drachen – Wunder eines

Die vier tausend Jahre alten Säulen des „Kalonymos-Palasts" in Mainz.[11]

10 Zur Anzahl der Säulen vgl. die Ausführungen zu Kat. Nr. 2 in diesem Band.
11 Die Abbildung stammt aus der Publikation von Klingenschmitt und zeigt die erhaltene Säule und das Kapitell in jeweils zwei Ansichten. Vgl. dazu die Ausführungen zu Kat. Nr. 2 in diesem Band.

tausend Jahre alten Kunststils. Auf einer der Säulen prangte ein großer römischer Adler, den nur Angehörige des Herrscherhauses als Symbol an ihren Häusern haben durften. Der blinde Kustos bekam sein Päckchen Camel. Im Umdrehen verneigte er sich, dankte und wagte es nicht, dem Doktor, also seiner „Behörde", die Hand zu reichen. Er salutierte und marschierte ab, sodass wir mit den Säulen allein waren. Nach einer Weile kamen wir noch einmal auf eine Sache zurück: „Warum der merkwürdige Name ‚Humbert zum Widder'?" Tatsächlich hatte Dr. Diepenbach, um die wahre Herkunft dieser Säulen zu verdecken, im Katalog des Lapidariums die Kalonymos-Säulen unter dem Namen dessen verzeichnet, der nach der Vertreibung der Mainzer Juden den prächtigen Palast von einst übernommen hatte.

Als wir so dastanden, gesellte sich ein Dritter zu uns – mein Straßenfeger von gestern. Er hatte scheinbar keine Ruhe gefunden und darauf gewartet, dass ich kommen und finden würde, was ich suchte. Und so wurde ich Zeuge seltenster Bilder, die man ansonsten nur in etwas fantastischen Filmen sieht. „Grüß Gott, Herr Doktor…". „Grüß Gott", antwortete Helster abwesend, er war anscheinend noch ganz im 10. Jahrhundert. Aber plötzlich schreckte er auf: „Herr Vinzenz! Was machen Sie hier? Wie kommen Sie hierher? Ja, was machen Sie, mein lieber Freund? Wo waren Sie in…" „…der Nacht der langen Messer?" Zwei erwachsene Menschen, beide über achtzig Jahre alt, fielen sich in die Arme, küssten sich und dem Straßenfeger liefen Tränen über die eingefallenen Wangen. „Mein lieber Vinzenz… Sie leben… und was ist mit Matilda und den Jungen?" Es blieb keine Zeit mehr für das 10. Jahrhundert und nicht für Kalonymos. Zurück im „Bacchus" saßen wir nun zu dritt. Es trafen sich hier Freunde, die einander seit 1933 nicht gesehen hatten. Der heutige Straßenkehrer war der ehemalige Mainzer Bürgermeister und sozialdemokratische Reichstagsabgeordnete. Er hatte das Amt während der gesamten Zeit der Weimarer Republik bekleidet und war ein Genosse von Liebknecht und Laube.[12] 1933 kam er nach Dachau, nach Buchenwald und in die Steinbrüche nahe den Alpen. Er überlebte und wurde 1945 befreit. Und wer war Matilda? Seine Frau, eine bekannte Pädagogin, die in der psychologischen Fachliteratur zitiert wird

12 Karl Liebknecht (1871–1919), Mitbegründer der KPD, Karl Laube (1897–1973), KPD- und SED-Funktionär.

und die ein System entwickelt hatte, nach dem in hunderten Kinderheimen Erziehung an der frischen Luft stattfand. Matilda kam in dem Lager im Allgäu um, in dem man zwölftausend Frauen – Lehrerinnen, Professorinnen und medizinisches Personal – mit Gift ermordete. Die Jungen? Das waren seine Kinder. Sie galten als „Mischlinge". Einer von ihnen ging 1937 über Konstanz in die Schweiz und von dort 1946 nach Israel. Der andere kam in Bergen-Belsen ums Leben.

„Mein lieber Vinzenz! Warum? Warum?"

Ich hielt mich im Hintergrund, verfolgte die Unterhaltung als Zuhörer. Und bis heute begleitet mich die Antwort dieses Vinzenz, der mir erzählt hatte, er sei „Fremdenführer" gewesen und kenne die Stadt deshalb so gut. Vinzenz antwortete dem Doktor auf seine unzähligen Fragen in aller Kürze: „Mein lieber Wilhelm, das ist nicht mein Mainz. Es ist nicht das Mainz, das ich aufgebaut habe. Mein Mainz wird noch kommen. Jetzt muss ich die Mainzer Straßen fegen, all den Schmutz wegfegen, den die ‚Nacht der langen Messer' zurückgelassen hat." Wir verabschiedeten uns. „Wo wohnen Sie?", fragte Helster seinen einstigen Freund und Parteigenossen, der sich versteckt gehalten hatte und der ihm nur zufällig unter die Augen gekommen war. „In der ‚Herberge für Obdachlose', Bett Nummer 114." Diese „Herberge" war die Anlaufstelle für alle möglichen Landstreicher, Bettler, für Heimatlose, Obdachlose, Vagabunden und dergleichen. Sie war die Krönung von Vinzenz' Arbeit als Mainzer Bürgermeister zwischen 1922 und 1933. Beim Verabschieden bedankte sich Dr. Helster bei mir dafür, dass er durch mich seinen Freund wiedergefunden hatte. Welche Freundschaft hatte ihn gebunden? Ja, das könne er mir jetzt schon verraten. Auch Vinzenz, der heutige Straßenfeger und einstige Bürgermeister, Hitlers Gefangener zwischen 1933 und 1945, sei ein Nachkomme des Geschlechts der Kalonymiden.

Auszug aus: Mordechai W. Bernstein, In labirintn fun tkufes, Buenos Aires 1955, S. 138–148. Übersetzt von Lara Theobalt, kommentiert von Bernhard Purin.

VERBRANNTE TORA
BAMBERG

Von Andreas Lehnardt

3
Rechnungsbuch des städtischen Bauhofs Bamberg

Bamberg, 1615–1616
Pergament, Papier
H: 32,5 cm; B: 12 cm

STADTARCHIV BAMBERG, B 5 + 92 (1615/16)

Die Wiederverwendung beschrifteter Pergamentseiten oder einzelner Blätter aus Schriftrollen oder Kodizes ist eine seit dem Mittelalter geübte Praxis, die ihre Spuren in vielen Bibliotheken und Archiven hinterlassen hat. Auch jüdische religiöse Handschriften wurden auf diese Weise oft recycelt und z.B. als Buchdeckelverstärker oder als Falzstreifen zwischen einzelnen Lagen eingebunden. Zeugnisse dieses aus heutiger Sicht respektlos erscheinenden Umgangs mit alten jüdischen Schriften haben seit jeher das Interesse der Forschung geweckt, auch wenn sich manche vermeintlich wichtige Entdeckung bald als wenig spektakulär erwies. Groß war indes stets das Bedauern um den so zutage tretenden Verlust traditioneller Überlieferung, und schon der Verfasser des berühmten *Sefer Chassidim* (Buch der Frommen) ordnete an, dass, sollte sich ein in hebräisches Pergament eingeschlagenes Buch auf dem Markt finden, es sofort loszukaufen und in eine *Genisa*[1] abzulegen sei. Dass mit lateinischen und anderssprachigen Manuskripten, darunter unzähligen *Missalen* und *Brevialen*, insbesondere nach der Reformation und während des Dreißigjährigen Krieges ebenso verfahren wurde, geriet dabei zuweilen aus dem Blick. Wie jüdische Handschriften wurden auch christliche Kodizes seit dem Mittelalter und vor allem nach Einführung des Buchdrucks schlicht vernachlässigt, gelegentlich entwendet und dann wohlfeil an Buchbinder und Händler verkauft.

Überschaut man die verhältnismäßig große Anzahl an hebräischen Fragmenten, die in deutschen Archiven und Bibliotheken in den vergangenen Jahren gefunden und dokumentiert wurden, wird allerdings auch deutlich, um wie viel schwerer der beträchtliche Verlust an handschriftlicher Überlieferung seit dem Mittelalter wiegt. In der neueren Forschung zu vergleichbaren Funden aus Italien wird zwar darauf verwiesen, dass auch von jüdischen Buchbindern und -druckern hebräische Pergamenthandschriften zerschnitten und wiederverwendet wurden. Doch selbst wenn man nicht alle Funde dieser Art auf gewaltsame Enteignungen zurückführen möchte, wird man dennoch nachempfinden können, welche Gefühle die zufällige Wiederentdeckung einzelner hebräischer Handschriftenreste in Bucheinbänden und auf Aktendeckeln auszulösen vermag. Von Trier über Mainz bis Friedberg (Hessen) können im Übrigen zahlreiche Indizien dafür zusammengetragen werden, dass solche hebräischen Handschrifteneinbände oft auf Vertreibungen und Verfolgungen zurückzuführen sind. Die zahlreichen Reste jüdischer Handschriften in und aus Frankfurt/M., die mit der Plünderung der Judengasse während des Fettmilch-Pogroms (1614) in Verbindung zu bringen sind, bilden dafür den deut-

---

1 Ort zur Aufbewahrung religiöser Schriften, die nicht mehr genutzt werden.

lichsten Beleg. Doch auch andere Fragmente, teilweise an ungewöhnlichen Orten erhalten, geben etwas von dieser dunklen Geschichte preis: Unvollendete *Machsor*-Seiten, die vielleicht noch aus einer Schreiberwerkstatt (Regensburg) geraubt wurden, ebenso wie ein Pergamentblatt, das zu einem Trommelfell umfunktioniert wurde (Mainz), oder ein Schnipsel aus einem *Haftara*-Buch, welcher der Verstärkung eines christlichen Vesperbildes diente (Watterdingen).

Trauer und Wut über den Verlust handschriftlicher Überlieferung kommt in dem jiddischen Beitrag von Mordechai W. Bernstein aus dem Jahr 1956 zum Ausdruck. Vor dem Hintergrund der Schrecken der Schoa machte er als einer der ersten nach dem Krieg auf zahlreiche mittelalterliche hebräische Fragmente in Bayerischen Archiven aufmerksam und versuchte deren Wiederverwertung in Bucheinbänden zu erklären. Im Bamberger Stadtarchiv wurde er auf eine Reihe von Inventarbüchern aufmerksam, die in zerschnittene Blätter von Tora-Rollen und alten *Machsorim* eingebunden sind. Besonderes Augenmerk widmete er einem Archivale mit der Signatur B 5 + 92 (1615/16), das in eine mittelalterliche *Machsor*-Handschrift eingebunden ist.

Das einem mittelgroßen Kodex entnommene, quer zerschnittene Blatt (ca. 32 x 20 cm) dient als Umschlag eines städtischen Rechnungsbuches, dem Manual des Oberbaumeisters und Bauschreibers von Bamberg für die Jahre 1615–1616. Auf der Rückseite des Umschlagdeckels ist der Anfang des mit großem Initialwort *Echa* eingeleiteten Klagegebetes *Echa ashpato patuach ke-kever* („Wehe, sein Köcher ist wie ein offenes Grab") zu lesen. Diese durch ein sechsfaches Akrostichon hervorgehobene *Kina* wird dem berühmten *Pajtan*[2] El'asar ha-Kallir (spätes 7. Jahrhundert) zugeschrieben. Rezitiert wird sie am Morgen des 9. Av, dem Gedenk- und Fastentag zur Erinnerung an die Zerstörungen des Tempels, unmittelbar bevor man sich zum Zeichen der Trauer auf den Boden der Synagoge zu setzen pflegt. Ob dieses Blatt wie ein weiteres aus derselben Handschrift aus einem *Machsor* der Bamberger jüdischen Gemeinde entnommen wurde und seine Wiederverwendung mit der Vertreibung der Juden aus dem Hochstift 1470 oder mit einer späteren Verfolgung zusammenhängt, kann man nur vermuten. Auffällig ist, dass noch in mehreren anderen Institutionen hebräische Fragmente in Einbänden aus Klöstern und geistlichen Einrichtungen der Stadt erhalten sind. Diese stummen Zeugen der Jahrhunderte währenden Missachtung sind ausgerechnet aufgrund ihrer Zweitverwendung vor der vollkommenen Zerstörung bewahrt worden und können uns so einen Eindruck der reichen jüdischen Handschriftenkultur vermitteln.

2 Autor liturgischer Poesie.

VERBRANNTE TORA-ROLLEN UND GESCHÄNDETE PERGAMENTBLÄTTER

• • •

פֿאַרברענטע ספר־תורהס,
געשענדעטע יריעות

Im S.-Anski-Museum, geführt von der jüdischen Gemeinde in Vilnius – also im Jerusalem von Litauen –, war eines der seltsamsten Exponate ein Paar Bastschuhe, hergestellt aus zerrissenen Tora-Rollen. Dieses Erzeugnis stammte von den Heidamaken, den ukrainischen Wegelagerern aus der Zeit der Chmelnyzkyj-Massaker von 1648 und 1649.[1] Nach Hitlers Gemetzel zwischen 1939 und 1945 wuchs diese Art von Erzeugnissen immens an. Rohstoffe gab es im Übermaß – verbrannte Tora-Rollen zu tausenden und zerfetzte Pergamentblätter zu zehntausenden. Tatsächlich sind heute überall sämtliche jüdische Museen voll mit allen Arten von „modernen Erzeugnissen", die die Nazi-Räuber aus der geschändeten Reinheit hergestellt hatten. Und da wir dreihundert Jahre nach Chmelnyzykyjs Morden leben, ist folglich die Technik der Herstellung eine andere. Natürlich ist die „Kultur" des Landes zwischen Oder und Rhein, zwischen Isar und Main und an der Donau im 20. Jahrhundert zweifellos höher als in Saporischja, am Pruth, Bug oder am Dnepr insbesondere im Vergleich zum 17. Jahrhundert. Freilich fertigten die braunen Verbrecher aus den Blättern der Tora-Rollen keine Bastschuhe, sondern „edle" Damentaschen und delikate und stimmungsvolle Lampenschirme für ihre gemütlichen Schlafzimmer. Sie bezogen damit Pauken und Balalaikas und machten daraus verzierte Tabakbeutelchen und Brillenetuis. Diese Galanterie-Waren können im Bezalel-Museum in Jerusalem, im Museum des Jüdischen Historischen Instituts in Warschau, im Jüdischen Museum in Paris, in New York usw. bestaunt werden.

---

1 Bohdan Chmelnyzkyj (1595–1657), ukrainischer Adeliger und Militär, Gründer des ersten Kosakenstaates und Kämpfer gegen den feudalen Ständestaat Polen-Litauen. Er zettelte deswegen 1648 den Chmelnyzkyj-Aufstand an.

Für mich ergibt es sich nun aber, der Verteidiger von Chmelnyzkyjs Anführer und Bauch-Aufschlitzern zu sein und sie in Schutz zu nehmen. Gegen meinen Willen muss ich sie „rehabilitieren": Die Kosaken von Saporischja von 1648 und 1649 waren nicht die ersten, die jüdische Heiligtümer auf diese Weise geschändet hatten. Nicht sie waren die Erfinder der Möglichkeit, die Blätter von Tora-Rollen „produktiv" zu verwandeln. Dieses „Geburtsrecht" kommt den Deutschen zu! Sie waren diejenigen, die damit angefangen hatten. Um die Wahrheit zu sagen, muss erwähnt werden, dass die Germanen, die westlichen „Kultur-Träger", nicht wie die Barbaren im Osten, die Slawen, handelten. Die aus dem Osten machten aus den Pergamentblättern Bastschuhe und die aus dem Westen, die höhere Rasse, verwendete sie für „kulturelle Zwecke" und machte daraus…Bucheinbände. Ich sah hunderte solcher Einbände während meiner Reise durch Deutschland. Mit den Blättern von Tora-Rollen und Pergamenthandschriften waren Bücher eingebunden, Familienchroniken, Archivakten, buchhalterische Hefte etc. Und wenn wir schon von Kultur sprechen…Als ich das erste Mal solch einen Einband sah, glaubte ich, das sei ein Zufall gewesen. Aber je mehr und mehr ich davon sah, desto mehr kam ich zu der Überzeugung, dass es sich um eine Massenerscheinung des 15. und 16. Jahrhunderts handelte. Bereits zu dieser Zeit, vor fünfhundert Jahren, beherrschten die Ururgroßväter der Braunhemden dieses Handwerk.

***

Hier nur ein paar Beispiele der „Merkwürdigkeiten", die ich gesehen habe: In Konstanz fand ich bei Dr. Leiner, dem Direktor des Rosgartenmuseums, ein Rechnungsbuch des Weinkellers seines Urururgroßvaters, das im 16. Jahrhundert verfasst worden war. Es war eingebunden in das Pergamentfragment einer Jesaja-Handschrift, die spätestens aus dem 14. Jahrhundert stammt. Im Stadtarchiv derselben Stadt entdeckte ich einige Dutzend solcher Einbände. Im Bamberger Stadtarchiv (in Bayern) gibt es eine Reihe von Inventarbüchern, die in zerschnittene Blätter von Tora-Rollen und alte *Machsor*-Manuskripte eingebunden sind. Wie durch Zufall ist ein

Repertorium (aus dem Jahr 1615) eingebunden in eine *Kina*, die mit der für diesen Fall passenden Klage beginnt: „Sein Köcher ist wie ein offenes Grab."[2] Das Manuskript dieser *Kina* entstand nicht später als im 14. Jahrhundert.

Solche Einbände aus Tora-Rollen oder seltenen, oft bis heute unbekannten Handschriften gibt es in:
Königliche Kreis- und Stadtbibliothek Augsburg,[3]
Museum Überlingen,
Hessische Landesbibliothek in Darmstadt,[4]
Familienarchiv des Fürsten Löwenstein in Wertheim,[5]
Städtische Bibliothek in Schweinfurt,

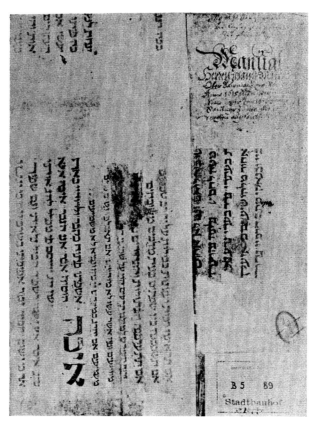

Repertorium Nummer 89, 5.b.
aus dem Jahr 1615 im Bamberger
Stadtarchiv, das in das *Kina*-
Fragment „Sein Köcher ist wie ein
offenes Grab" eingebunden ist.

2 *Kina* Nr. 15, die im aschkenasischen Ritus zu *Tischa Be-Aw* (Trauertag zum Gedenken an die Zerstörung des Tempels) gelesen wird. Vgl. auch Jeremias 5,16. Gemeint ist damit ein von Gott als Prüfung geschicktes fremdes Volk, dessen kriegerische Kräfte überaus tödlich sind.
3 Staats- und Stadtbibliothek Augsburg.
4 Universitäts- und Landesbibliothek Darmstadt.
5 Heute als Depositum im Staatsarchiv Baden-Württemberg, Staatsarchiv Wertheim.

Katholisch-Theologische Hochschule in Passau,[6]
Bibliothek des Grafen Schönborn in Pommersfelden,[7]
Universitätsbibliotheken in Göttingen und Tübingen,
Universitätsbibliothek in Erlangen,
Königliches Archiv von Württemberg und Stuttgart,[8]
Bibliothek des katholischen Klosters in Metten,[9]
Archiv der Fürstenfamilie Hohenlohe in Neuenstein[10]
und noch viel mehr Orten.

Fragment des Buches Jesaja 20,3–9 bis 20,4–10, als Einband, im Stadtarchiv Schweinfurt. Die Handschrift stammt etwa aus dem 15. Jahrhundert.

6 Philosophisch-Theologische Hochschule Passau.
7 Gräflich Schönbornsche Schlossbibliothek, Schloss Weißenstein.
8 Landesarchiv Baden-Württemberg.
9 Bibliothek der Benediktinerabtei Metten (Niederbayern).
10 Landesarchiv Baden-Württemberg, Hohenlohe-Zentralarchiv Neuenstein.

Also kein Einzelfall, sondern ein System. Sämtliche Einbände stammen aus dem 16. und 17. Jahrhundert. Das „Material" ist aber strenggenommen aus früheren Jahrhunderten. So ist beispielsweise eine Seite eines Umschlags aus der Göttinger Bibliothek eine *Midrasch-Bereschit-Handschrift*,[11] die aus Frankreich stammt und wahrscheinlich aus dem 12. Jahrhundert datiert. In der Marburger Bibliothek des Königlichen Archivs[12] sah ich ein noch originelleres Exponat: Dort sind die Schriften der Kassler Landesbibliothek deponiert und unter ihnen befinden sich auch zwei alte hebräische Manuskripte. Eines davon ist ein wunderbarer *Tanach*, der mit einem Messer oder einem anderen scharfen Gegenstand vom ersten bis zum letzten Blatt durchlöchert wurde. Dreihundert Pergamentblätter wurden zerschnitten, zerrissen und beschädigt. Erst später wurde das Manuskript wieder instandgesetzt, teilweise mit Sehnen vernäht, teilweise verklebt und dann erneut eingebunden. Im 17. Jahrhundert wurde diese Schrift eingebunden, verletzt und geschändet wurde sie viele Jahre früher. Aus welcher Zeit sie stammt, ist nicht bekannt, auf jeden Fall gehört sie zu den ältesten *Tanach*-Schriften, die wir kennen.

***

Das vorliegende Kapitel über unser heiliges Martyrologium des Pergaments will mit dem enden, was es in der ersten Stadt der *SchUM-Gemeinden*, im Museum der Stadt Worms, zu sehen gibt: Dort gibt es die Reste einiger Dutzend Tora-Rollen und halb verbrannte, versengte und verkohlte *Ez Chaijm*, an denen sich noch Reste der Pergamentblätter befinden – zwei Schränke sind mit diesen „Originalitäten" vollgepackt. Diese wurden aus den Ruinen der *Raschi-Synagoge* herausgeholt, die in der „Kristallnacht" im November 1938 zerstört worden war. Diese Synagoge hatte im Jahr 1934 ihr neunhundertjähriges Jubiläum gefeiert.

11 Auslegung des Buches Genesis.
12 Hessisches Staatsarchiv Marburg.

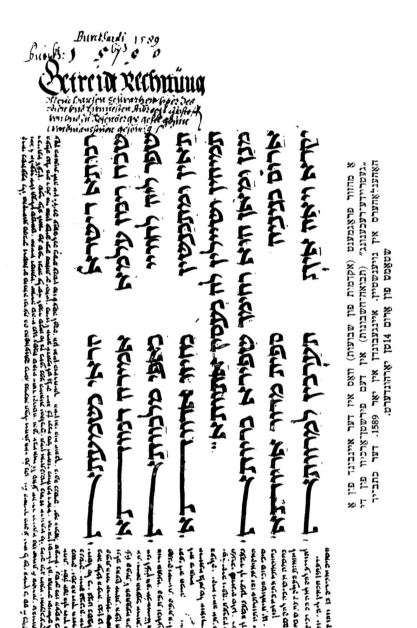

Das Fragment eines *Machsors* (die Akdamut-Melodie von *Schawuot*), das als Einband einer „Getreide-Rechnung" dient, im fürstlichen Hohenlohe-Archiv in Neuenstein. Eingebunden im Jahr 1589, stammt die Handschrift etwa aus dem 14. Jahrhundert.

Nun liegen diese Exponate hier und schreien wie lebendige Zeugen der „Kulturtätigkeit" der teutonischen Heidamaken. Und weil das in Worms ist, in jener Stadt, in der der heilige Rabbi Meir ben Baruch, der berühmte MaHaRam von Rothenburg[13] begraben liegt, steigen verschiedene Gedanken empor. So sang er doch vor sechshundert Jahren sein Trauerlied, seine Elegie „Oh frage, du Tora-Rolle, vom Feuer verzehrt",[14] seine *Kina* für die verbrannten jüdischen Bücher und Tora-Rollen. Und in Gedanken formen sich die Worte seines Klageliedes:

Oh, dreh dich um und frage, du Verbrannte im Feuer,
deine Klagenden, ob du ihnen bist teuer.
Frag nach, was sie machen, frag nach, was sie tun,
sie alle, die sich sehnen, in deinem Gericht zu ruh'n.
Die sich in den Staub werfen mit Herzen voll Wunden,
auf deine *Ez Chaijm*, die in den Flammen verschwunden.

Die Sammlung verbrannter Tora-Rollen aus Worms.
Ein „Exponat" von dort schickte ich an das YIVO-Institut in New York.

13 Meir ben Baruch von Rothenburg (hebräisches Akronym MaHaRam für „unser Lehrer Rabbi Meir") (ca. 1215–1293), *Talmud*-Gelehrter. Er wirkte u.a. in Mainz.
14 Diese *Kina*, heute Nr. 41 der *Kinot*, die zu *Tischa Be-Aw* (Trauertag zum Gedenken an die Zerstörung des Tempels) gesungen werden, verfasste der MaHaRam anlässlich der *Talmud*-Verbrennung in Paris im Jahr 1242. Bernstein übersetzte den ursprünglich auf Hebräisch verfassten Text ins Jiddische.

Als ob er sich vorgestellt hätte, dass sein Trauerruf und seine Frage sechshundert Jahre später wieder aktuell wären:

Ich werde so lange weinen und Tränen vergießen,
bis daraus ein Fluss aus Tränen wird fließen;
er wird sich bis zu deinen zwei Herren schmiegen,
Moses und Aron, die am Berg Hor liegen.
Ich werde sie fragen, die Geliebten, die Treuen,
ob sie vorbereitet haben, eine Tora, eine neue?
Bist du etwa als Ganzes schon überflüssig gewordʼn
und Gott hat dich deshalb verbrannt mit viel Zorn…

Als ich bei den verkohlten Resten der entehrten Reinheiten in Worms stand, riss es mir das Innerste auf, nachdem ich neben seinen Erklärungen noch die Anmerkung des Museumskustos gehört hatte, dass es nicht ausgeschlossen sei, dass sich unter all diesen Tora-Rollen auch jene befinden könnte, die der große MaHaRam geschrieben habe. Was dieser sogenannte deutsche „Talmud-Gelehrte" gemeint und sich dabei gedacht hat, ist mir nicht bekannt. Es ist aber nicht schwierig, sich vorzustellen, was ein jüdischer Besucher in diesem Moment fühlt. Ich jedenfalls wollte, dass von den dortigen Reliquien keine einzige übrig bliebe, zumindest nicht in ihren Händen.

Aus: Mordechai W. Bernstein, Nisht derbrente shaytn, Buenos Aires 1956, S. 127–134. Übersetzt und kommentiert von Lilian Harlander.

MODELL DES RITUALBADES FRIEDBERG

Von Bernhard Purin

4
Modell des Ritualbades in Friedberg (Hessen)

um 1960
Holz, Pappmaché
H: 154,5 cm; B: 45,5 cm; T: 42,5 cm

WETTERAU-MUSEUM, FRIEDBERG (HESSEN)

Das monumentale Ritualbad im hessischen Friedberg ist zweifellos der am häufigsten und über den längsten Zeitraum beschriebene und baugeschichtlich untersuchte jüdische Kultbau in Deutschland. Bereits 1788 wurde eine „Beschreibung des merkwürdigen kalten Bades der Juden, in der Reichsstadt Friedberg" vorgelegt.[1] In der zweiten Hälfte des 19. Jahrhunderts weckte es vor allem das Interesse nicht-jüdischer Denkmalpfleger. 1856 wurde erstmals eine bauhistorische Aufnahme des Ritualbades veröffentlicht,[2] der in den folgenden Jahrzehnten eine Reihe weiterer Darstellungen folgten.[3] Von jüdischer Seite wurde dem Baudenkmal hingegen vorerst wenig Aufmerksamkeit zuteil. Als 1875 das in nicht-jüdischem Privatbesitz stehende Gebäude mit dem Ritualbad zum Verkauf stand, verhallte der Aufruf „daß auch die israelitischen Religionsverwandten, oder ein einzelner mit Glücksgütern Gesegneter derselben eintreten werde für die Erhaltung eines mit ihrem Cultus und selbst räumlich mit ihren Synagogen so nahe verbundenen Denkmals"[4] ohne Gehör. Als das mittlerweile unter Denkmalschutz stehende Ritualbad 1893 wieder zum Verkauf stand, bildete sich jedoch ein Verein zu dessen Erhalt und konnte es erwerben.[5] 1902 wurde es unter anderem mit Mitteln der „Gesellschaft zur Erforschung jüdischer Kulturdenkmäler" umfassend renoviert.[6]

In der Folge erschien weiter umfassende Literatur, die das „Judenbad von Friedberg" zum Gegenstand hat.[7] Die Bedeutung des Baudenkmals in Friedberg wird schließlich auch durch die zahlreichen Ansichtskarten, die seit etwa 1905 bis in die Gegenwart das Motiv des Ritualbades tragen, unterstrichen.[8]

Vom Friedberger Ritualbad wurden wiederholt Modelle für Ausstellungen angefertigt. Erstmals war ein solches neben den Modellen der Ritualbäder von Offenbach, Speyer und Worms 1911 in der Abteilung „Hygiene der Juden" auf der „Internationalen Hygiene-Ausstellung" in Dresden zu sehen.[9] Der Frankfurter Sozialhygieniker Wilhelm Hanauer (1866–1940) schrieb dazu im Hamburger Israelitischen Familienblatt: „Das Judenbad in Friedberg in Hessen überragt an Größe und künstlerischer Ausstattung alle anderen bekannten Judenbäder."[10] Auch bei der „Jahrtausend-Ausstellung" in Köln 1925 war das Friedberger Ritualbad neben jenen von Andernach am Rhein und Speyer ausgestellt.[11] 1926 fand in Düsseldorf die „Gesolei Ausstellung für Gesundheitspflege, Soziale Fürsorge und Leibesübungen" statt, auf der sich ein Pavillon ebenfalls mit der „Hygiene der Juden" beschäftigte und auch dort zählte ein Modell der Friedberger *Mikwe* zu den zentralen Ausstellungsexponaten.[12]

1 Schazmann 1788, S. 88–96.
2 Denkmäler 1856, Tafeln 19–20.
3 U.a. Goldmann 1857, Dieffenbach 1857, S. 308f.; Quartalsblätter 1874, S. 49–51; Essenwein 1875, S. 3f; Adamy 1895, S. 102f.
4 Israelitische Wochen-Schrift, 6. Jg., Nr. 15, 1875, S. 117. Vgl. auch einen ähnlichen Aufruf in Anzeiger für die Kunde der deutschen Vorzeit, 22. Jg., Nr. 3, März 1875, Sp. 93.
5 Der Israelit, 34. Jg., Nr. 85, 26.10.1893, S. 1613.
6 Wagner 1902.
7 Vgl. Kingreen 2008.
8 Purin 2001b, Kat. Nm. 94f.
9 Bamberger 1911, Sp. 536.

Vermutlich wurde in Köln und Düsseldorf das für die Dresdner Hygiene-Ausstellung 1911 angefertigte Modell gezeigt. Doch nur in einem Ausstellungskatalog für die von Erich Toeplitz (1896–1933) kuratierte Abteilung „Jüdische Altertümer" der Ausstellung „Alte Kunst am Mittelrhein" im Landesmuseum Darmstadt, ist es auch tatsächlich als Leihgabe des Hygiene-Museums Dresden ausgewiesen.[13]

Zu einem unbekannten Zeitpunkt nach 1927 verschwand das Modell jedoch aus der Dresdner Sammlung. Das Friedberger Wetterau-Museum ließ in den 1950er oder frühen 1960er Jahren ein neues Modell herstellen, das erstmals 1963/1964 als Leihgabe für die Ausstellung „Monumenta Judaica. 2000 Jahre Geschichte und Kultur der Juden am Rhein" in Köln zur Verfügung stand.[14] 1991 war es ebenfalls als Leihgabe in der Ausstellung „Jüdische Lebenswelten" im Berliner Martin-Gropius-Bau vertreten[15] und ein Jahr später in der Ausstellung „Mikwe. Geschichte und Kultur jüdischer Ritualbäder" im Jüdischen Museum Frankfurt zu sehen.[16]

10 Zit. nach Grunwald 1911, S. 33.
11 Jahrtausendausstellung 1925, S. 195.
12 Gesolei 1926, S. 9.
13 Alte Kunst 1927, Kat. Nr. 674.
14 Monumenta Judaica 1963, Kat. Nr. B 64.
15 Nachama/Sievernich 1991, Kat. Nr. 6/33.
16 Heuberger 1992, Kat. Nr. 8.1.

IN RITUALBÄDERN AUS DEM
11., 12. UND 13. JAHRHUNDERT

• • •

אין מקוואות פון
11 טן, 12 טן און 13 טן יאָרהונדערט

„…Aus Worms, aus Mainz und aus Speyer,
durch Prag und Lublin und Odessa,
erstreckte sich alles im Feuer,
erstreckte sich alles im Wunder…“
(*Avrom Liessin*)[1]

Wieder einmal war ich in den ehemaligen *SchUM-Städten* (Speyer – Worms – Mainz), wieder wanderte ich durch jene Orte, an denen sich die Wiege der wunderbaren tausendjährigen Epoche Aschkenas befunden hatte und die zerstört worden war. Wieder gehe ich durch die Gässchen, in denen Raschi,[2] MaHaRam Meir von Rothenburg,[3] die Kalonymiden[4] und Jakars,[5] die Gelehrten von *SchUM*, die Leuchten des Exils[6] entlangschritten. Tausend Jahre sind vergangen und das Gedächtnis dessen, was einst war, lebt immer noch. Edikte und Massaker, Kriege und Revolutionen, architektonische Rekonstruktionen und urbane Veränderungen konnten im Rheingebiet den Zauber dieses Jahrtausends nicht verwischen. Überall sprießen unsere Mühe und unser Weh hervor. Die Denkmäler unseres Lebens und unseres Sterbens existieren.

Dieses Mal will ich nichts von den Überresten zerstörter Synagogen oder von verwahrlosten Friedhöfen erzählen. Jetzt werde ich hinabsteigen unter die Erde, zu den Ritualbädern. Hinabsteigen deshalb, weil sie vor

---

1 Avrom Liessin (Pseudonym von Abraham Walt/Valt) (1872–1938), jiddischer Dichter und Herausgeber.
2 Rabbi Salomo ben Isaak (hebräisches Akronym Raschi) (1040/41–1105), Rabbiner aus Troyes und bedeutender *Tanach*- und *Talmud*-Kommentator. Zwischen 1055 und 1065 lehrte er in Worms und Mainz.
3 Vgl. Fußnote 13 im Beitrag „Verbrannte Tora-Rollen und geschändete Pergamentblätter“ in diesem Band.
4 Vgl. Fußnote 1 im Beitrag „Auf den Spuren des Palastes der Kalonymiden“ in diesem Band.
5 Familie von Gelehrten aus Worms. Vgl. Lewin 1929, Sp. 143.
6 Wortspiel: hebräisch *meor ha-gola* (Sg.!) bedeutet Leuchte des Exils, gleichzeitig der Beiname von Gerschom ben Jehuda (ca. 960 bis 1020/1040), ebenfalls ein hoher jüdischer Gelehrter und *Talmud*-Kommentator. Bernstein schreibt von den *meori ha-gola* (Pl.) und verweist damit auf die Gesamtheit der Gelehrten.

tausend Jahren tief, sehr tief in den Untergrund hineingebaut wurden. Dort unten überstanden sie alle Stürme und Wirbelwinde, die Auswirkungen auf die Oberfläche hatten. Es ist lohnend, einen solchen unterirdischen Spaziergang zu unternehmen.

***

Die *Mikwe* war bei Juden in ihrem bürgerlich-religiösen Lebensstil einer der wichtigsten Orte. Sie war eine der ersten Einrichtungen in einer neuen jüdischen Ansiedlung. Es war eine unzerreißbare dreifache Schnur,[7] ein Triplett, das eine jüdische Gemeinschaft kennzeichnete: die Synagoge, der Friedhof und die *Mikwe*. Zu dem Thema *Mikwe* und rituelles Untertauchen gibt es sehr viel rabbinische Literatur. Um den kleinen Traktat *Mikwaot* (in der Ordnung *Toharot*, die nur eine *Mischna* und keine *Gemara* hat) wuchs ein dichter Wald von Kommentatoren, Juristen, neuen Interpretationen, Responsen, Normen und *Minhagim* ohne Ende. Außer der wichtigen Funktion zur Einhaltung der Gesetze, die das Eheleben regeln, hat die *Mikwe* auch aus *kabbalistischer* Perspektive eine wichtige Bedeutung. Sie muss nicht nur den Körper reinigen, sondern sie muss die Seele darauf vorbereiten, heilige Dinge aufzunehmen. Einer der chassidischen *Minhagim* sagt sogar, dass die *Mikwe* eine höhere Stufe einnehme als ein *Beth Midrasch*. Dort braucht man zehn Juden, einen *Minjan*, um sich mit Gott dem Allmächtigen zu verbinden, und in einer *Mikwe* kommt jeder für sich in die himmlischen Welten.[8] Und so beginnen wir unseren Spaziergang.

1. Speyer

Die *Mikwe* befindet sich in der Judenbadgasse (heutzutage heißt sie so). Ein schmales, düsteres Gässchen führt zu einem altertümlichen Tor mit einer verriegelten krummen kleinen Pforte. Über dem Eingang befindet sich eine Tafel, die berichtet, dass das Judenbad im Jahr 1104 erbaut worden sei.[9] Der Hof der *Mikwe* – heute ein Gemüsegarten – ist umgeben von einer hohen steinernen Mauer. An einer Wand dieser uralten Mauer

---

7 Kohelet 4,12.
8 *Olamot Eljonim bJechidot, kabbalistischer* Begriff.
9 Die *Mikwe* wurde tatsächlich zwischen 1110 und 1120 errichtet. Vgl. Künzl 1992, S. 28.

befinden sich markante Spuren eines nicht mehr existierenden Gebäudes. Tatsächlich war das die frühere Ostwand der ersten Synagoge, die während des Ersten Kreuzzuges im Jahr 1096 zerstört worden war.

Ich begebe mich hinab unter die Erde. Hundert Stufen führen zu jenem Ort, wo es auch heutzutage noch reines klares Wasser gibt, fließendes Wasser, wie es das Gesetz verlangt. Drei unterschiedliche gewundene Treppengänge mit allen Arten von seitlichen Kämmerchen führen zum Ort der rituellen Reinigung. Die mit einer dicken Staubschicht bedeckten Wände und Decken können jedoch die Reste der schönen Simse und den romanischen Bau nicht verbergen. Diese *Mikwe* ist neben einer architektonischen Seltenheit auch ein Mysterium der Natur. Man konnte das Wunder nicht verstehen, dass jetzt noch, nach bald tausend Jahren, das Wasser in der *Mikwe* klar und durchsichtig ist. Vor einiger Zeit fand tatsächlich ein wissenschaftliches Komitee heraus, dass das Geheimnis darin liegt, dass von der *Mikwe* ein unterirdischer Wasserlauf zum Rhein fließt, der für sprudelndes Quellwasser sorgt. Bei der Jahrtausend-Ausstellung in Köln im Jahr 1925[10] wurde zwischen den bemerkenswertesten Exponaten ein Gipsmodell dieser wunderbaren *Mikwe* gezeigt.

Das Gipsmodell der *Mikwe* in Speyer in der Kölner Ausstellung.

10 Zur Jahrtausend-Ausstellung der Rheinlande in Köln anlässlich einer sogenannten tausendjährigen Feier des Deutschen Reiches 925 vgl. Wenge 2003, S. 186–189.

2. Worms

Durch das *Raschi-Tor* (so heißt heutzutage der Eingang der Stadtmauer) kommt man in die Judengasse (auch dieser Name ist geblieben). Hier waren zwei große Synagogen gewesen – die neue und die alte *Raschi-Synagoge*.[11]

Im Hof der Synagoge hatte sich die *Mikwe* befunden, die im 11. Jahrhundert errichtet worden war.[12] Während der brennenden „Kristallnacht", der die beiden Synagogen zum Opfer fielen, wurde auch der oberirdische Bau der *Mikwe* zerstört. Der unterirdische Teil blieb erhalten. Das ist das einzige „lebendige" Objekt der tausendjährigen Geschichte der heiligen Gemeinde *Warmeisa*. Die hiesige *Mikwe* ist nicht so tief wie jene im benachbarten Speyer. Sie ist nicht mehr als zehn Meter unter der Erde und auch diese *Mikwe* ist als romanischer Bau mit hohen Säulen, Nebenräumen und einem Treppengeflecht eine wunderbare Erinnerung an das, was einmal war. Bis vor nicht allzu langer Zeit pflegte man alle Arten von Abfall und Unrat hierherzubringen, doch kürzlich wurde das beendet und der Platz umzäunt.

Das *Raschi-Tor* in der Schutzmauer der Stadt Worms.

11 Vgl. Epstein 1901, S. 68; Reuter/Schäfer 2005, S. 42.
12 Die erste Synagoge wurde 1034 errichtet, die *Mikwe* erst im 12. Jahrhundert. Vgl. Künzl 1992, S. 29.

3. Friedberg

Ein wenig „jünger" ist die ebenfalls noch vollständig erhaltene *Mikwe* in Friedberg, Hessen. Sie wurde später erbaut als ihre Schwestern in Speyer und Worms – im Jahr 1260 (vor insgesamt 700 Jahren). Auch sie befindet sich in der heute noch mit Schildern ausgewiesenen Judengasse. Und auch diese *Mikwe* ist ein architektonisches Wunder. Die wunderbaren Galerien und die seltene Treppenkonstruktion machen einen unbeschreiblichen Eindruck. Ich ging die drei Stockwerke mit gewundenen Treppengängen (72 Stufen insgesamt)[13] bis zum trockenen Grund hinab, wo sich der eingeritzte Name desjenigen befindet, der die *Mikwe* im Jahr 1260 erbaut hat: Isaak Koblenz.[14]

Der Abstieg zur *Mikwe* in Friedberg, erbaut im Jahr 1260. Sie befindet sich heutzutage in der Judengasse.

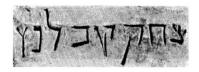

Die Unterschrift [sic!] des Erbauers der Friedberger *Mikwe*, Isaak Koblenz, die am Grund der *Mikwe* eingeritzt ist.

***

In Speyer hörte ich von der deutschen Frau, die die Aufsicht über die *Mikwe* hatte, eine sehr richtige Erklärung auf die Frage, womit es zu tun habe, dass das dortige jüdische Objekt während der Nazi-Herrschaft nicht

---

13 Zur genauen Baustruktur der *Mikwe* vgl. Künzl 1992, S. 32.
14 Die Inschrift wurde bei einer Renovierung 1902/03 entdeckt, nachdem man das Wasser abgepumpt hatte. Gleichzeitig entdeckte man in der Nähe auch die römische Zahl MCCLX (1260) und wertete diese als Erbauungsdatum. Offenbar war bei Bernsteins Besuch das Wasser wieder abgepumpt, da er vom trockenen Boden berichtet, in der *Mikwe* das Wasser aber normalerweise bis zu fünf Meter hoch steht. Vgl. Kingreen 2008, S. 10–12.

zerstört worden sei. „Weil es unter der Erde liegt", lautete die Antwort. Das ist auch maßgeblich in Bezug auf die anderen Ritualbäder.

***

Aus den entferntesten Städten kommt man an diese Orte, um das Wunder zu bestaunen. In allen Reiseprospekten wird man darauf hingewiesen, dass man in den erwähnten Städten nicht vergessen soll, die dortigen „Sehenswürdigkeiten" zu besichtigen. Es kommen gewöhnliche Touristen und Neugierige, aber auch spezielle Forschungskommissionen, Professoren und Studenten, Architekten und Kunsthistoriker. Beladen mit allen Arten von Werkzeugen sitzen sie da und zeichnen oder klettern über die Wände und schaben an den Decken herum. Sie probieren die Treppen aus und betasten die Handläufe. Sie nehmen Sand- und Steinproben, um sie in den verschiedenen wissenschaftlichen Laboratorien zu analysieren. Jeden interessiert nur und zuallererst dieses Mineralreich, dieses stumme steinerne Relikt. Niemandem fällt es ein zu fragen: Wo befinden sich die Lebewesen, die rund um diese sonderbaren Bauten gewohnt haben? Wo sind diejenigen, die diese rituellen Bassins benutzt haben? Wo sind jene hingekommen, die im Zeitraum eines Jahrtausends in den Gassen entlang gegangen waren, auch jene, deren nasse Fußspuren charakteristische Vertiefungen auf den steinernen Treppen hinterlassen haben? Sie fragen nicht! Würden sie aber fragen, würden sie folgende Antwort bekommen: Im Jahr 1933, als Hitlers Hassregierung ihren Anfang nahm, gab es in Speyer 350 Juden, in Worms 1194 Juden, in Friedberg 400 Juden. Und heute? Keine einzige jener Seelen ist mehr hier. Sie kamen von den „Transporten" nicht zurück. Irgendwo um Theresienstadt und Auschwitz, Buchenwald und Dachau wurden ihre Spuren verwischt.

Es kann auch sein, dass die hiesigen Besucher die Antwort bereits kennen und deswegen keine Fragen stellen. Es ist doch „offensichtlich"…

Aus: Mordechai W. Bernstein, In labirintn fun tkufes, Buenos Aires 1955, S. 121–127. Übersetzt und kommentiert von Lilian Harlander.

ELIJA BACHUR ISNY

Von Joanna Weinberg

5

Elija Bachur: Opusculum recens hebraicum a doctissimo hebraeo Eliia Levita germano grammatico elaboratum, cui titulum fecit תשבי **id est, Thisbites, in quo. 712 uocum quę sunt partim hebraicę, chaldaicæ, arabicę, gręcæ & latinæ, quęcue in dictionariis non facile inveniuntur [...] Isnae in Algauia, Anno M. D. XXXXI.**

Isny 1541
Papier, Pergament
Druck: Paulus Fagius
H: 23 cm; B: 17 cm; T: max. 5,8 cm

JÜDISCHES MUSEUM MÜNCHEN, INV. NR. JM 10/2020

Ohne Übertreibung lässt sich behaupten, dass Elijah Levita oder Elijahu ben Ascher Aschkenasi (auch Bachur genannt oder jiddisch Elije Bocher) einer der schillerndsten und rätselhaftesten jüdischen Gelehrten im Europa des 16. Jahrhunderts war.[1] Einem autobiografischen Vermerk gemäß ist Levita in Ipsheim geboren und hat seine ersten Lebensjahre in Neustadt an der Aisch bei Nürnberg verbracht. Die meiste Zeit seines Lebens wohnte er jedoch in Italien (ab 1492/1495), hauptsächlich in Padua, Rom und Venedig. Levita war ein hochbegabter Gelehrter und galt als Grammatiker und Lexikograf der hebräischen und aramäischen Sprache als die Autorität. Seine Grammatiken und Wörterbücher wurden zu Bestsellern. Levitas *Massoret ha-Massoret*, insbesondere die Einführungen, in welchen er argumentiert, dass die grafischen Bezeichnungen der Vokale und Akzente (*nekudot* und *te'amim*) erst in post-*talmudischen* Zeiten in den biblischen Text eingefügt worden waren, verursachte sowohl in jüdischen als auch in christlichen Kreisen großen Aufruhr. Auch war er ein kunstfertiger Dichter in hebräischer und jiddischer Sprache, ein Schreiber und ein Lektor. Er arbeitete in den Druckhäusern von Daniel Bomberg in Venedig und Paulus Fagius in Isny im Allgäu.[2] Obwohl er mit Christen aller Ausprägungen gut arbeiten und leben konnte – insbesondere mit dem Augustiner Egidio da Viterbo in Rom und dem Reformator

Paulus Fagius in Isny – blieb er doch seiner eigenen Religion unverbrüchlich verbunden und wurde auf dem jüdischen Friedhof am Lido in Venedig begraben. Levita gab vielen Christen Hebräischunterricht, was er gegenüber einigen seiner Glaubensgenossen zu rechtfertigen hatte.[3] Seine Hauptwerke der Grammatik und Lexikografie wurden von seinen christlichen „Anhängern" ins Lateinische übersetzt, insbesondere von Sebastian Münster und Paulus Fagius.

Auf Einladung des Hebraisten Paulus Fagius kehrte Levita 1540 nach Deutschland zurück. Mit der finanziellen Unterstützung von Peter Buffler gründete Fagius in Isny eine der ersten hebräischen Druckereien Deutschlands. Levita ließ seine Familie in Venedig zurück und verweilte von 1540 bis 1542 in Isny, wo er mit Fagius zusammenarbeitete. In dieser Periode produzierten sowohl Fagius als auch Levita einige ihrer bedeutendsten Werke.

Das hier ausgestellte Buch gehört zu Levitas populärsten Wörterbüchern, *Sefer ha-Tischbi*, oder *Opusculum Recens Hebraicum a Doctissimo Hebraeo Eliia Levita Germano grammatico elaboratum*.[4] Es wurde 1541 erstmals gedruckt. Das Werk wurde in zwei Versionen hergestellt, eine ausschließlich in hebräischer Sprache und eine zweisprachig, mit dem hebräischen Text und der lateinischen Übersetzung

---

1 Die maßgebliche Biografie von Levita stammt von Gérard Weil, vgl. Weil 1963. Zu einer jüngeren Studie vgl. Aranoff 2009.
2 Zu einer kürzlichen Diskussion über Levitas jiddische Arbeiten und seiner überarbeiteten Ausgabe des Ritterepos „Bovo d'Antona" vgl. Rosenzweig 2016.
3 Vgl. seinen Kommentar im Vorwort zur 2. Aufl. von: Massoret Ha-Massoret, Venice, 1538:
„Denn ich erkläre mit großem Ernst, dass alle Christen, die ich kenne und denen ich oder andere Unterricht erteilt haben, allesamt gute und aufrechte Männer sind und mit all ihrer Macht wohlgefällig Israel gegenüber gehandelt haben. In der Tat, dass unsere Sprache den Nichtjuden bekannt war, hat sich für uns als rettend erwiesen." Zitiert nach: Ginsburg 1968, S. 100.
4 Das Buch wurde mehrfach neu aufgelegt: Basel 1601; Grodno 1808; Bene Berak 1975/1976.

von Fagius. Der Titel *Tischbi* bezieht sich sowohl auf die Anzahl der Eintragungen in diesem Werk – 712 –, die dem Zahlenwert der hebräischen Buchstaben des Wortes *Tischbi* entspricht, als auch auf die letzte Eintragung im Buch, die ein Vermerk zum Toponym des Propheten Elijah aus *Tischbe* und eine Anspielung auf Levitas eigenen Namen, Elijah, ist. Hier handelt es sich nicht um ein Wörterbuch im heutigen Sinne des Wortes, sondern eher um eine Sammlung von lexikografischen Anmerkungen in alphabetischer Reihenfolge. Laut Levita war dieses Unterfangen insofern neu, als viele der Lemmata in früheren lexikalischen Werken überhaupt nicht oder zumindest nicht korrekt oder adäquat erklärt worden waren. Im Großteil der Eintragungen geht es um Wörter und Ausdrücke, die in rabbinischen Texten aufscheinen. Zuweilen machen sich in Levitas Einträgen seine spezifischen Interessen oder Hauptbeschäftigungen bemerkbar. Zum Beispiel tritt im Eintrag zu „*kuntres*", in welchem er erklärt, wie sich Manuskripte aus Lagen zusammensetzen, seine professionelle Expertise zu Tage.[5] Manchmal wartet er mit biografischen oder persönlichen Meinungen auf. Des Öfteren betont er, dass er sich nicht mit dem Studium der *Kabbala* befasst. Von spezieller Bedeutung sind die leichten Unterschiede zwischen den hebräischen und lateinischen Texten. So bespricht Levita im Eintrag zu „*Yeshu*" (Jesus)

einfach die Schreibweise und Aussprache des Namens. In der lateinischen Übersetzung fügt Fagius einen langen Abschnitt aus dem sogenannten „Testimonium Flavianum" hinzu, einer Interpolation in „Jüdische Altertümer" von Flavius Josephus, in der Jesus als Christus gewürdigt wird. Die gleiche Christianisierungstendenz zeigt sich auch auf der letzten Seite des Buches. Im hebräischen Originaltext steht: „Dieses Buch wurde in der Stadt Isny vollendet, im Jahre 5301 seit Erschaffung der Welt". In der zweisprachigen Ausgabe scheint es, dass Fagius dieses Buch für seine christlichen Leser annehmbarer machen wollte und absichtlich die folgenden Worte hinzufügte: „[I]m Jahre 5301 seit Erschaffung der Welt, das ist 1541 seit dem Erscheinen unseres Messias und unseres Erlösers Jesus, möge sein Name auf immer und ewig gesegnet sein".

Das zur Schau gestellte Exemplar von *Tischbi* zeigt die Anziehungskraft dieses Buches und die Probleme, die ein solches Werk verursachen kann. Ein christlicher Leser machte sich im gesamten Text philologische Anmerkungen; ein jüdischer Leser hat das christliche Datum im hebräischen Kolophon, im Versuch seine jüdische Identität im eigenen Exemplar von Elijahu bar Ascher Halevis *Tischbi* geltend zu machen, ausgestrichen.

Übersetzung aus dem Englischen:
Liliane Dombrowski

---

5 Vgl. Beit-Arié, Malachi: Eliyahu Levita as a scribe, author-scribe and codicologist: <https://www.academia.edu/38193125/ELIYAHU_LEVITA_AS_A_SCRIBE_AUTHOR_SCRIBE_AND_CODICOLOGIST>.

IN ELIJA BACHURS DRUCKEREI

— • • • —

אין אליה בחורס דרוקעריי

Lange zog es mich in das Städtchen Isny, das im Allgäu im Land Württemberg (Süddeutschland) liegt. Es gab viele Gründe, die mich dorthin lockten. Erstens ist das einer der ersten Orte in Deutschland, wo es eine jüdische Druckerei gab (zwischen den Jahren 1540 und 1543). Sie war von dem christlichen Geistlichen Paulus Fagius[1] gegründet worden. Zweitens ist diese Druckerei von sehr großer Bedeutsamkeit, denn dort arbeitete Elijahu Bachur,[2] dessen vierhundertster Todestag (fiel in das Jahr 1949) von der gesamten jüdischen Kulturwelt gefeiert wurde. In der Druckerei wurden wahrlich ein Teil seiner wichtigen hebräischen Werke und auch das berühmte *Bovo-Buch*[3] auf Jiddisch gedruckt. Von dort stammen die wichtigen Texte: der *Meturgeman*, ein alphabetisch geordnetes *Targum*-Wörterbuch[4] zum gesamten *Tanach*; *Tischbi*, eine genaue Erklärung 712 schwieriger hebräischer Wörter, die in der Zeit des *Tanach* benutzt wurden. *Tischbi* bedeutet 712. Dieses Buch erschien in Isny in zwei Auflagen, eine davon mit einer lateinischen Übersetzung. *Shemot Devarim*,[5] ein Glossar in vier Sprachen – Jüdischdeutsch, Hebräisch, Latein und Deutsch – von Begriffen, die in Zusammenhang mit Kunst, Wissenschaft, Poesie, Rhetorik usw. stehen. *Sefer Habachur* – Elija Bachurs monumentales grammatikalisches Werk, das er nach sich selbst benannt haben soll. Zum ersten Mal wurde der *Habachur* in Rom im Jahr 1517 gedruckt. In Isny erschien im Jahr 1542 die zweite Auflage. Dieses Werk spielte eine enorme Rolle in der hebräischen Sprachforschung deutscher Theologen des 16. und 17. Jahrhunderts. Sebastian Münster,[6] einer der Nestoren der deutschen Hebraisten übersetzte das *Sefer Habachur* ins Lateinische und im Laufe von ein paar

---

1 Paulus Fagius (auch Büchlin, Buchlein, Bucher) (1504–1549), Theologe und Hebraist. Vgl. Busi 2007, S. 676.
2 Zur Biografie von Elija Levita (1468/69–1549) vgl. Olszowy-Schlanger 2011, S. 359–426.
3 Bovo-Buch (jidd. Bove-bukh), altjiddischer Ritterroman in 650 Stanzen. Adaption eines anglonormannischen Romans aus dem 14. Jahrhundert, benannt nach dem Protagonisten Boeve de Haumton (Bevis of Hampton). Vgl. Liptzin/Frakes 2007, S. 107f.
4 Antike Übersetzung der Bibel ins Aramäische.
5 Wörtlich „Name der Dinge".
6 Sebastian Münster (Monsterus) (1488–1552), Hebraist und Reformer. Vgl. Silverman/Elyada 2007, S. 599f.

dutzend Jahren erschien es in vier Auflagen (Basel 1525, 1523, 1537 und 1545). Neben diesen zwei mit Elija Bachur verbundenen Gründen gab es ein weiteres Motiv, das mich nach Isny führte. Ich hatte erfahren, dass sich in der protestantischen Nikolauskirche eine seltene, einige Jahrhunderte alte Bibliothek befand, in der es etwa zweihundert Inkunabeln (bis in das Jahr 1500 gedruckte Werke), tausend im 16. Jahrhundert gedruckte Bücher und eine große Anzahl von Handschriften gab. In solch einem Schatz kann man immer etwas finden…

Ich fuhr wahrlich mit Herzklopfen dorthin – ob meine Reise nicht umsonst sein würde, umsonst was das Finden dessen betrifft, was ich suchte. Denn Isny gehörte zu jenen Städten, in denen es in den Archiven nur sehr geringe Spuren einer jüdischen Besiedelung gab. Es war mir nur gelungen herauszufinden, dass in der Liste jüdischer Gemeinden, die dem Königreich Steuern bezahlten (die sogenannte Reichssteuerliste), auch Isny aufschien, mit dem Datum des 1. Septembers 1401. Ansonsten gab es keinerlei Anzeichen für ein jüdisches Leben in diesem Ort. Es besteht ein großer Zweifel daran, ob zu Elija Bachurs Zeiten in Isny eine jüdische Siedlung oder Gemeinde existierte. Die Eintragungen in der Steuerliste entstanden 150 Jahre vor seiner Ankunft dort. Wie sollte man also Spuren suchen, wenn der erste Faden zum Geschichtsknäuel von Isny nicht zu fassen war? Es ist hier nicht die Stelle, um von dem „Zufall" zu erzählen (die Gänsefüßchen sind gerade hier kein Zufall), der mich in das wunderbare mittelalterliche Städtchen Isny brachte. Die Reise hatte sich gelohnt – mit vollen Händen schöpfte ich aus dem, was ich finden wollte und aus dem, was ich niemals zu enthüllen erträumt hatte. Ein wenig möchte ich tatsächlich erzählen, sowohl von Elija Bachur als auch von der Druckerei in Isny und ebenso von den dort entdeckten Spuren unserer Jahrhunderte.

***

Über Elija Bachur gibt es bereits eine beachtliche biobibliografische Literatur. Die ältere ist hauptsächlich auf Deutsch und weniges auf

Hebräisch verfasst. In den letzten paar dutzend Jahren, als die Jiddisch-Forschung stark anwuchs, wurde Elija Bachur als einer der Jiddisch-Pioniere in diese Arbeiten aufgenommen (M. Weinreich,[7] M. Erik,[8] I. Zinberg, N. Schtif,[9] N. Prilutzki[10] usw.). In den letzten Jahren erschienen insbesondere im Zusammenhang mit dem vierhundertsten Todestag von Elija Bachur die Arbeiten von Dr. J. Shatzky,[11] Juda A. Joffe[12] und N.B. Minkoff.[13] Über ihn schrieben auch sehr viele nicht-jüdische Forscher. Aber nahezu niemand (von den Juden tatsächlich niemand) von denen, die über Elija Bachur schrieben, war je in Isny gewesen. Deshalb war ich überglücklich, als ich mit Joseph Opatoshu,[14] Friede sei mit ihm, während seines Besuches in Buenos Aires wichtige Details darüber austauschen konnte, was ich in Isny zu Elija Bachur gefunden hatte und was bis heute von den Biografen und Kritikern nicht ausgehoben wurde.

Elija Bachur verewigte sich in seinem Werk mit einer langen Reihe von Namen: Er unterschrieb mit Elija bar Ascher Halevi, oftmals auch mit Aschkenasi und auf Latein bezeichnete er sich als Germanus. In den biobibliografischen Lexika und Enzyklopädien ist Elija Levita neben Elija Bachur besonders populär. Teilweise nennt man ihn Elija Tischbi und auch Elija Midikduk.[15] Manche seiner Namen stehen in Verbindung zu seinen Texten. Das Wissen, das seine Biografen zusammengetragen haben, verweist auf ein ungeheuer stürmisches, intensives und oftmals sogar abenteuerliches Leben, gleichzeitig weiß man aber auch, dass es ein schweres, gemartertes Leben voller Armut und unterschiedlichem Leid war.

***

Elija Bachur wurde 1468 (nach anderer Meinung 1469) in einem Dorf namens Ipsheim, am Fluss Aisch, nicht weit entfernt von Nürnberg geboren. Ich war in diesem wunderbaren fränkischen Dörfchen ebenso wie im benachbarten Neustadt und durchsuchte die Chroniken, ohne leider etwas zu finden. Er war der jüngste von neun Söhnen aus einer Familie von Gelehrten bedeutender Herkunft. Im Jahr 1496 befand sich Elija Halevi bereits in

---

7 Max Weinreich (1894–1969), Jiddist und Leiter des YIVO.
8 Max Erik (1898–1937), Literaturwissenschaftler und Jiddist.
9 Nochem Schtif (1879–1933), Linguist und Mitbegründer des YIVO.
10 Noah Prilutzki (1882–1941), Journalist und Jiddist.
11 Jacob Shatzky (auch Shatski, Szacki) (1893–1956), Historiker und Bibliothekar.
12 Juda Achilles Joffe (1873–1966), Linguist und Jiddist.
13 Nachum Baruch Minkoff (auch Minkow, Minkov) (1893–1958), jiddischer Dichter und
    Literaturwissenschaftler.
14 Joseph Opatoshu (1887–1954), Schriftsteller der amerikanisch-jiddischen Literatur.
15 Wörtlich „Grammatiker“.

Venedig. Wie es ihn dorthin verschlagen hat, ist nicht ganz klar. Man geht davon aus, dass die Welle der Verfolgungen und Vertreibungen, die zu dieser Zeit über Deutschland hinweg wogte, der Grund dafür war. Es ist bekannt, dass damals tatsächlich sehr viele deutsche Juden, ganze Gemeinden, aus Deutschland flohen und in Italien Zuflucht suchten. Ein zweiter Grund war höchstwahrscheinlich sein Wissensdurst. In jener Zeit war Italien im Allgemeinen und Venedig im Speziellen ein Zentrum jüdischer Wissenschaft. Im Jahr 1504 lebte er schon in Padua, wo er sich mit gebildeten Männern beschäftigte und sowohl Christen als auch Juden Hebräisch beibrachte. Es war damals in Mode, dass nicht-jüdische Aristokraten (nicht ausschließlich Theologen) den *Tanach* und Hebräisch lernten. Im Jahr 1509 musste er im Zusammenhang mit den damaligen Kriegsgeschehnissen Padua verlassen. Er ging zurück nach Venedig, wo er das gemarterte Leben eines Flüchtlings führte.

Sein Name als guter Hebraist war schon sehr berühmt, als er nach Rom eingeladen wurde, um dem Generalprior des Katholischen Ordens, Egidio da Viterbo[16] (später römischer Kardinal), Hebräisch beizubringen. 12 Jahre lang wohnte Elija Bachur im römischen Palast des Kardinals und lehrte ihn den *Tanach*, Hebräisch, Grammatik und sogar die *Kabbala*. Im Haus des Kardinals schrieb er tatsächlich eine ganze Reihe neuer Kommentare zu dem *kabbalistischen* Werk *Sefer Jetzira*.[17] Diese Handschrift mit mehr als 1200 Blättern befindet sich heutzutage im Britischen Museum. Lange war es ihm nicht gegeben, ein ruhiges Leben zu führen. Der Kriegssturm von 1524 zwang ihn, Rom zu verlassen.[18] Wieder zog er heimatlos von Stadt zu Stadt. Aber auch während seiner Wanderungen beschäftigte er sich mit seinen Forschungen. Im Jahr 1529 erschienen in Pesaro (in der berühmten Soncino-Druckerei[19]) seine *Pirke Elijahu*. In dieser Druckerei arbeitete er eine Weile als Korrekturleser.[20]

Ein Teil der rabbinischen frommen Welt missbilligte, dass Elija Bachur ein freundschaftliches Verhältnis zu christlichen Geistlichen pflegte und dass er sie obendrein die heilige Sprache und das Entdecken der Geheimnisse der *Kabbala* lehrte. Er wurde sogar verdächtigt, ein wenig

16 Egidio da Viterbo (auch Aegidius) (ca. 1469–1532), Theologe und Humanist.
17 Wörtlich „Buch der Formung".
18 Bernstein bezieht sich hier auf die Sacco di Roma, die Plünderung Roms und des Kirchenstaates unter Karl V. die allerdings 1527 stattfand.
19 Ursprünglich aus Speyer und Fürth stammende Familie, hatte im 15. und 16. Jahrhundert hebräische Druckereien in Italien, der Türkei und Ägypten. Vgl. Habermann 2007b, S. 10.
20 Wörtlich „Abhandlungen des Elija". Nach Medan 2007 und Olszowy-Schlanger 2011 erschienen die Pirke Elijahu 1520 in Rom. In Pesaro wurden 1508 Bachurs Glossen des Moses Kimchi gedruckt. Bachur ging von Rom zurück nach Venedig und arbeitete dort in der Druckerei Daniel Bomberg als Korrekturleser. Dass er auch in der Druckerei Soncino gearbeitet hat, konnte bisher nicht verifiziert werden.

in das Problem verwickelt zu sein und Neigungen zum Christentum zu haben. Dagegen verwehrte er sich auf das Schärfste und betrachtete das als Beleidigung. Der folgende Fakt zeigt Elija Bachurs Beziehung zu Juden und Judentum: Da er sich während seiner Wanderungen in großer Not befand, überzeugte Georges de Selve,[21] einer seiner Schüler und französischer Botschafter in Venedig, die französische Universität, Elija Bachur als Professor für den hebräischen Lehrstuhl einzuladen. Ohne auf seine schwierige Situation zu achten, lehnte er diesen sehr verlockenden Vorschlag ab. Seine Antwort war: „In einem Land, in dem meine jüdischen Brüder kein Recht zu wohnen haben (Juden wurden von dort im Jahr 1394 vertrieben), will ich kein Professor sein." Er entschied sich für das bedrängte Leben als Korrekturleser, zuerst in der Soncino-Druckerei und später in der berühmten Druckerei von Daniel Bomberg[22] in Venedig. Die Bomberg-Druckerei wurde geschlossen und im Jahr 1540 – Elija Bachur war bereits ein Greis von siebzig Jahren – war er wieder einmal arbeitslos. Einer seiner Verehrer, der Kleriker Paulus Fagius, lud ihn nach Isny ein, um dort die hebräische Druckerei zu leiten, die Fagius gegründet hatte. Noch einmal kam Elija Bachur nach Deutschland.

✳✳✳

Und schon bin ich in Isny. Dreimal besuchte ich dieses Allgäuer Städtchen. Stundenlang saß ich in der Bibliothek der merkwürdigen Nikolauskirche, blätterte durch hunderte von Inkunabeln und bewunderte die Handschriften. Unter dem reichen Bücherfundus der Bibliothek befand sich eine respektable Anzahl an Hebraica, und tatsächlich beinahe alle, die in Isny gedruckt worden waren (das *Bovo-Buch* fehlte). Die Bibliothek wurde von einem alten protestantischen Geistlichen geleitet, Immanuel Kammerer,[23] ein alter Mann, dessen Lebensinhalt die Bibliothek darstellte und dessen Lebenswerk es war, eine Biografie über Paulus Fagius zu schreiben. Diesem uralten Greis (im Jahr 1951 feierte er seinen neunzigsten Geburtstag und seine fünfzigjährige Tätigkeit in der Kirche) ist es wirklich zu verdanken, dass eine Reihe wichtiger Details zur Geschichte der hebräischen Druckerei in Isny aufgeklärt worden sind. Kammerer stellte alle möglichen Dokumente zu Paul Fagius

21 Georges de Selve(s) (1508–1541), französischer Bischof und Botschafter in Venedig, Rom, Deutschland, Österreich und Spanien.
22 Daniel Bomberg (1470/80–1549/53), flämischer Drucker und Verleger hebräischer Bücher in Venedig und Antwerpen. Vgl. Habermann 2007a, S. 52f.
23 Immanuel Kammerer (1891–1958), evangelischer Theologe und Archivar.

zusammen und dort wurden unzählige Rätsel und Ungereimtheiten sowohl zur Druckerei als auch zu Elija Bachur aufgedeckt. So gibt es einen Beleg des christlichen Mäzens Peter Buffler[24] über die Summe, die er für die Gründung der Druckerei gespendet hatte. Es liegen Listen mit den ersten Setzern und Druckern (Nicht-Juden) auf. Die Bedeutung des Emblems der Isnyer Druckerei wird aufgeklärt, ein Thema, über dessen Aufklärung sich Forscher bis jetzt den Kopf zerbrochen haben. Das Firmenzeichen der Druckerei war eine Zeichnung, die eine Allgäuer Landschaft darstellte, mit Bergen und in der Mitte ein schöner Baum. Am Stamm des Baumes steht ein Storch, der einen Frosch im Schnabel hält. An den beiden Seiten der Zeichnung befindet sich je eine Inschrift auf Hebräisch und Latein, deren Inhalt besagt: Jeder gute Baum bringt gute Früchte hervor. Man suchte eine Deutung dieses komplizierten Emblems: Was bedeutet der Baum? Was will die Inschrift sagen? Was hat der Storch, der den Frosch frisst, hier zu suchen?

Das Emblem der Druckerei in Isny. Der Baum symbolisiert Fagius' früheren Namen Büchlin, was ebendiesen Baum bezeichnet. Der Vogel an dem Baum, der einen Frosch fängt, bezieht sich auf den Namen des ersten Isnyer Druckers Froschesser.

24 Peter Buffler (1475–1551), Kaufmann und Ratsherr in Isny. Vgl. Neuer Literarischer Anzeiger, 1. Jg., Nr. 12, 16.09.1806.

Und so deckten die Dokumente, mit denen ich mich beschäftigte, das Rätsel auf. Es erwies sich, dass Fagius' richtiger Name Büchlin war, die Bezeichnung eines solchen Baumes. Damals war es Mode, seinen Namen ins Lateinische zu übersetzen. Folglich ist klar, dass Fagius – die latinisierte Fassung der Baumbezeichnung – auf dem Emblem seiner Druckerei einen Baum zeigte und es erklärt außerdem den Sinn der Inschrift über den guten Baum. Weiter befindet sich unter den Archivmaterialien, dass der erste Drucker Froschesser[25] geheißen hat. Es ist nachvollziehbar, dass dieser erste Drucker auf dem Firmenzeichen verewigt sein wollte: Es steht also wirklich ein Storch da, der einen Frosch frisst. In den privaten Briefen von Fagius (aus seinem Archiv, das sich in Straßburg befindet) gibt es unter anderem Korrespondenz aus der Zeit, als er Elija Bachur aus der Druckerei in Isny weggeschickt hatte. Leider sind die Repertorien dieser besonderen Briefe inhaltlich nicht detailliert genug. Es geht um die Druckerei. Ganz allgemein hatten dort nicht nur Elija Bachur gearbeitet, sondern auch seine Enkelkinder.

An der alten Schutzmauer in Isny, in dem Haus vor dem Turm rechts soll sich (der Legende nach) die Druckerei befunden haben, in der Elija Bachur gearbeitet hat.

25 Jakob Froschesser, gelernter Buchdrucker, Schwager von Paulus Fagius und möglicherweise auch finanziell an der Druckerei in Isny beteiligt. Vgl. Kießling/Ullmann 1999, S. 296.

Die Beziehung zwischen Elija Bachur und Fagius war mehr als freundschaftlich – sie vergötterten einander zutiefst. Sie widmeten sich gegenseitig ihre Werke. Ein Satz in Elija Bachurs Vorwort des *Tischbi* ist sehr interessant. Dort erzählt er, wie er von Italien nach Isny kam, und äußert sich zu Paulus Fagius folgendermaßen: „Von Paulus (dem Apostel) bis Paulus (Fagius) erstand niemand wie Paulus." Das ist eine Paraphrasierung des Satzes „Von (unserem Lehrer) Moses bis Moses (ben Maimon) erstand niemand wie Moses."[26]

Mir wurde auch das Haus gezeigt, in dem die Druckerei gewesen sein soll, tatsächlich in den Gebäuden des erwähnten Mäzens Buffler. Jener besaß eine Färberei, wo Stoffe gefärbt wurden (generell im Allgäu und speziell in Isny waren die Produktion von Flachs und die Verarbeitung von Leinenstoffen weit verbreitet). Die Druckerei hielt sich bis etwa 1544. Fagius reiste vorher bereits nach Konstanz und danach nach Straßburg, wo er eine Professorenstelle annahm. Elija Bachur kehrte zurück nachhause, „um bei meiner lieben Frau zu sterben", wie er in seinem Vorwort zum *Meturgeman* schreibt. Er starb in Venedig im Jahr 1549.

✳✳✳

Alle sind sich einig, dass Elija Bachur zu den Begründern der modernen Schule hebräischer Grammatik gehört. Er ist einer unserer ersten und wenigen Lexikologen und Sprachforscher. Dabei hatte er ein großes Gefühl für Dichtung, beherrschte fremde Sprachen und – die Hauptsache – er war einer der Pioniere der jiddischen Literatur, besonders im weltlichen Sektor. Und das Städtchen Isny, in dem das *Bovo-Buch* gedruckt wurde, ist wahrlich die Wiege des ersten weltlichen Buches auf Jiddisch. Die Geschichte des *Bovo-Buches* ist bemerkenswert. In einem Zeitraum von Jahrhunderten war dieser altjiddische Roman sehr beliebt in der jüdischen Welt. Sein früherer Name *Bovo-Buch* wurde geändert zu *Bobe-Mayse* (daher stammt auch das Sprichwort: „Das ist eine Großmuttergeschichte" – also ein Ammenmärchen –, denn alle Welt glaubt, dass das in Zusammenhang steht mit den Geschichten,

---

26 Moses ben Maimon (Maimonides, hebräisches Akronym RaMBaM für Rabbi Mosche ben Maimon) (1135/38–1204), wichtiger jüdischer Philosoph und Rechtsgelehrter, dessen Schriften bis heute rezipiert werden. Das obige Zitat befindet sich auf seinem Grabstein in Tiberius. Vgl. Rabinowitz 2007, S. 381–385.

die von der Großmutter erzählt werden).[27] Bis 1931 war bekannt, dass die
älteste Ausgabe des Romans aus dem Jahr 1660 aus Prag stammt. Man
kannte eine weitere Ausgabe aus Amsterdam 1661. Im Jahr 1931 entdeckte Dr. Max Weinreich in der Züricher Zentralbibliothek die erste in Isny
gedruckte Ausgabe aus dem Jahr 1541. Es stellte sich heraus, dass diese
Edition gar den Titel *Buovo d'Antona* trug, gemäß der italienischen Bezeichnung des Ritterromans, den Elija Bachur ins Jiddische übersetzt hatte.[28] Die
Popularität dieses altjiddischen Romans – eines der ersten jüdischen Lite-
ratur- und Sprachdokumente weltlichen Inhalts – wird durch die große bis
heute bekannt gewordene Auflagenzahl bezeugt. Nach der ersten Isny-Aus-
gabe folgen die erwähnte Prager Edition 1660, Frankfurt am Main 1691,
Wilhermsdorf 1728 und Prag 1767. Im 19. Jahrhundert wurde das gereimte
Bovo-Buch zu einem prosaischen Werk, der *Bobe-Mayse*, die noch im gegen-
wärtigen Jahrhundert für heutige moderne Leser gedruckt wird. Insgesamt
hatte das *Bovo-Buch* in seinen verschiedenen Variationen etwa vierzig (!)
Auflagen. Es ist hier nicht der Ort für eine detaillierte literarisch-sprachliche
Abhandlung des *Buovo d'Antona*, das in dem idyllischen Allgäuer Städtchen
Isny gedruckt wurde.

27 Jiddisch *bove-bukh* wurde zu *bobe-mayse*. *Bobe* ist im Jiddischen die Großmutter und *mayse*
die Geschichte.
28 Eine toskanische Fassung des *Buovo d'Antona* wurde 1507 von Elija Bachur ins Jiddische
adaptiert und 1541 in Isny gedruckt. Vgl. Liptzin/Frakes 2007, S. 107f.

בָּבָא דְּאַנְטוֹנָא

הייסט דש בוך אין הובש גֵי
טרעבֿט · מן קענט וואו
אֵליה בחורש גֵי
מעבֿט :
איז ווארדן
גֵדרוקט
צו
אֵיזֵנֵה אין דער שטאט · אוב
אֵלִיָה הַמְחַבֵּר איז גֵיזֵיך
דש פרט :

Titelblatt des *Bovo-Buches,* gedruckt in Isny im Jahr 1541. Man liest darauf Folgendes:
„Buova d'Antona heißt das schön ausgedachte Buch und wurde wohl von Elija Bachur
gemacht. Es wurde in der Stadt zu Isny gedruckt und Elija Bachur ist dieses Detail gleich."
Das *Bovo-Buch* endet mit der Inschrift:
„Gedruckt zu Isny in dem Jahr, das man dreihundertundeins zählt: Ende."

Zwei Titelblätter von Büchern
mit Widmungen von Paulus
Fagius in Hebräisch.

Oben die Übersetzung des
Pentateuch ins Jiddische
(der Titel ist nur auf Deutsch),
tatsächlich von Fagius gedruckt
in Konstanz, wohin er seine
Druckerei von Isny verlegt hatte.
Unten Fagius' Kommentar des
Buches Genesis, gedruckt in Isny
im Jahr 1542.
Beide Widmungen sind für den
christlichen Prediger Ambrosio
Blaurio.[29]

Auf der oberen liest man:
„Ein Geschenk, das Paulus Fagius
an den ehrenwerten Meister
Ambrosio Blaurio gab. Er möge
leben."
Die untere Widmung:
„An den ehrenwerten und großen
Meister Ambrosio Blaurio, ein
Mann, der mit dem Geist Gottes
verbunden ist, er möge ihn
schützen. Von Paulus Fagius."
Der Ausdruck *matan* statt des
üblicherweise im Hebräischen
benutzten *matana* (für Geschenk)
ist interessant.

29 Ambrosius Blarer (auch Blaurer) (1492–1564), evangelischer Theologe. Vgl. Pressel 1861.

Ich kann nur empfehlen, sich mit Werken von Juda A. Joffe bekannt-
zumachen, der einen vollständigen Faksimiledruck der ersten Isnyer Ausgabe 1949 in New York herausgegeben hat. Darin sind alle 650 gereimten
Stanzen zu je acht Zeilen, mit einem Prolog und einem Epilog insgesamt
5262 Strophen. Darüber hinaus fügte Juda A. Joffe eine wissenschaftliche
Einführung an. Außerdem die Arbeit von N. B. Minkoff: „Elija Bachur und
sein Bovo-Buch" (New York 1950) und die Monografie von Dr. Shatzky:
„Elija Bachur – 400 Jahre nach seinem Tod" (Buenos Aires, Ausgabe der
argentinischen Abteilung des Internationalen Jüdischen Kulturkongresses
1949).

*Aus: Mordechai W. Bernstein, Nisht derbrente shaytn, Buenos Aires 1956, S. 231–240.
Übersetzt und kommentiert von Lilian Harlander.*

OPFERSTOCK
THANNHAUSEN

Von Ayleen Winkler

6
Opferstock aus der Evangelischen Kirche in Thannhausen

Thannhausen, um 1700
Eichenholz, Eisen
H: 77 cm; Dm: 30 cm

ALEXANDER GRAF VON SCHÖNBORN, OBERSTADION

Auf der Suche nach einer „evangelischen Synagoge" begibt sich Mordechai W. Bernstein nach Thannhausen. Doch außer der Stadionkapelle findet er auch noch einen Opferstock. Es handelt sich dabei um das letzte materielle Relikt der ehemaligen jüdischen Gemeinde des Ortes. Der hölzerne, runde Opferstock ist in der oberen Hälfte mit Eisenstreben umfasst. In der unteren Hälfte befindet sich ein in zwei Register geteiltes Bild mit lateinischer Inschrift. Im oberen Teil ist Moses mit den Gesetzestafeln abgebildet, die Inschrift lautet „Et antiquum documentum". Darunter befindet sich eine Monstranz und die Inschrift „Nova cedat ritui".[1]

Der Opferstock war wohl Teil der Wohltätigkeitsarbeit der jüdischen Gemeinde Thannhausen. Das Konzept der Wohltätigkeit, *Zedaka*, ist im Judentum fest verankert. Schon in der Tora wird festgelegt, dass den Armen der Gemeinschaft geholfen werden soll.[2] In rabbinischer Zeit wurde die Anonymität von Spender und Empfänger wichtig: Bedürftige sollen durch die Almosen nicht beschämt werden.[3] *Spenden-Büchsen* erfüllen diesen Anspruch, da Geldgeber und Empfänger einander nicht begegnen.[4] Die Büchsen konnten verschiedenste Form haben und aus verschiedenen Materialien bestehen. Ihre Funktion als *Spenden-Büchse* war meist durch eine Inschrift indiziert. Formal waren die Büchsen von lokalen Kunstformen beeinflusst.[5]

Neben der materiellen Spur, dem Opferstock, fand Bernstein aber auch immaterielle Hinweise auf die Gemeinde, denn die Stadionkapelle wird im Volksmund als „evangelische Synagoge" bezeichnet. Ein Paradox, das Bernstein in der Geschichte der Gemeinde aufzulösen sucht. Etwa seit dem 15. Jahrhundert gab es in Thannhausen eine jüdische Gemeinschaft,[6] bis Anfang des 18. Jahrhunderts der Graf von Stadion die Reichsgrafschaft in Besitz nahm. Dessen Frau soll einen tiefen Groll gegen die jüdische Gemeinde gehegt und ihren Mann dazu gebracht haben, die Gemeinde zu vertreiben und die Synagoge abzureißen. An ihrer Stelle wurde eine Kirche, die Stadionkapelle, gebaut.[7]

Für Bernsteins Annahme, die Gräfin hätte für ihre Unfruchtbarkeit der jüdischen Gemeinde die Schuld gegeben, findet sich jedoch keine Bestätigung. Auch die Schlussfolgerung, der Abriss der Synagoge sei eine bewusste Vollendung ihres Sieges gewesen, erscheint wenig schlüssig, bedenkt man die zeitliche Distanz der Ereignisse: Die jüdische Gemeinde wurde 1718 vertrieben; der Abriss der Synagoge erfolgte erst 1722.[8] Die Frage mit welcher Intention die Synagoge zu diesem Zeitpunkt abgerissen wurde, lässt sich somit nicht abschließend klären.

---

1 „Und die alte Urkunde, weiche dem neuen Ritus", Übersetzung nach Tück 2009, S. 203.
2 Alexander-Ihme 1992, S. 220–221, Eretz Israel Museum 2005, S. 8.
3 Alter 1992, S. 44; Alexander-Ihme 1992, S. 221–222.
4 Alter 1992, S. 44.
5 Bspw. zieren europäische Büchsen aus dem 18. und 19. Jahrhundert oft Flora und Fauna, während Boxen osteuropäischer Gemeinden auch figürliche Szenen tragen, die die Tätigkeiten der Bruderschaften wiedergeben. Eretz Israel Museum 2005, S. 10; zur grafischen Gestaltung vgl. Alter 1992, S. 45, 46, Abb. 2; Heuberger/Spiegel 1992, S. 230–230 Kat. A15.
6 <http://www.alemannia-judaica.de/thannhausen_synagoge.htm>.
7 Bronnenmaier 1959. S. 85f.; <http://www.alemannia-judaica.de/thannhausen_synagoge.htm>.
8 Bronnenmaier 1959, S. 85f.

Unklar bleibt in Bernsteins Artikel, wie es zu der Bezeichnung der Stadionkapelle als „evangelische Synagoge" kam, obwohl die Grafen von Stadion Katholiken waren. Hier bietet das „Heimatbuch Thannhausen" eine Erklärung: Ab 1830 entwickelte sich auch eine evangelische Gemeinde in Thannhausen und wuchs bis ins frühe 20. Jahrhundert stark an. Da kein eigenes Kirchengebäude gebaut werden konnte, wurde die Stadion-kapelle der evangelischen Gemeinde zur Verfügung gestellt. Und nicht nur der inoffizielle Name der Kapelle erinnert an die ehemalige jüdische Gemeinde: Hier befindet sich auch heute noch der Opferstock.[9]

Bei dessen Inschrift handelt es sich um ein Zitat des Hymnus „Pange lingua" aus dem Fronleichnamsoffizium von Thomas von Aquin.[10] Das Zitat ist hier seinem unmittelbaren Kontext enthoben[11] und mit Bildern kombiniert, die eine Abfolge von Altem und Neuem Bund indizieren: Angebracht auf dem ehemaligen jüdischen Opferstock, der sich in der Kirche am Platz der ehemaligen Synagoge befindet, scheint der Text die Substitutionstheorie zu evozieren. Demnach sei das Judentum vom Christentum abgelöst und daher heilsgeschichtlich obsolet geworden.[12]

Dadurch gewinnt der Opferstock tatsächlich, wie Bernstein vorschlägt, den Charakter einer Trophäe. Ein privater Sieg scheint jedoch nicht ursächlich zu sein: Bildsprache und Inschrift behandeln keinen konkreten Anlass, die Unfruchtbarkeit der Gräfin, sondern sind eine grundlegende Kritik am Judentum.

Auffällig ist die Diskrepanz im Umgang mit Synagoge und Opfer-stock. Während die Synagoge vollständig zerstört wurde, erfuhr der Opferstock eine Überschreibung seiner vorherigen Bedeutung.[13] Möglicherweise war der Abriss der Synagoge politisch motiviert: Der Graf festigte so zum einen seine Maßnahmen gegenüber der jüdischen Gemeinschaft, zum anderen baute er ein neues Gotteshaus, das seinen Namen trug und damit auch als Statussymbol fungierte. Die Umnutzung des Opferstocks hingegen scheint eher ein religiöses Moment darzustellen, da die Kombination aus Text, Bildsprache und Objekt wohl die Überlegenheit des Christentums ausdrücken will.

Im materiellen Kulturgut spiegeln sich somit zentrale Aspekte der Geschichte der jüdischen Gemeinde Thannhausen: Interreligiöse Auseinandersetzungen sowie die Nutzung religiöser Momente für politische Zwecke. Diese Aspekte haben sich in der Bezeichnung der Stadionkapelle als „evangelische Synagoge" bis heute erhalten und fortgesetzt.

9 Bronnenmaier 1959, S. 205f.
10 Thomas von Aquin war von Papst Urban IV. beauftragt worden ein Offizium für das 1264 neu eingeführte Fronleichnamsfest zu produzieren. Tück 2009, S. 191; Langosch 1961, S. 288. Das „Pange lingua gloriosi" ist der Hymnus der ersten Vesper. Tück 2009, S. 199. Die letzten beiden Strophen, aus denen die auf dem Opferstock zitierten Zeilen stammen, werden als „Tantum ergo sacramentum" seit dem 15. Jahrhundert beim sakramentalen Segen gesungen. Tück 2009, S. 201.
11 Der Hymnus erläutert die rituelle Innovation, die mit der Eucharistie verbunden ist, wobei der Alte Bund jedoch seine Bedeutung behält, da er die Kohärenz des heilsgeschichtlichen Wirkens Gottes erkennen lässt. Tück 2009, S. 219.
12 Tück 2009, S. 201.
13 Ein ähnlicher Vorgang ist auch für den Opferstock Schnaittach bekannt: Nachdem die Synagoge in ein Heimatmuseum transformiert wurde, erhielt der Opferstock die neue Aufschrift „Freiwillige Gaben für das Heimatmuseum", Purin 2003, Kat. Nr. 6.1. Vgl. dazu auch die Ausführungen zu Kat. Nr. 17 in diesem Band.

DIE EVANGELISCHE »SYNAGOGE«
IN THANNHAUSEN

• • •

דִי עוואָנגעלישע „סינאַגאָגע" אין טאַנהאָוזען

Kein Fehler hat sich in den Titel des heutigen Kapitels geschlichen, sondern es geht tatsächlich um eine Synagoge, die aber in Gänsefüßchen steht. Es handelt sich um ein ehemaliges jüdisches Haus des Gebets, in dem heute die evangelische Pfarrgemeinde waltet. Eine der seltenen Spuren, die es verdient, in unsere Sammlung aufgenommen zu werden.

Wir beginnen, uns diese verschwundene Landschaft vorzustellen, dieses sprudelnden „Einst", die Wurzel des aschkenasischen Ritus, die „geläutert" wurde mit Folterinstrumenten aus dem Jahr 1096 (während des Ersten Kreuzzuges) und durch die weiteren Massaker und Verfolgungen, die ihr letztes Finale in der Vernichtung 1938–1945 hatten. Dieses Einst hinterließ Zeichen in verschiedenen Ruinen und Steinen, Zeichen für die nachfolgenden Generationen als Beispiel. Sie sind ein Regenbogen-Kaleidoskop und erzählen davon, was sie einmal waren. Teilweise leben sie an Legenden gebunden, die von Generation zu Generation weitergegeben werden. Andere flechten sich in unser heutiges Leben hinein, in unsere Bräuche und Sitten. Neben den steinernen Überresten findet man auch in der Luft hängende Zeichen, die über den Städten und Dörfern schweben. Sie taumeln über den Feldern und Wäldern umher. Ich würde sie als mündlich überlieferte Spuren bezeichnen. Man sieht sie nicht, man kann sie nicht fühlen oder berühren und auch nicht topografisch beschreiben. Sie sind Namen, Begriffe, von denen heute keiner mehr sagen kann, warum sie so heißen. Aber diese unsichtbaren Spuren berichten davon, dass wir dort waren – eine verschwundene Landschaft.

Bekannt sind uns heute: das *Raschi-Tor* in Worms, der Judenkeller in Passau, der Judenbrunnen in Lauda, der Judenstein in Regensburg, das Judentor in Weil der Stadt, das Judentanzhaus in Rothenburg, der Judenberg in Laupheim usw. Und es gibt hunderte von Judengassen und Synagogen-Straßen mit irgendwelchen Deutungen und Erklärungen, warum sie diese Bezeichnung tragen. Sie sind in unserer Literatur bekannt, verschiedene Forscher haben sich bereits damit beschäftigt. Aber ein Gebiet blieb bis heute unberührt, und zwar die sogenannten Flurnamen, also alle Arten von geografischen Bezeichnungen für Feldflächen, Ebenen, Auen, Wälder, Täler, Hügel, Feldwege, Flüsse, Quellen etc. In der nicht-jüdischen Welt ist dieses Gebiet, also die Erforschung der Flurnamen, ein sehr wichtiges Thema. Es ist ein spezielles Forschungsressort der Heimatgeschichte. Eine sehr reichhaltige Literatur und wissenschaftliche Werke befassen sich damit. Oftmals deckt ein unschuldiger Flurname ein sehr wichtiges historisches Ereignis auf. Geschichtliche Rätsel werden gelöst. Bei uns Juden ist das bis heute jungfräulicher Boden; ein unberührtes Feld, mit dem sich niemand beschäftigt hat.

In den letzten Monaten meines Hierseins in Deutschland fing ich an, mich damit zu beschäftigen, jene Flurnamen aufzuzeichnen, die eine Verbindung zu Juden haben und wurde buchstäblich überrascht. Sie gehen in die tausend. Die verschiedenen Heimatforscher und Denkmalpfleger überschütteten mich geradezu mit zahlreichen Registern. In einem einzigen Landkreis in Bayern, in Schweinfurt, gibt es bis zu vierzig jüdische Flurnamen wie: Judenweg, Judenwiese, Judenbusch, Judenacker, Judenbaum, Judenhügel, Judenquelle, Judenberg, Judenheide, Judenweinberg usw. An verschiedenen Orten, in kleinen Städten und Dörfern, gibt es außerhalb der vorgegebenen jüdischen Siedlungen Plätze, die Namen tragen wie Judenkirchhof, Judenfriedhof, Judenbegräbnis usw. Es gibt einem zu denken, dass keinerlei Dokumente darüber existierten, wann es dort jüdische Gemeinden gegeben hat. So hängt das jüdische Gedächtnis in der Luft und wurde zu einer von Generation zu Generation mündlich überlieferten Legende. Von den tausenden Denkmälern mit und ohne Namen werde ich aus den Anfängen der „verschwundenen Landschaft" eines hervorheben, von dem ich eigentlich nicht weiß, zu welcher Kategorie es gezählt werden muss. Aber das Detail ist in diesem Fall nicht wichtig.

***

Es ist schwierig, in das Städtchen Thannhausen zu gelangen, das in Burgau liegt.[1] Dort grenzen das Schwabenland und das Allgäu aneinander. Mit der Bahn ist das kompliziert. Vom Augsburger Hauptbahnhof fährt ein Omnibus in diesen Ort, mit dem die Reise insgesamt eine knappe Stunde dauert. Mich zog in dieses Städtchen die Information, dass sich dort eine Kirche befindet, die die Bezeichnung „Synagoge" trägt. Solch eine Sache muss man sich einfach ansehen. Nach meiner Ankunft versuchte ich sozusagen zu kontrollieren, wie viel von dieser aus der Ferne gehörten Geschichte richtig sei und besonders, ob dieser Name heutzutage noch „lebte". Und obwohl ich wusste, wo sich diese Kirche befinden musste, hielt ich dennoch einen zufälligen Passanten an – einen Deutschen, andere gab es dort nicht – und fragte ihn nach dem Weg zur „Synagoge". Den Deutschen überraschte meine Frage keineswegs und er erklärte mir genau, dass ich bis zum Rathaus gehen müsse, danach links und ein paar Häuser weiter würde ich die Synagoge schon bemerken. Ich stand schon vor dieser „Synagoge" (mit einem Kreuz obenauf) und fragte, wieder aus reiner Neugierde, ein kleines deutsches Mädchen, was das für ein Gebäude sei. „Das ist doch die Synagoge", antwortete sie arglos. Also wussten Alt und Jung, dass das die „Synagoge" war. Mehr noch, ein Teil der Bewohner nannte die Kirche „Judenschul". Und wissen Sie, wie lange schon kein jüdischer Fuß mehr Thannhausen betreten hat? Mehr als zweihundert Jahre. Im Jahr 1718 wurden die Juden von dort vertrieben und kehrten nie mehr zurück. Danach tauchte ich stundenlang im hiesigen Rathausarchiv und später in der Privatwohnung des Bürgermeisters unter, der ebenfalls ein Heimatforscher war.[2]

---

1 Thannhausen und Burgau gehörten bis 1805 zur vorderösterreichischen Markgrafschaft Burgau.
2 Hans Bronnenmaier (1884–1955), 1949–1952 Bürgermeister von Thannhausen.

Ich durchwühlte hunderte Akten und Materialien und das einstige Bild der jüdischen Gemeinde von Thannhausen erwachte in meinen Gedanken wieder zum Leben. Es zeigte sich, dass Juden zu ihrer Zeit dort eine sehr angesehene Rolle gespielt hatten. Die Gemeinde war eine der bedeutendsten der gesamten Gegend. Vor mir lagen die Steuerbücher aus dem 15. und 16. Jahrhundert, in denen sehr viele jüdische Steuerzahler erwähnt wurden, unter anderem auch ein jüdischer Doktor. Eine Steuerverordnung erzählte, dass für jeden jüdischen Studenten jährlich eine Steuer von dreißig Gulden eingezahlt und von dem hiesigen Rabbiner Günzburger eingesammelt und in der Stadtkasse abgeliefert werden musste. Das bezog sich auf die *Jeschiwa*, die es damals dort gegeben und wohin es junge Männer von Nah und Fern gezogen hatte. Für das Recht, in der Stadt zu wohnen – „ohne Zuzug", wie das heute heißt – mussten sie eine Kopfsteuer von dreißig Gulden bezahlen.[3]

Es gab dort auch eine hebräische Druckerei. Die in Thannhausen gedruckten Bücher gehören zu den Raritäten, zu den Unikaten des jüdischen Buchwesens. Ein einziges Exemplar eines *Machzor mikol hashana keminhag ashkenazim*[4] wird in der Universitätsbibliothek in Oxford bewahrt. Vor mir liegt nur der Einband, auf dem geschrieben steht: Gedruckt in der heiligen Gemeinde Thannhausen im Jahre 1592. Während meines letzten Besuches in Ansbach fand ich dort in der Regierungsbibliothek[5] ein zweites Buch *Sulatot*,[6] das in Thannhausen zur selben Zeit gedruckt worden war.[7] Ich stellte später fest, dass sich diese *Sulatot* auch in der Schocken-Bibliothek[8] in Jerusalem befinden.

In der Zeit des Dreißigjährigen Krieges (1618–1648) zählte die Gemeinde etwa dreihundert Seelen. Die allgemeine Einwohnerzahl dürfte damals nicht ganz Tausend betragen haben. Auch die Geschichte zur Vertreibung der dort ansässigen Juden fand ich heraus: Das geschah am 24. August 1718. Im Allgemeinen lebte das Städtchen mit den Juden verhältnismäßig friedlich zusammen. Sie handelten, sie wandelten und wussten nichts von Hass. Aber dann gelangte Thannhausen in eine andere und böse

---

3 Vgl. Kahn 1926.
4 Festgebete für das ganze Jahr nach aschkenasischem Ritus.
5 Heute Staatliche Bibliothek Ansbach.
6 Synagogale Poesie, die zwischen *Pessach* und *Schawuot* gelesen wird.
7 Zu diesen beiden Büchern aus Thannhausen vgl. Wallersteiner 1926.
8 Schocken-Bibliothek, Jerusalem, Signatur: Special Call No. II-4-16-36.

Herrschaft, zum Graf von Stadion.[9] Die Gräfin war sehr wahrscheinlich ein boshaftes Weib, der die Thannhauser Juden nicht gefallen hatten. Sie war eine vertrocknete Jungfer und glaubte, dass die Juden ihr das mit einem Zauber angetan hätten. Infolgedessen forderte sie von ihrem Mann, dass er die Juden vertreiben solle. Offensichtlich stand er unter dem Pantoffel dieser Xanthippe und gab ihrer Forderung nach. Viele Tage lang lagerten die Juden unter freiem Himmel, nicht weit entfernt vom Dorf. Sie schickten Bittgesuche an Kaiser Karl VI., er möge diese Verordnung widerrufen, aber gar nichts half. Der Kaiser konnte sich in die inneren Angelegenheiten der Herrschaft Stadion nicht einmischen. Die Juden zogen in die benachbarten Dörfer Hürben, Ichenhausen und Altenstadt. Um ihren Triumph noch zu festigen, befahl die Adelsfrau, dass die Synagoge in eine Kirche umgewandelt werden sollte. Das sollte ein Ersatz für den Nachwuchs sein, den Gott ihr wegen des Fluches der Juden nicht gewährt hatte. An der Ostwand, wo der *Tora-Schrein* gestanden hatte, hing ein großes Familienemblem des Grafengeschlechts Stadion. Mehr noch, man hatte in der neuen Kirche eine „Trophäe" der ehemaligen jüdischen Synagoge belassen – die *„Zedaka-Büchse"*. Sie ist eines der merkwürdigsten Exponate dieser Art, aus einem Baumstamm gefertigt und mit Eisen umschmiedet. Diese originelle *„Zedaka-Büchse"* (auf Deutsch Opferstock) befindet sich in der Kirche rechts vom Eingang. Auf der „Trophäe" wurde seine Geschichte auf einer Tafel verewigt: Oben ist unser Lehrer Moses mit den Gesetzestafeln und unten die Monstranz als christliches Zeichen. Auf dem obersten Bild befindet sich der lateinische Spruch *antiquum documentum*, was „Altes Testament" bedeutet. Auf dem untersten Bild sind die lateinischen Wörter *novo cedat ritui* zu sehen.[10] Diese Tafel muss eine Dokumentation dessen sein, wie das Neue Testament das Alte besiegt hat.

Nicht weit entfernt von dem Städtchen liegt ein kleiner Wald, der in der gesamten Umgebung, von den Dorfbewohnern und den Stadtmenschen, als Judenbegräbnis bezeichnet wird. Dort soll bis zu ihrer Vertreibung der Friedhof der Thannhauser Juden gewesen sein. Vor mehr als zweihundert Jahren hatte man die Juden dieser Stadt ausgerottet, aber in

9 Reichsgraf Johann Philipp von Stadion (1652–1741), erwarb die Herrschaft von Thannhausen im Jahr 1706. Vgl. Bronnenmaier 1959, S. 246.
10 „Die alte Lehre möge weichen nach dem neuen Brauch", aus den Pange Lingua von Thomas von Aquin. Vgl. dazu die Ausführungen zu Kat. Nr. 6 in diesem Band.

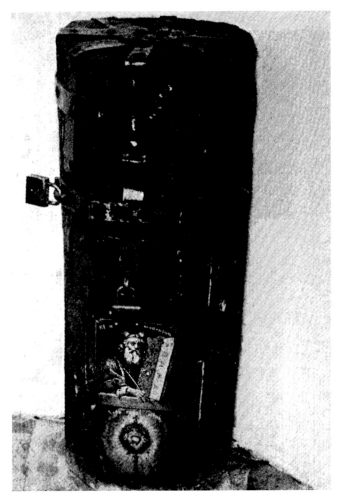

Der Opferstock der
evangelischen „Synagoge"
in Thannhausen.
Auf ihm befinden sich
unser Lehrer Moses mit
den Gesetzestafeln und
die Monstranz, das
Allerheiligste der Christen.

der Luft schwebt ein Memento. Von Generation zu Generation werden nur Begriffe weitergetragen, die keinen materiellen Halt haben, Synagoge und Begräbnis…Auch wenn manche das Leben der Juden dort vergessen wollen, erinnert an sie wahrlich das Begräbnis.

Aus: Mordechai W. Bernstein, In labirintn fun tkufes, Buenos Aires 1955, S. 291–296. Übersetzt und kommentiert von Lilian Harlander.

MALEREI AUS DER SYNAGOGE UNTERLIMPURG

Von Armin Panter

7
Malerei aus der Synagoge Unterlimpurg

Unterlimpurg 1738/1739
Nadelholz, Kreidegrundierung, wasserlösliche Farben
Elieser Sussmann
H: 72 cm; B: 51,5 cm; T: 2,5 cm

HÄLLISCH-FRÄNKISCHES MUSEUM SCHWÄBISCH HALL, INV. NR. 3229

„Was soll ich zuerst erzählen, was zuerst beschreiben? Die Farben oder die Ornamente? Den Rahmen der Verzierung oder den Inhalt? Die Knospen, Blüten und Blumenkränze oder die Bilder?"[1] Die Tafel ist mit den von Mordechai W. Bernstein erwähnten typischen Blüten und Blumenkränzen in „schreienden und gleichzeitig tief harmonisierenden Farben"[2] bemalt. Der Volkskünstler[3] Elieser Sussmann trug die wässrig gebundenen Farben fast ohne Abstufungen mit großzügigem Pinselstrich teils lasierend, teils deckend auf. Die Konturierung erfolgte in Schwarz. Lichter setzte er, indem er die weiße Grundierung an der beabsichtigten Stelle frei ließ. Auf die gleiche Weise wurden die ländlichen Barockmöbel in Franken gefasst, dem Wirkungsgebiet Sussmanns.

Die Inschrift einer der knapp 60 erhaltenen Tafeln der Unterlimpurger Synagoge gibt 1738/39 (im Jahre 5499 nach Erschaffung der Welt) als Datum der Fertigstellung an. Eine Signatur ist nicht erhalten. Die Malerei, insbesondere die der Ornamente, und das Schriftbild können jedoch Elieser Sussmann, Sohn des Salomon Katz aus Brody (Ukraine, damals zu Polen gehörend), zugeschrieben werden.[4] Die im Vergleich zu der Horber Synagoge meist einfacher gestalteten Tierdarstellungen im Deckenbereich lassen auf die Mitarbeit einer weiteren Person schließen.[5]

Auftraggeber der Unterlimpurger Vertäfelung war der Haller Viehhändler Moses Mayer Seligmann (gest. 1745).[6] Als Schutzjude wohnte er in Unterlimpurg, das zwar zur Reichsstadt Hall gehörte, jedoch außerhalb der Stadtmauern lag. Somit hatte man ein Gesetz aus dem 16. Jahrhundert umgangen, demzufolge Juden nicht innerhalb der Stadt wohnen durften. Als Raum im Raum ließ Seligmann – wie in solchen Fällen üblich – die Synagoge im Dachstuhl seines Hauses einbauen, damit sich über dem sakralen kein profan genutzter Raum befand. Nachdem aufgrund der Insolvenz des letzten jüdischen Bewohners 1782 das Gebäude in christlichen Besitz übergegangen war, geriet die Synagoge allmählich in Vergessenheit, bis 1904 der Haller Lehrer und Vorsänger Nathan Hähnlein in einem Vortrag auf sie aufmerksam machte.[7] 1907 gelang es dem Historischen Verein für Württembergisch Franken die Vertäfelung mit Unterstützung der jüdischen Gemeinde Halls für 525 Mark zu erwerben. Die Paneele wurden schon 1908 der Öffentlichkeit gezeigt. Als der Verein ein anderes Gebäude für seine Sammlung erhielt, deponierte man beim Umzug 1933 die Tafeln im Keller des neu eingerichteten Museums, wo sie während der NS-Diktatur gelagert blieben.[8] Anlässlich eines Stadtjubiläums im Frühjahr 1956 modernisierten Stadt und Verein die Präsentation und ließen die Vertäfelung einbauen.

1 S. dazu den Beitrag „Die Wandmalereien in den Synagogen" in diesem Band, S. 121.
2 Ebd. S. 121.
3 Ebd. S. 121.
4 Das Wissen über den Künstler verdanken wir allein seinen Signaturen. In der ehemaligen Synagoge von Bechhofen schrieb er: „Und es ist beendet alle Arbeit, die getan hat Elieser, Sohn des Kantor Schlomo", sowie: „Das Werk des Künstlers in heiliger Ehrfurcht für den Glanz und die Pracht, zu Ehren Gottes und zu Ehren der Mitmenschen: Elieser Sussmann, Sohn des Schlomo aus der Gemeinde Brod." Vgl. Davidovicz 1969, S. 11f.
5 Orgad 2017. In der sich im Druck befindlichen Dissertation geht Orgad ausführlich auf stilistische Unterschiede der Tierdarstellungen in beiden Synagogenvertäfelungen ein.
6 Zur Geschichte der Juden in Hohenlohe und der Reichsstadt Hall vgl. Taddey 1992.
7 Zur Geschichte der Synagogenvertäfelung von Unterlimpurg und ihrer Restaurierung vgl. Panter 2015, S. 40–89.

Da Bernsteins Artikel 1955 erschien, muss er diese Aufstellung noch vor der Eröffnung des Museums gesehen haben. Offenbar hatten die Verantwortlichen nicht versucht, die Abfolge der Tafeln zu rekonstruieren, sondern passten diese vor allem nach dekorativen Gesichtspunkten in einen zu kleinen Raum ein, wobei leider auch die Kreissäge zum Einsatz kam. Sowohl die Dimensionen des Raumes als auch die Anbringung der Paneele hatten daher wenig mit der ursprünglichen Synagoge gemeinsam. Die von Bernstein ausführlich beschriebene Tafel mit den Aufrufen zum Spenden war z.B. nicht im Osten angebracht, sondern im Westen neben der Eingangstür, an der noch Befestigungsspuren einer *Zedaka-Büchse* erkennbar sind. Die Rekonstruktion der Unterlimpurger Synagoge für die heutige Präsentation im Hällisch-Fränkischen Museum basiert vor allem auf Erkenntnissen, die 1984 bei der Restaurierung der Tafeln gewonnen wurden.[9]

Dem nicht auf rechtwinkligem Grundriss errichteten Haus angepasst, standen die weniger als vier Meter breiten Wände rautenförmig mit Winkeln von 98° bzw. 82° zueinander. Die Ikonographie der Kassettendecke, geschmückt mit 15 von Pflanzen umrankten Medaillons mit überwiegend Tierdarstellungen, ist bisher nur unvollständig entschlüsselt. Der Eingang der Synagoge lag im Westen, gegenüber dem *Tora-Schrein*, der zwischen zwei Fenstern stand. In der Südwand waren die tropfen- und rautenförmigen Öffnungen der Frauenseite eingelassen. Ringsum standen Sitzbänke. Eine *Bima* ist nicht mehr erhalten. Wer die Tora zur Lesung aushob, konnte auf die Südwand blicken und fand dort das Gebet, das er hierbei sprechen musste.[10] Die Wände waren im oberen Viertel überwiegend mit Gebeten beschriftet, im unteren, wo die Bänke standen, verzichtete man auf die Bemalung. Im mittleren Teil überwog das Ornament. Aus diesem Bereich dürfte die abgebildete Tafel stammen, die, wie am glatten Schnitt erkennbar, mit einer elektrischen Säge vermutlich für die Präsentation von 1956 verkürzt wurde. Sie konnte bisher keiner Wandabfolge sicher zugeordnet werden.

Von Elieser Sussmann blieben lediglich die Vertäfelungen aus Horb (heute im Israel-Museum in Jerusalem) und aus Unterlimpurg sowie die Reste der Steinbacher Synagoge[11] (ebenfalls im Hällisch-Fränkischen Museum ausgestellt) erhalten.

8 Zuerst war die Vertäfelung im Gräterhaus, heute Gelbinger Gasse 47, ausgestellt. Der Umzug erfolgte in die stauferzeitliche Keckenburg, die noch heute das Herzstück des Museums bildet.
9 Die Ergebnisse der Restaurierung und die daraus resultierenden Vorschläge für eine Rekonstruktion sind zusammengefasst in Fischer-Hoffmann 1989.
10 Das Gebet *B'rich Sch'mei* sprachen manche Gemeinden beim Ausheben der Tora-Rolle. Es stammt aus dem *Sohar*, dem Hauptwerk der *Kabbala*, aus dem Wochenabschnitt *Wajakhel*. Freundlicher Hinweis von Dr. Frowald Gil Hüttenmeister.
11 Zur Steinbacher Synagogenvertäfelung Panter 2015, S. 29–39.

DIE WANDMALEREIEN IN DEN SYNAGOGEN

— • • • —

די וואַנט־מאָלערייען אין די סינאַגאָגעס

Ich war mit den Gedanken bei der wunderbaren Scheunen-Synagoge von Bechhofen, als ich mich daran erinnerte, dass derselbe brillante Volkskünstler, der diese Synagoge bemalt hatte, auch die Wände anderer Synagogen mit seiner Kunst geschmückt hatte. Bekannt sind die Synagogen in Kirchheim, Horb und Unterlimpurg bei Schwäbisch Hall. Vielleicht hatte er auf diese Weise noch andere Synagogen bemalt, aber nur von den erwähnten blieben sichtbare Spuren, die heutzutage konserviert werden.

Um die Wahrheit zu sagen, ich wusste nicht, wie ich die heutige Beschreibung betiteln sollte, denn die vorhandenen Überreste können unter keinen Umständen noch „Synagogen" genannt werden. Sie sind es schon sehr lange nicht mehr. Und wieder ist ihr Schicksal ein seltsames. Die hiesigen Reliquienreste gingen in nicht-jüdische Hände über. Dass die Unikate hier geblieben waren, war absonderlichen Zufällen oder den Launen bestimmter Individuen zu verdanken. Jede dieser drei Synagogen hat ihre eigene Geschichte. Alle drei stammen aus Gemeinden, die bereits lange, noch ehe Hitler an die Macht gekommen war, nicht mehr existierten. Nach dem Untergang der Gemeinde blieben Synagogen ohne *Minjanim* übrig, ohne Schutz und ohne Retter. Sie verwandelten sich in Museen und versuchten zu überdauern, um von späteren Generationen bewundert zu werden. Aber auch in den Museen erlebten sie unterschiedliche Schicksale.[1] Davon werde ich heute erzählen.

1 Zu den von Elieser Sussmann ausgemalten Synagogen vgl. Davidovicz 1969; Panter 2015.

Kirchheim

Kirchheim ist ein Dorf, nicht weit entfernt von Würzburg. Juden fanden dort jahrhundertelang eine Zuflucht, als es ihnen noch nicht erlaubt war, im großen und schönen Würzburg zu wohnen. Und nachdem Würzburg angefangen hatte, Juden aufzunehmen, leerte sich das Dorf. Es gab aber in dem Dorf eine Synagoge, ein Holzgebäude, das im Inneren mit wunderbarer Kunst von Elieser Sussmann versehen war, dem Sohn des Kantors Salomon Katz aus Brody. Es ist nicht bekannt, in welchem Jahr genau die Synagoge bemalt worden ist, auf jeden Fall Ende des 17. Anfang des 18. Jahrhunderts.

Später (zwanzig Jahre vor dem Ersten Weltkrieg) wurde der Vorschlag gemacht, man solle die Synagoge nach Würzburg ins Museum „überführen". Die Heimatforscher und Altertumspfleger griffen diesen Vorschlag auf und man stellte im Mainfränkischen Luitpoldmuseum einen kompletten Pavillon für die Synagoge zur Verfügung. Die geblümten Wände mit den Gebeten und die Decken mit den prächtigen Verzierungen wurden aus der Kirchheimer Synagoge abgetragen und in dem speziellen Pavillon im Würzburger Museum eingepasst. Dort befanden sich außerdem noch andere jüdische Ritual- und Kultobjekte: ein barocker *Tora-Schrein* aus einer anderen, bereits nicht mehr existierenden Gemeinde (aus der Synagoge in Geroda, Bayern), Lesepulte, *Menorot*, *Schabbat-Lampen*, rituelle Handwaschkrüge, *Bsamim-Büchsen* usw. Diese „jüdische Abteilung" war die Rosine des Mainfränkischen Museums.[2]

Im Jahr 1941 erteilte die deutsche Macht den Befehl, das Museum zu „evakuieren". Die häufige Bombardierung von Würzburg (ein wichtiger strategischer Bahn- und Flussknotenpunkt) zerstörte sehr viele der schönen und altertümlichen Gebäude der Stadt. Und all die Exponate des Museums wurden verpackt und in Salzgrotten in Sicherheit gebracht. Die Wände der Kirchheimer Synagoge konnten aber nicht herausgerissen werden und auch der *Tora-Schrein* der heiligen Gemeinde Geroda wurde nicht entfernt.

2 Vgl. Sieben Kisten 2018.

Während einer der Bombardierungen wurde das Museum zerstört und gemeinsam mit ihm wurden die Spuren der Kirchheimer Synagoge ausgelöscht.[3]

Horb

Einen ähnlichen Weg durchlitt auch die Synagoge von Horb, die ebenfalls von Elieser ben Salomon Sussmann bemalt worden war. Auch sie fand ihre „Weiterentwicklung" in einem Museum. Nachdem die Gemeinde eine neue steinerne Synagoge erbaut hatte,[4] wurde die alte hölzerne Synagoge dem Heimatmuseum in Bamberg übergeben.[5] In diesem Museum, das eine der reichsten Kunstsammlungen Bayerns beherbergte – eine weltberühmte Bildergalerie, die weit über die Grenzen Deutschlands hinaus berühmt war – wurde die hölzerne Synagoge zu den Perlen gezählt. Dann kam das Hitlerregime und die Bamberger Nazis ertrugen es nicht, dass in ihrem Heimatmuseum ein solches Exponat den Ehrenplatz einnahm. Und es erfolgte der Befehl, „den Judenmist zu beseitigen".

Als ich mich für die Abreise nach Bamberg fertig machte, ahnte ich nicht, dass ich etwas von dieser Synagoge entdecken würde. Von der Kirchheimer Synagoge hatte ich immerhin bei einem alten Fotografen Fotoplatten gefunden und neue Abzüge der bemalten Wände gemacht. Aber in Bamberg? Ich wusste ja von dem barbarischen Befehl, den „jüdischen Mist" zu beseitigen. Wie groß war aber meine Verwunderung, als ich erfuhr, dass die wunderbare Horber Reliquie noch „lebte". Sie war gerettet worden. Die Geschichte dazu lautet folgendermaßen:

Eines Tages im Jahr 1934 besuchte der Nazi-Gauleiter mit hohen Leuten der Parteielite (Streicher soll dabei gewesen sein) das Museum und „es wurde ihnen ganz schwarz vor Augen"! Einer der Swastika-Träger brüllte den Kustos des Museums nieder und dann erfolgte der Befehl: „Ausräumen!" Befehl ist Befehl und so fing man an, die Synagogenwände von ihrem Platz, wo sie im Museum montiert waren, abzureißen. Als die Bretter

---

3 Tatsächlich wurde ein Teil der Judaica-Sammlung an andere Orte in und um Würzburg ausgelagert, nicht jedoch in ein Salzbergwerk. Ein Teil, darunter die Synagogenvertäfelung, verblieb im Museumsgebäude und wurde bei der Bombardierung am 16. März 1945 zerstört. Vgl. Dembsky 2018.
4 Tatsächlich wurde die jüdische Gemeinde Horb im letzten Viertel des 19. Jahrhunderts aufgelöst und es wurde kein Nachfolgebau der Holzsynagoge errichtet. Vgl. Guth 1989, S. 205–216.
5 Heute Historisches Museum Bamberg. Seit 1968 befindet sich die Synagoge als Dauerleihgabe im Israel Museum in Jerusalem. Vgl. Dembsky 2018, S. 76.

schon für den Abtransport zur Vernichtung bereitlagen, beratschlagte eine Gruppe von Museumsmitarbeitern, was man tun könne. Dann kam Amtmann Rau[6], der Leiter der Requisitenabteilung der städtischen Theater und erklärte, dass man doch eines Tages für eine Theatervorstellung eine jüdische Synagoge benötigen würde. Weshalb also sollte man so eine wichtige „Theaterrequisite" vernichten? So verwandelten sich die Bretter zu einem Teil des Depots der Requisitenabteilung.[7] Sie lagen immer noch dort, als ich im Jahr 1951 ankam. Der heute neunzigjährige Amtmann Rau führte mich umher und zeigte mir den Zufluchtsort. Auf die Frage, warum man diese entfernten Reliquien nicht wieder zurück an ihren früheren Platz bringe, erhielt ich eine sehr charakteristische Aufklärung: Der wunderbare Greis Rau erzählte mir, dass er bereits 1945, nach dem Untergang Hitlers, bei den neuen Herrschern, den „Entnazifizierten", gewesen sei, um ihnen die Geschichte zu berichten, wie er dieses Exponat verborgen habe. Er riet ihnen, es zurück ins Museum zu bringen. Darauf habe er zwei Antworten erhalten: Erstens habe sich bisher noch nicht die passende Atmosphäre eingestellt, um die jüdischen Gegenstände zurückzubringen. Zweitens (das meinten andere) müsse man abwarten, weil…die Juden würden bei ihrer Jagd nach Wiedergutmachung und Rückerstattung die besonders wertvollen Reste der Volkskunst an sich nehmen und das dürfe man nicht erlauben. Sie „müssen in unseren (deutschen) Händen bleiben"…

Wir standen vor dem Berg Synagogenbretter wie vor einer Gruppe Gefangener, wie vor einem Bild der *Anusim*,[8] die zusammengerollt in den Katakomben liegen und auf ihr Schicksal warten. Auch heute liegen sie noch dort, im Bamberger Depot für Theaterrequisiten in der Hainstraße… Sie warten auf einen Retter!

Unterlimpurg

Die drei bisher erwähnten Synagogen, die Elieser ben Salomon Sussmann bemalt hatte (Bechhofen, Kirchheim, Horb), lagen alle in bayerischem Herrschaftsgebiet. Die vierte, auf die wir jetzt zu sprechen kommen

---

6 Wohl Josef Rauh (1883–1948), seit 1948 Stadtoberamtmann in Bamberg.
7 Depot des E.T.A. Hoffmann-Theaters, das sich bis in die 1980er Jahre im dahinter liegenden Harmoniegarten befand. Vgl. Hanemann 2013, S. 246.
8 Juden, die gegen ihren Willen zur Konversion gezwungen wurden und trotzdem im Untergrund und heimlich weiterhin ihre Religion ausübten.

werden, lag in Württemberg. Es ist sehr wahrscheinlich, dass der Name dieses wunderbaren Künstlers weithin bekannt war und dass man ihn aus dem entfernten fränkischen Teil Bayerns nach Württemberg geholt hatte.

Rechte Seite der Westwand in der Bechhofener Synagoge.

Das Dorf Unterlimpurg liegt nicht weit entfernt von Schwäbisch Hall, einem Ort in Deutschland, der mit der allerältesten Geschichte der deutschen Juden verbunden ist. Aber als die jüdische Gemeinde in Unterlimpurg die Synagoge bemalen ließ, war Hall längst „judenrein". Sogar Jahre später, als Juden sich wieder in Hall niederlassen konnten, war ihre Synagoge in Unterlimpurg und ihr Friedhof befand sich in dem Dorf Steinbach. Erst im Jahr 1862 durften Juden nach Schwäbisch Hall ziehen. Ab diesem Zeitpunkt schrumpften die jüdischen Gemeinden des Umlandes. Die Juden verließen die kleinen Dörfer, ihre Synagoge war plötzlich leer und wie die vorherigen wanderten auch diese Bretter des verlassenen Tempels in ein Heimatmuseum, und zwar das von Schwäbisch Hall. Aber diese Synagoge hatte mehr Glück als die drei anderen. Sie befindet sich immer noch in dem Museum und sämtliche prachtvollen Wände blieben unzerstört. Wie anders sieht doch die natürliche malerische Pracht aus im Vergleich zu den Fotografien der Bechhofener und Kirchheimer Synagogen, die sich mir zu sammeln boten! Erst dort, in dem Museum, vor den Brettern der „verschwundenen Welt" konnte ich das Genie dieses Volkskünstlers begreifen.

Was soll ich zuerst erzählen, was zuerst beschreiben? Die Farben oder die Ornamente? Den Rahmen der Verzierung oder den Inhalt? Die Knospen, Blüten und Blumenkränze oder die Bilder? Die Buchstaben mit den Texten oder das Dekor? Oder vielleicht gar die kombinierten Initialen, die der Künstler Elieser ben Salomon Sussmann in seinen Arbeiten benützte?

Es handelt sich um eine besondere Arbeit, über die noch geschrieben werden muss. Ich werde jetzt eine Ecke der vier Wände, die gerettet wurden, herausnehmen, eine Ecke der Ostwand. Auf dem wahren Ehrenplatz der rechten Seite – ein farbiges Bild von Jerusalem. Es ist ein Jerusalem mit Türmen und Schutzwällen, mit Toren und Befestigungen (im gotischen Stil!) und alles mit schreienden und gleichzeitig tief harmonisierenden Farben. Unter dem herrlichen Jerusalem befindet sich ein schwarzes, von Blüten und Weintrauben umrahmtes Feld, in dessen Mitte die großen Buchstaben ל ׳ז ׳ל ׳ע ׳שׁ zu sehen sind. Nur die wenigsten wissen, dass das *shekhar al laben zakhar lekhurban* – schwarz auf weiß, Erinnerung an die Zerstörung – bedeutet. Und daneben steht auf der ganzen Höhe des schwarzen Feldes ein Aphorismus geschrieben:

Es sorgt sich der Mensch, dass er sein Geld verliert,
Und sorgt sich nicht, dass seine Tage verloren gehen.
Sein Geld wird ihm nichts nützen,
Doch seine Tage kommen nicht mehr zurück.

Eine Ecke der Unterlimpurger Synagoge, die sich im Museum von Schwäbisch Hall befindet.

Dieser Aphorismus muss eine Einführung zu dem links daneben stehenden, fünffach kreisförmig unterteilten Diagramm sein, in dem vier hebräische Worte und gleichzeitig Akronyme – *mevi kesef zahav nekhoshet*[9] und darüber ein Satz umrahmt sind. Der Satz lautet: Versprich besser nichts, was du nicht halten kannst. Aber was bedeuten die Wörter? Darauf gibt der Künstler eine Antwort, mit kleineren Buchstaben unter den großen:

Mevi bedeutet: Wohltätigkeit im Verborgenen wird den Zorn löschen. *Kesef* bedeutet: Wenn du dich in Gefahr befindest, sei wohltätig. *Zahav* meint: Diese Gabe wird gesund machen. *Nekhoshet* steht für: Gib einem Kranken, wenn er bittet.

Natürlich gibt es etwas an der Sprache, an der Grammatik und auch an der Orthografie auszusetzen, aber Intention und Sinn dieses Notarikons[10] sind deutlich, zumal sich unter dieser kombinierten Malerei folgendes Zitat befindet: Wohltätigkeit rettet vor dem Tod.[11] Ich spare es mir hinzuzufügen, dass sich daneben *Zedaka-Büchsen* aller Arten von Bruderschaften, die es damals in diesem Dorf gab, befinden. Wann war dieses „damals"? Aus einer Ecke dieser „Synagoge" geht aus einer Verewigung, die der Künstler selbst vorgenommen hat, hervor, dass er dieses Handwerk in den Jahren 1738–1739 beendete. Das bedeutet, dass er diese Synagoge zehn Jahre nach der Bechhofener bemalt hat.

Es wurden Verhandlungen mit den Hausherren des Heimatmuseums geführt, da diese die Synagoge in jüdische Hände geben sollten. Im Jahr 1949 versuchte es Narkiss,[12] der Direktor des Bezalel-Museums in Jerusalem. Die Museumsleiter wollten sich aber nicht davon trennen und die Synagoge um keinen Preis hergeben.

Aus: Mordechai W. Bernstein, In labirintn fun tkufes, Buenos Aires 1955, S. 264–270. Übersetzt und kommentiert von Lilian Harlander.

9 Diese vier Wörter ergeben den Satz: Bringt Silber, Gold und Kupfer.
10 Mystische Technik, bei der die Buchstaben eines hebräischen Wortes zu den Anfangsbuchstaben neuer Worte werden.
11 Sprüche 10,2.
12 Mordechai Narkiss (1898–1957), 1932–1957 Direktor des Bezalel-Museums (heute Israel Museum, Jerusalem).

MISRACH AMORBACH

Von Bernhard Purin

8
Misrach

Süddeutschland, 2. H. 18. Jh.
Federzeichnung auf Papier in Holzrahmen
H: 20 cm; B: 24 cm

INSCHRIFT (hebr.):
Von dieser Seite der Geist des Lebens / Beinusch Hirsch

AMORBACH, FÜRSTLICH LEININGENSCHES ARCHIV

Ein Misrach (wörtlich „Sonnenaufgang", „Osten") markiert in observanten jüdischen Häusern die Gebetsrichtung gegen Jerusalem. Die Orientierung nach Jerusalem beim Gebet leitet sich aus verschiedenen Überlieferungen und Geboten in den Schriften ab. In 4. Mose 21,11 heißt es etwa: „Und brachen auf von Obot und lagerten in Ije Abarim in der Wüste, die von Moab gegen Sonnenaufgang liegt." Im *Talmud* wird die Gebetsrichtung nach Osten zum Tempel gerichtet, abgeleitet aus dem Gebet König Salomons in 1. Könige 8,38: „Jegliches Gebet und jegliches Flehen, das irgendein Mensch vorbringt vor deinem ganzen Volke Israel, wenn sie inne werden, jeder die Plage seines Herzens, und er breite seine Hände aus zu diesem Haus." Eine weitere Auslegung führt die Gebetsrichtung auf eine Stelle im Buch Daniel 6,11 zurück: „Und als Daniel erfuhr, dass die Schrift unterzeichnet war, ging er in sein Haus, und geöffnete Fenster hatte er in seinem Erker gen Jerusalem zu, und dreimal im Tage fiel er auf seine Knie, und betete und lobpries vor seinem Gotte, eben so wie vor diesem getan."

Die Gebetsrichtung nach Osten gilt freilich nur für jene, die östlich von Jerusalem leben. Deshalb wird im *Talmud*traktat *Berachot* allgemein festgehalten: „Wer sich außerhalb des Landes Israel zum Gebete stellt, wende sein Angesicht gegen das Land Israel und versetze sich im Geiste, als stünde er in Jerusalem gegenüber dem Allerheiligsten."[1]

Der vorliegende Misrach[2] trägt mittig einen Blätterkranz, der von einer sich an die heraldische Fürstenkrone anlehnenden Bügelkrone bekrönt ist. In den Kranz eingeschrieben ist das Wort „Misrach". In den Ecken umschließen vier ähnlich wie der Kranz umrissene Herzen die Worte „von dieser Seite der Geist des Lebens". Ihre hebräischen Anfangsbuchstaben formen das Akrostichon „Misrach". Links und rechts rahmen zwei ebenfalls mit Blätterrand versehene Rechtecke den Namen Beinusch[3] Hirsch wohl als Verweis auf den Hersteller, Eigentümer oder Schenker des Blattes. Misrach-Tafeln wie diese waren sowohl in Mittel-[4] wie auch in Osteuropa[5] weit verbreitet. Hergestellt wurden sie wohl nur für einen lokalen Markt von Tora-Schreibern, die neben Tora-Rollen und Pergamenten für *Tefillin*[6] und *Mesusot* auch *Tora-Wimpel* und andere Gelegenheitsarbeiten mit hebräischen Texten wie Misrach-Tafeln herstellten.

Der vorliegende Misrach stammt vermutlich nicht aus Unterfranken, sondern aus dem heutigen Nordbaden oder Rheinland-Pfalz, wo das Haus Leiningen bis zur Mediatisierung 1806 umfangreiche Territorien mit zahlreichen jüdischen Gemeinden besaß und sich nach deren Verlust in das

1 Kurrein 1929, S. 23; Grotte 1948.
2 Ausgestellt und beschrieben in: Monumenta Judaica 1963, Röhrbein 1973, Kat. Nr. 244; Deneke 1988, Kat. Nr. 3/191.
3 Benjamin. Vgl. Grünwald 1881, S. 42.
4 Vgl. u. a. Deneke 1988, Kat. Nm. 3/192–194; Schneider 2013, S. 82–84.
5 Shadur/Shadur 2002.
6 Gebietsriemen.

unterfränkische Amorbach zurückzog.
Im Fürstlich Leiningenschen Archiv
in Amorbach befinden sich daher umfassende archivalische Überlieferungen
zur Geschichte der Juden in den vom
Haus Leiningen ehemals verwalteten
linksrheinischen Territorien.[7]

Bernstein berichtet in seinem Aufsatz
von einem zweiten, um 1900 für die
fürstlich-leiningensche Kunstsammlung
erworbenen Misrach. Dabei handelt es
sich um eine Lithografie, die 1857 in
der Lithografischen Anstalt Gebrüder
Wentzel in Weißenburg/Wissembourg
im Elsass hergestellt wurde und die
weite Verbreitung fand.[8] Damit lösten
neue, polychrome Drucktechniken die
bisherigen, als Einzelstücke hergestell-
ten Misrach-Tafeln ab und wurden im
ersten Drittel des 20. Jahrhunderts
auch zu Gestaltungsaufgaben für zeit-
genössische Künstler wie Hermann
Fechenbach oder Siegfried Ziegler.[9]

7 Kaufmann-Levy 1970/1971.
8 Vgl. Purin 2003, Kat. Nr. 7.1; Schneider 2013, S. 74. Zum Hersteller vgl. Lerch 1982.
9 Harburger 1931.

ZWEI »MISRACHIM« IM FÜRSTLICHEN MUSEUM IN AMORBACH

• • •

צוויי „מזרחים" אין פירשטלעכן מוזעום
אין אַמאָרבאַך

Der Großteil der jüdischen Leser weiß, was ein Misrach ist – nicht die Misrach-Wand (Ostwand) in der Synagoge oder im *Beth Midrasch*, sondern der Schmuck, der früher in beinahe jeder jüdischen Wohnstatt an der Ostwand hing. Aus dem jüdischen Gesetz, dass man während des Gebets Jerusalem im Sinn und Zion ständig vor Augen haben sollte, wurde der Brauch, in jüdischen Häusern solche Gegenstände aufzuhängen, die niemanden die Heilige Stadt vergessen ließen. Das Volk nannte sie Misrachim.

Diese Misrachim enthüllten eine enorme Menge an wunderbarer, oft sehr einfacher „Volksfantasie" und „Volksschöpfung". Es gab alle möglichen Arten davon: Ursprünglich waren sie handgefertigte, aus Tuch und Leinen genähte und bestickte Stoffe auf Leinenuntergrund. Obwohl es Vorlagen gab – die Klagemauer, die Davidszitadelle oder das mit Bäumen geschmückte Rachelgrab – war doch jeder für sich etwas Neues. Die raffinierten Finger junger Mädchen bemühten sich, ihren bestickten Misrachim mehr Liebreiz zu verleihen. Neue Töne, neue Farben und schönere Fäden mussten den Misrach der Freundin übertreffen. Es gab auch aus weißem Papier ausgeschnittene Misrachim von jüdischen Volkskunst-Handwerkern. In den Scherenschnitten zeigte sich dann ein Mosaik aus Wortfiguren. Diese ausgeschnittenen Misrach-Vignetten wurden sogar zu einem Studienthema für Kunsthistoriker. Den Rest eines solchen Scherenschnitt-Misrachs sah ich in der litauischen Synagoge von Moisés Ville,[1] der das Lesepult des

---

1 Von russisch-jüdischen Einwanderern 1889 in Argentinien gegründete landwirtschaftliche Kolonie.

Vorbeters verziert. Einen anderen wahrhaftig wunderbaren Misrach sah ich in Rivera, einem Überbleibsel der Kolonie Bogedorwka.[2]

In den letzten hundert Jahren kamen gedruckte Misrachim auf. Es wurden alle Möglichkeiten der Technik ausgeschöpft und die ehemals einfachen Misrachim verwandelten sich in Bilderpanoramen voller Kapitel aus der Geschichte und historischen Figuren und Versen aus dem *Tanach*. Die Drucktechnik machte es möglich, dass die Misrachim zu einem natürlichen Bestandteil der Wohnungseinrichtung vieler jüdischer Heime wurden. Häufig wurde der Misrach von Generation zu Generation weitervererbt. Nicht selten tauchten tatsächlich in einfachen jüdischen Hütten wahre Perlen der Kunst auf, wundervolle Exponate, die in ein herausragendes Museum gehört hätten. Heutzutage findet man in jüdischen Häusern selten einen Misrach. Andere Symbole, darunter auch jüdische, schmücken nun die Wände. Tatsächlich nahmen sehr viele dieser Art Misrachim Zuflucht in Museen und fanden dort ihren neuen Platz. Von zwei solchen „Misrach-Metamorphosen" will ich erzählen. Ich spreche deshalb von „Metamorphosen", weil sie nach verschiedenen durchlebten Ereignissen ihre Ruhe in einem nicht-jüdischen Museum fanden, und zwar im Familienmuseum des deutschen Fürstengeschlechts Leiningen, das sich in der bayerischen Stadt Amorbach befindet.

***

Die Fürstenfamilie Leiningen ist eine der ältesten und am weitesten verbreiteten deutschen Adelsfamilien. Einige Zweige dieses Geschlechts besaßen Güter in Franken, in Baden und in Hessen – in jenen Orten von Süddeutschland, die dicht mit jüdischen Siedlungen überzogen waren. Die Leiningens waren im Laufe der Jahre die Beschützer hunderter jüdischer Ortschaften. Als andere Fürsten und Bischöfe die Juden vertrieben, nahm der Hof der Leiningens sie auf. Der Hauptsitz ihrer fürstlichen Ländereien war die kleine Stadt Amorbach. An diesem schönen Platz in Bayern war die Residenz dieser bedeutenden Fürstenfamilie. Einst hatte es in Amorbach

---

2 Rivera war eine landwirtschaftliche Kolonie in Argentinien, die 1904 als Colonia Baron Hirsch gegründet worden war. Eine der Siedlungen hieß Bogedorwka. Vgl. Weil 1939, S. 156–160.

eine jüdische Ansiedlung gegeben. Zwischen dem 16. und 17. Jahrhundert hatten die Juden dort eine kleine Gemeinde. Es sind keine großartigen Tätigkeiten dieser ehemaligen Gemeinde bekannt. Es blieb von den Juden, die von dort vor bald einem Jahrhundert weggegangen waren, keinerlei Spuren mehr. Sie sind in Vergessenheit geraten. Verschwunden.

Mich aber rief die Residenz der Leiningens mit ihrem wunderbaren Archiv nach Amorbach. In diesem Archiv wurden Schätze der jüdischen Geschichte bewahrt. Hier lagen in feuersicheren Kästen einige hundert Aktenbände mit Materialien zum jüdischen Leben und Schaffen aus nahezu vier Jahrhunderten in mehr als hundert Ortschaften in Bayern, Baden und Hessen. Es dauerte einige Tage, die musterhaft geordneten „Judenakten" des fürstlichen Archivs durchzusehen: seltene Schutzbriefe, Klagen und Gerichte, Streitigkeiten zwischen Gemeinden und Rabbinern, Familienangelegenheiten und Handelsmaßnahmen. Es zeigte sich eine lebendige, aber vergangene Welt, ein einstiges Leben. Unter diesen Materialien befanden sich auch Kuriositäten und Merkwürdigkeiten: Ein Fahndungsbrief aus dem Jahr 1746 für den Mitgenossen des heute so berühmten Hofjuden Jud Süß.[3] Besonders merkwürdig ist ein hebräisches „Lied von Lob und Dank", das vor mehr als hundert Jahren von Herrn Salomon Kohn aus Bad Mergentheim zur Einweihung der Synagoge verfasst wurde. Das Loblied für den Fürsten [sic!] hat 11 Strophen und ist ein wichtiges Sprachdokument.[4] In der Zeit, als auf Anlass des Archivleiters Max Walter[5] genaue Kopien eines Teils der Archivalien und ein vollständiges Repertorium des gesamten jüdischen Archivbestandes gefertigt wurden, machte ich mit diesem Walter einen Spaziergang in andere Bereiche des fürstlichen Palastes. Fünfzig Jahre lang war er schon Domänenrat der fürstlichen Residenz. Die fürstliche Familienbibliothek (umfasst mehr als 200.000 Bücher) hatte auch eine spezielle jüdische Abteilung. Es gab aber dort nichts, was imponieren könnte, außer den wundervollen Einbänden, in welche die Bücher gehüllt waren. Von der luxuriös ausgestatteten Bibliothek kamen wir zum Familienmuseum, wo mich eine Überraschung erwartete. An einem wahrhaftigen Ehrenplatz, zwischen den Ahnen des Fürstengeschlechts, hing ein hand-

---

3 In der Allgemeinen Wochenzeitung zitiert Bernstein: „Fahndung wider den Juden Elias Hajum Stuttgarter, den Mitgenossen des Juden Süß (1746)." Vgl. Bernstein 1951.
4 Vgl. Schweizer 1904.
5 Max Walter (1888–1971), Leiter der Leiningenschen Domänenverwaltung. Nach dem Ende des Zweiten Weltkriegs übernahm er die Leitung des Leiningenschen Archivs und der Hofbibliothek. Vgl. Der Odenwald, 18. Jg., H. 3, 1971, S. 97.

gemalter Misrach ohne großartigen Schmuck. Und dennoch hob sich dieses Exponat von den anderen viel schöneren und farbigeren Gegenständen in dem Museum ab.

Dieser handgemalte papierene Misrach stammte aus dem Ende des 16. Jahrhunderts und wurde dem Fürsten vor ungefähr hundert Jahren als Geschenk von einem seiner Schutzjuden überreicht. Einfach ist dieser Misrach: sechs symmetrisch gezeichnete Figurenfelder, von primitiven Vignetten umsäumt und in der Mitte das Wort „Misrach". In einem runden Feld und in den vier Ecken herzförmiger Felder, in denen der Satz (in jedem Feld ein Wort) geschrieben steht: *Mitsad ze ruakh khayim* (auf dieser Seite der Geist des Lebens). Nimmt man die Anfangsbuchstaben dieser vier Wörter, ergeben sie das Wort „Misrach". In zwei weiteren Kästchen befindet sich der Name des Misrach-Eigentümers, Beinusch Hirsch. Selbstverständlich gibt es auch Blumen, eine Krone und andere Verzierungen. Das, was besagter M. Walter über diesen Misrach erzählte, ist wahrlich eine Legende: Der Ursprung des Misrach ist bekannt. Er war ein Geschenk des Schutzjuden Hirsch. Mehr als hundert Jahre lang hing das Exponat ungestört an einer Wand des Museums. Wären nicht die Krone und die vier Herzen gewesen, hätte das Bild sicher kopfüber gehangen. Walter erzählte mir, dass alle glaubten, die Buchstaben stünden auf dem Kopf. Besucher bewunderten stets dieses exotische Objekt und niemanden störte es – bis 1934. Zu dieser Zeit kam der Gauleiter der SS und befahl, diesen „Judendreck" zu beseitigen.

Daraufhin versammelte sich das Familientriumvirat, um zu beraten, was man mit dem Befehl anfangen solle. Die Nazi-Partei hatte grundsätzlich ein scharfes Auge auf das Fürstengeschlecht geworfen, da man den Altvorderen eine erkleckliche Summe an Verbrechen vorhielt. Erstens wurden sie beschuldigt, dass „unsere liebe Heimat mit Juden verdreckt" worden sei. Es gefiel den Nazis also nicht, dass ihre Vorfahren den früher verjagten Juden ein Dach über dem Kopf gegeben hatten. Zweitens hatten die Sippenforscher – also diejenigen, die die rassische Reinheit der deutschen

Der Misrach im Familienmuseum der Fürsten Leinigen in Amorbach.

Volksgenossen untersuchten – herausgefunden, dass sich unter die Leiningens zu viel fremdes Blut gemischt hatte. Sie hatten entdeckt, dass in
einigen Fällen die Leiningens ihr Geschlecht mit „Rassenschande" befleckt
hatten. Die Leiningens ihrerseits begegneten der Nazi-Partei mit der gleichen
Verachtung.

Bei der Zusammenkunft des Familienrates wurde beschlossen, dass ein
Befehl ein Befehl sei, aber man würde den Nazis einen bösen Streich spie-
len. Der Misrach würde abgenommen werden und dennoch weiter hängen
bleiben. Wie das? Man nahm das Bild des Begründers des Leiningenge-

schlechts, nahm es aus dem Rahmen und steckte den Misrach hinein. Es wurde ein geheimes Familienprotokoll erstellt, in dem ungefähr Folgendes stand: „Durch Gewalt und Zwang wurde aus unserem Museum eines der schönsten Andenken unserer lieben Schutzjuden entfernt. Wir können uns der Macht eines Befehls nicht entgegenstellen, aber wir wollen es auch nicht beseitigen. Das soll ein vorläufiger Ehrenplatz für das beleidigte ehrenvolle Geschenk für unseren großen Vorvater sein. Und wenn der Wächter des Himmels helfen wird, so dass wir uns von der Herrschaft der Bosheit befreien, soll der Misrach zurückkommen auf seinen Ehrenplatz."

Dieses Protokoll wurde in einem Pergamentkuvert versiegelt und in den Familiensafe gelegt. Auf dem Kuvert befand sich eine Aufschrift, dass nach dem Tod des Familienältesten sein Nachfolger es öffnen und, nachdem er sich mit dem Inhalt vertraut gemacht habe, wieder verschließen solle. Von 1934 bis 1945 hing der Misrach unter dem Bild des Geschlechtsbegründers der Familie Leiningen. Am 6. August 1945 kam eine Sitzung des Familienrates zustande und das Kuvert wurde geöffnet. Danach wurde ein zweites kurzes Protokoll verfasst, in dem in aller Kürze angemerkt wurde: „Heute, nachdem wir von der Pest gereinigt wurden, soll der Misrach seinen früheren Platz wieder einnehmen." Unterschrieben hatten auf diesem Protokoll die alten, noch lebenden Leiningens. Beide Protokolle liegen auf einem Tischchen, unter einer Glasvitrine, beim Misrach.

Neben dem Misrach befinden sich noch andere jüdische Exponate im Leiningenschen Museum. Zunächst gibt es einen weiteren Misrach, modern, gedruckt und übersät mit einem Dutzend Bildern zu Themen des *Tanach*: der Osten, die Gebotstafeln, Isaaks Opferung, Isaak segnet Jakob, das Urteil des Königs Salomon, Jeremia beklagt die Zerstörung Jerusalems usw., selbstverständlich mit den passenden Inschriften. Diesen Misrach kaufte das Museum im Jahr 1900, um ein Gegenstück zu dem anderen Exemplar zu zeigen. Außerdem gibt es das Bild der letzten Schutzjuden der Leiningens, gemalt im Jahr 1835: ein Mann mit einer Frau und darunter die Inschrift: „Der Bärle in der Schabbes Ruh". Eine seltene Charakterdarstellung. Eine sehr schöne Kollektion jüdischer Siegelwachsstempel der fürstlichen Hofjuden und Hoflieferanten ergänzt die jüdischen Exponate.

Als ich Amorbach verlassen musste, fragte mich der Domänenrat Walter, ob ich nicht das Familienoberhaupt der Leiningens treffen wolle, ein ehemaliger General der Kaiser-Wilhelm-Armee und ein Greis von bald hundert Jahren. Warum sollte ich das nicht wollen? Und so besuchten wir den Ältesten des Fürstengeschlechts in Begleitung seiner achtzigjährigen Tochter in seinem Liegezimmer. Ein Gespenst (oder ein Geist) aus dem Jenseits, zwei erloschene Augen eingerahmt von knöchernen und vertrockneten Wangen und Schläfen, ein dünnhäutiges Gesicht, das von einem absurd langen Backenbart eingefasst war. Seine Stimme, die eines Generals aus dem Grab heraus: „So, gibt es wirklich noch Juden? Sonderbar! Und sie sind keine Schutzjuden mehr? So sonderbar!" Er glaubte, nachdem der letzte Schutzjude Bärle nicht mehr da war, gäbe es gar keine Juden mehr. „Und dem kleinen Schnurrbart (er meinte Hitler mit seinem kleinen Schnauzer) ist es nicht gelungen. Wir haben den Misrach zurück an seinen Platz gebracht! Jawohl, wir haben doch recht!" Plötzlich fiel ihm ein, mich danach zu fragen, ob ich Hebräisch lesen könne. „Ach so! Herr Max, holen Sie bitte das Loblied von Herrn Rabbiner Kohn." Das hundert Jahre alte hebräische Bild [sic!] wurde gebracht und ich musste die 11 Strophen des Mergentheimer Rabbiners übersetzen. Die lange Porzellanpfeife ging aus. „Herr Max, noch ein bisschen Tabak…" Beim Abschied verriet mir der Alte im Vertrauen: „Ja, die Schweinehunde haben doch gewusst, dass mein seliger Vater mit der Breindl des Hoffaktors Isaak angebändelt hatte. Und wir sind stolz darauf, dass bei uns das alte Hebräerblut eingeflossen ist." Die jüngferliche Tochter des alten Fürsten, die achtzigjährige Mathilde, erzählte mir zwei „Geheimnisse", während sie mich hinausbegleitete: Auch ihr Vater, der General, habe während des französischen Kriegs 1870 in Straßburg von Zeit zu Zeit mit einem jüdischen Mädchen gesündigt und er schicke ihrer jüdischen Schwester regelmäßig Geschenke. Und ihr Bruder Rudolf, der heute in Saint Louis in den Nordstaaten Amerikas lebt, habe eine jüdische Frau.[6]

6 Die in diesem Absatz erwähnten Angehörigen der Leiningens lassen sich nicht verifizieren. Als Bernstein Amorbach um 1950 besuchte war der 7. Fürst zu Leiningen das Familienoberhaupt, zu diesem Zeitpunkt war er jedoch erst ca. 25 Jahre alt. Auch eine um 1870 geborene Mathilde lässt sich in den Familienstammbäumen nicht finden. Ob Bernstein die Personen frei erfunden hat oder eine Verwechslung mit Personen aus einer anderen Stadt vorliegt, muss offen bleiben.

Nun verstehe ich, warum die Fürstenfamilie den Misrach nicht beleidigen konnte. „Der Misrach ist Teil unseres Geschlechts! Wir konnten eine Beleidigung nicht zulassen!"

Aus: Mordechai W. Bernstein, Nisht derbrente shaytn, Buenos Aires 1956, S. 285–291.
Übersetzt und kommentiert von Lilian Harlander

KIDDUSCH-BECHER
WÜRZBURG

Von Bernhard Purin

9
Kiddusch-Becher

Bamberg, um 1730/1740
Silber, teilvergoldet
BZ: Bamberg, 2. Drittel 18. Jh.,[1]
MZ: Johann Ernst Bögner (auch: Böger, Bogen, Boger),
geb. um 1700 in Neustadt am Rübenberge,
Meister um 1728, gest. vor 1757[2]
H (mit Deckel): 16 cm; H (ohne Deckel): 11 cm; D: 8,9 cm

INSCHRIFT:
Am unteren Teil der Wandung (hebr.):
Die Krone der Greise sind Kindeskinder /
und der Schmuck der Kinder ihre Eltern (Sprüche 17,6).

MUSEUM FÜR FRANKEN, WÜRZBURG, INV. NR. 23835

1 Scheffler, Oberfranken, Bamberg 7.
2 Scheffler, Oberfranken, Bamberg 150.

עטרת זקנים בני בנים
ותפארת בנים אבותם

Bei diesem *Kiddusch-Becher* handelt es sich wohl um jenen, welcher Mordechai W. Bernstein vom damaligen Direktor des Museums, Max Hermann von Freeden, zusammen mit zwei weiteren „jüdischen" Objekten, einer „Pagode" (gemeint ist wahrscheinlich ein in der ersten Hälfte des 18. Jahrhunderts in Schwäbisch Gmünd entstandener filigraner *Bsamim-Turm*[3]) und zwei Schnitzfiguren aus der Rhön,[4] gezeigt wurde. Dass sich in den Museumsdepots zahlreiche Kisten mit weiteren, bei der Zerstörung des damaligen Mainfränkischen Museums während der Bombardierung Würzburgs am 16. März 1945 meist beschädigten jüdischen Ritualgegenständen befanden, verschwieg der Museumsdirektor seinem Gast. Fast 70 Jahre später wurde dieser Bestand wiederentdeckt und als Beschlagnahmegut aus unterfränkischen Synagogen während des Novemberpogroms identifiziert.[5]

Das größte Interesse lösten bei Bernstein drei Teller aus, die tatsächlich bei der Zerstörung des Mainfränkischen Museums verloren gingen, von denen ihm aber Museumsdirektor von Freeden Fotografien vorlegte. Es handelte sich um sogenannte *Purim-Teller*, auf denen süße Gaben während des *Purim-Festes* gereicht worden sein sollen. Bei den Tellern handelt es sich jedoch mit großer Wahrscheinlichkeit um historistische Verfälschungen, d. h., die Teller selbst waren Originale aus der ersten Hälfte des 18. Jahrhunderts, die Gravuren wurden jedoch später, vermutlich im letzten Viertel des 19. Jahrhunderts, ausgeführt. Bereits 1908 hat Gustav E. Pazaurek auf die gängige Praxis des rezenten Nachgravierens historischer Teller hingewiesen und nannte einige württembergische Handwerksbetriebe wie Oscar Endress in Rottenburg am Neckar („befaßt sich nur mit dem Gravieren alter Stücke") und August Weygang in Öhringen.[6] Die bis in die 1990er Jahre tätige Zinngießerei Weygang, die auch einen umfangreichen Fundus an historischen Meisterpunzen besaß und sich vornehmlich mit der Produktion historistischer Nachbildungen befasste, offerierte in einem undatierten, um 1930 herausgegebenen Warenkatalog: „Eingesandte alte Teller, Platten etc. werden zu überaus billigen Preisen graviert".[7]

Die umfangreiche Literatur über Zinnfälschungen[8] nennt verschiedene Merkmale, die eine nicht authentische Gravur erkennen lassen. So ist häufig zu erkennen, dass die Gravur in der Fahne über bereits vorhandene Messerschnittspuren gelegt wurde, da an den Gravuren selbst keine Beschädigung durch Messerschnitte erkennbar sind. Bei einer authentischen Gravur des 18. Jahrhunderts wäre der Teller wohl vor der Gravur poliert worden.

---

3 Vgl. Purin 2018, Kat. Nr. 3.
4 Vgl. Brückner 2008. Kat. Nm. 119f.
5 Vgl. Sieben Kisten 2018.
6 Pazaurek 1908, S. 1f.
7 Niggl 1983, S. 60. Vgl. auch: Haedeke 1977.
8 U.a. Berling 1924/1925; Josten 1937; Baer 1983; Haedeke 1981.

Im ausgehenden 19. Jahrhundert waren die Messerschnitte ein willkommenes Merkmal der Historizität.[9] Insgesamt machen die Gravuren einen makellosen Eindruck, während am Teller selbst Gebrauchsspuren festzustellen sind. Als weiteres Merkmal für historistische Verfälschungen gilt die Anbringung von Jahreszahlen, die sich auf Zinnobjekten des 18. Jahrhunderts sehr selten finden. Schließlich konnte bisher kein Nachweis der Existenz gravierter *Purim-* oder *Seder-Teller* – etwa in der zahlreichen Literatur über jüdische Bräuche aus dem 17. und 18. Jahrhundert oder in Nachlassinventaren – vor 1860 erbracht werden. Als Zentrum des Nachgravierens darf wohl Frankfurt/M. gelten. Bereits 1931 stellte der Kunsthistoriker Erich Toeplitz in Bezug auf gravierte *Seder-Teller* fest, „daß auf diesem Gebiet zahlreiche F ä l s c h u n g e n versucht worden sind, die auch in Frankfurt a. M. bis vor kurzem auf den Budenmessen angeboten wurden. Verraten nicht fehlerhafte oder unmögliche hebräische Worte eine Fälschung, so ist der Sachverhalt schwer zu überprüfen, da sowohl alte Teller mit entsprechenden Zinnmarken als auch alte Matrizen zur Gravur verwendet wurden. Bei gegossenem Bildwerk ist meist ohne Weiteres eine Fälschung anzunehmen, auch wenn besonders geschickte Techniker der Branche ihr Werk auf ältere Zinnarbeiten aufgebracht haben".[10]

Wie den *Kiddusch-Becher* erwarb das Würzburger Museum die *Purim-Teller* im Möbel- und Antiquitätenhaus S. Seligsberger in Würzburg, einer der größten Antiquitätenhandlungen Bayerns.[11] Bei seiner Emigration 1938 in die Niederlande gelang es Sigmund Seligsberger, seine kleine Judaica-Sammlung mitzunehmen. 1942 wurden Seligsberger und seine Frau nach Auschwitz deportiert und ermordet. Seine Judaica-Sammlung gelangte nach 1945 an das Joods Historisch Museum in Amsterdam und ist heute Gegenstand von Restitutionsverhandlungen mit Nachfahren seiner Familie. Unter diesen Objekten befindet sich eine Abformung eines der *Purim-Teller* aus Ton, die darauf hindeutet, dass es sich bei dem Zinnteller um einen Neuguss aus der Zeit um 1900 handelt.[12]

9 Zu einem *Seder-Teller* mit Gravur über vorhandene Messerschnittspuren vgl.: Purin 2018, Kat. Nr. 4.
10 Toeplitz 1931, S. 247.
11 Zu den Erwerbungen des Museums bei dieser Antiquitätenhandlung vgl. Lichte 2015 und Schneider 2020.
12 Vgl. die Abb. auf S. 146 in diesem Band und Ries 2015, Kat. Nr. 4.

DREI SCHLACHMONES-TELLER AUS WÜRZBURG: AUF DEM MARIENBERG
• • •

דריי „שלח-מנות-טעלער" פון ווירצבורג:
אויפן מאַריענבערג

Ich war schon bei den Wurzeln des jüdischen Würzburg: Im Juliusspital betrachtete ich die mittelalterliche jüdische Vernichtung. In der
Marienkapelle sah ich die Zeugen „deutscher Sparsamkeit und Tüchtig-
keit": In der Augustinerstraße habe ich die alten jüdischen Grabsteine
an den Gebäuden entdeckt. Und nun führt die Expedition weiter auf den
Marienberg, zu jener Festung, die am gegenüberliegenden Ufer des Main
liegt. Dort werden sich vielleicht die „stummen Zeugen" dieses Spaziergangs durch die Jahrhunderte dieser lebhaften, aber nunmehr zerstörten
Stadt befinden.

Alt, sehr alt und aristokratisch ist die Geschichte des Marienbergs.
Heute ist er mit einer Festungsmauer bebaut, mit Türmen geschmückt und
von Schutzmauern umgeben. Ehe man zu den Toranlagen kommt, die über
tiefen Gräben hängen, muss man aber eine breite Treppe bezwingen. Der
Ursprung der Festung geht dreitausend Jahre zurück. Bereits tausend Jahre vor der weltlichen Zeitrechnung soll es hier eine keltische Befestigungsanlage gegeben haben. Der „Führer" geleitet Sie weiter und während Sie
durch die Tore, den Untergrund, die Katakomben und Durchgänge schlüp-
fen, während Sie die Wendeltreppe bewältigen, erzählt er Ihnen die gesamte Entwicklungsgeschichte der Festung: Errichtet wurde der riesige
Festungskomplex im 13. Jahrhundert. Zwischen 1253 und 1719, also ein
halbes Jahrtausend lang, war dort die Residenz der Fürstbischöfe. Von hier

aus verbreiteten sie ihre Macht. Ihr „Führer" wirft mit Namen um sich, mit Titeln, Jahren und Meisterleistung…aber was geht mich das alles an?

**

Ich stehe auf dem höchsten Turm des Marienberges…

Ich – ein Mitglied eines verachteten und vertriebenen Stammes; ein Ururenkel jener, deren gepeinigte, heilige Leiber auf den jüdischen Friedhof im Juliusspital gebracht worden sind. Ich, vielleicht ein naher Verwandter jener Märtyrer-Söhne, deren Grabsteine man in der Augustinerstraße eingemauert hat.

Ich – das Relikt, der letzte Splitter eines ausgerotteten Volkes stehe auf dem höchsten, auf dem stolzesten Turm des unbesiegbaren Marienberges…

Ich – Mitglied einer „niedrigen Rasse", entweihe das Juwel Würzburgs…

Ich gemahne mich selbst daran, dass nicht die Festung und ihre unterirdischen Höhlen mein Ziel sind. Ich kam doch nicht hierher, um die historischen Kapellen und die bizarren Katakomben zu betrachten. Ich kam hierher, um die Überreste jüdischer Kunstschätze zu suchen. Vielleicht befinden sie sich hier, auf dieser Festung?

Hierher auf den Marienberg wurde das Mainfränkische Museum verlegt, das sich bis zum Jahr 1945 unten in der eigentlichen Stadt befunden hatte. Ab 1913 lag das Museum, eines der größten in Deutschland, in der Maxstraße 4. Im Jahr 1933 hatte es dort siebzig Räume mit etwa 40.000 Objekten gegeben. Während einer scharfen Bombardierung im Jahr 1945 war der größte Teil von Würzburg zerstört worden und während dieses militärischen Einsatzes wurde auch das Museum dem Erdboden gleichgemacht. In diesem Museum hatte es eine der ursprünglichsten jüdischen Sammlungen gegeben. In einem besonderen Raum war eine jüdische Synagoge vorgestellt worden. Die Wände waren mit den wunderbaren Malereien der hölzernen Synagoge in Kirchheim bedeckt gewesen. Gemalt hatte sie der aus Brody stammende Künstler Schmuel ben Elieser Katz,[1] ebenjener, der im 16. und Anfang des 17. Jahrhunderts auch die Synagogen in Bechhofen, Horb am Main und Unterlimpurg gemalt hatte (darüber Genaueres in meinem Buch „In den Labyrinthen der Zeiten", S. 255–270).[2]

Der besagte „jüdische Raum" war mit allen möglichen Exponaten ausgestattet, die zu einer Synagoge gehören: ein *Amud* und ein *Almemor* (aus der Kirchheimer Synagoge), verschiedene Ritualobjekte und ein sehr seltener *Tora-Schrein* aus der Synagoge in Geroda (eine Gemeinde in der Umgebung).

In der Mitte des Tellers ist jene Szene zu sehen, in der Haman Mordechai umherführt.
Auf dem Tellerrand sind dazu die Worte aus der *Megilla* zu lesen: „Und Haman nahm das
Kleid und das Ross und ließ Mordechai ankleiden."[3]

---

1 Gemeint ist Elieser Sussmann ben Salomon Katz. Vgl. auch den Beitrag „Die Wandmalereien in den Synagogen" in diesem Band.
2 Vgl. auch den Beitrag „Die Wandmalereien in den Synagogen" in diesem Band.
3 Esther 6,11.

Wir wussten freilich, dass das Museum zerstört war – aber wer weiß? Vielleicht? Es geschehen so viele Wunder, möglicherweise auch hier? Dr. Max Hermann von Freeden, der Direktor des Museums, „bedauert" ebenfalls, dass die „jüdischen Dinge" zerstört worden seien, aber was könne man machen? „Es herrschte Krieg, totaler Krieg, mein Herr! Und die alliierten Flieger waren tüchtig, oh ja, alles, alles vernichtet!…"[4]

Vereinzelte jüdische Exponate wurden gefunden: ein Becher,[5] eine sehr charakteristische „Pagode"[6] und Holzpuppen eines Rabbiners mit seiner Frau im Gebet.[7] Die Exponate aus der Maxstraße wird man aber wohl nicht mehr zu neuem Leben erwecken können.

Dieser „Purim-Teller" ist mit Worten aus der *Megilla* umsäumt: „Bei den Juden war Licht und Freude und Lust und Ehre[8] […] und *Schloach-Manot* zu schicken einer dem andern".[9] Danach sind die segnenden Hände der *Kohanim* angebracht, höchstwahrscheinlich, weil Hirsch Michl, dessen Name auf den Teller graviert ist, ein *Kohen* gewesen ist. Auf dem Teller ist das Jahr 1754 zu sehen.

4 Max Hermann von Freeden (1913–2001). Zu seiner Rolle im Mainfränkischen Museum (heute Museum für Franken) vgl. Dembsky 2018.
5 Gemeint ist hier wohl der *Kiddusch-Becher*, Inv. Nr. 23835, im Museum für Franken. Vgl. Purin 2018, Kat. Nr. 2.
6 Gemeint ist wohl der *Bsamim-Turm*, Inv. Nr. 65233, im Museum für Franken. Vgl. Purin 2018, Kat. Nr. 3.
7 Diese beiden Holzfiguren waren mindestens ab 1954, vielleicht aber auch schon länger im Mainfränkischen Museum. Es handelt sich dabei allerdings nicht um einen Rabbiner mit seiner Frau beim Gebet, sondern um einen jüdischen Hausvater und seine Frau beim Schabbat-Gebet. Vgl. Brückner 2008, S. 107f.
8 Esther 8,16.
9 Esther 9,22.

Später saßen wir vor Fotografien der vernichteten jüdischen Kunstwerke und betrachteten und bewunderten sie.

Fotografie – eine neue Art „aus dem Feuer geretteter Holzscheite": eine „Metamorphose" nicht mehr existierender Exponate. Und was ist denn das Exponat im eigentlichen Sinne? Nur ein Schatten – in Summe der Schatten eines Schattens. Wie kann man es benennen? Man muss es „auferstehen lassen". Aber was? Eine *Bsamim-Büchse*? Einen Becher? Eine *Menora*? Schon alles reichlich vorhanden. Und übrig bleiben die „*Schlachmones-Teller*", die ausgewählt werden sollen. Wir kennen *Seder-Teller*, aber *Purim-Teller* waren etwas Neues. Bei den deutschen Juden war es üblich, die *Schloach-Manot* mit speziellen, künstlerisch gestalteten Tellern zu verschicken. Drei von ihnen suchte ich aus, um unsere „nicht verbrannten Holzscheite" zu beleuchten. Und ich wollte sie fragen: Könnt ihr vielleicht erzählen, in wie viele Häuser ihr schon getragen worden seid? Und welche Geschenke habt ihr im Laufe eurer Jahre getragen?

Einer der älteren Teller hätte vor zwei Jahren seinen zweihundertsten Geburtstag gefeiert; er stammt aus dem Jahr 1754. Vielleicht haben auch unbelebte Gegenstände Seelen? Und wenn dem wirklich so ist, hat sich vielleicht die „Seele" des *Purim-Tellers* von Hirsch Michl mit seinen früheren Besitzern getroffen?

Oder gar mit seinen Enkeln, die ebenfalls verbrannt wurden. Wir wissen bereits aus einem früheren Kapitel, dass die verbrannten Toten auch Seelen haben – höhere geläuterte Seelen, die sofort zum göttlichen Thron wandeln. Vielleicht haben sie, diese „Teller" der höchsten Hohen, das Scheitern dessen gesehen, was die Welt in die Feuersbrunst der Vernichtung hineingeführt hat! Ich verabschiedete mich von den unbelebten Objekten und wandte mich den wahren, den lebendigen „unverbrannten Holzscheiten" zu.

Dieser Teller hat sich eigentlich zum *Purimfest* „verirrt": Oben ist das Wort *„Schloach-Manot"* geschrieben, aber das Bild zeigt König Salomons Urteil über die zwei Frauen, die sich um ein Kind stritten. Als Jahresangabe ist 1831 eingraviert.

Auszug aus: Mordechai W. Bernstein, Nisht derbrente shaytn, Buenos Aires 1956, S. 307–312. Übersetzt und kommentiert von Lilian Harlander.

HOCHZEITSSTEIN
ALSENZ

Von Bernhard Purin

10
Hochzeitsstein

Alsenz, 1765
Sandstein
H: 50 cm; B: 47 cm; T: 19 cm

INSCHRIFT (hebr.):
מ״ט [Abbrevation für „*Masal Tov*"] und fragmentarisch
Stimme der Wonne und Stimme der Freude,
Stimme des Bräutigams und Stimme der Braut (Jeremia 7,34)

MARTIN HEIDECKER, ALSENZ

Der Hochzeitsstein befand sich bis zur Renovierung der Synagoge Alsenz in den 1980er Jahren an deren Außenwand und wird heute im Inneren verwahrt.[1] Der stark verwitterte Stein trägt einen sechsstrahligen Stern, die abgekürzten Worte für „*Masal Tov*" und nur fragmentarisch erhalten eine aus dem Buch Jeremia stammende Textstelle, die häufig auf Hochzeitssteinen zu finden ist.[2] Im rheinland-pfälzischen Alsenz bestand ab dem 17. Jahrhundert eine jüdische Gemeinde, die 1765 eine Synagoge errichtete. Damals dürfte der vorliegende Hochzeitsstein angebracht worden sein.[3]

Der Brauch, während der Hochzeitszeremonie ein Glas zu zerbrechen, geht auf das Mittelalter zurück. Erstmals beschrieben wird er im *Machsor Vitry*, einem im 11. Jahrhundert in Frankreich entstandenen Gebetbuch, das aber auch *Halachot* (Rechtsvorschriften) u. a. zur Eheschließung enthält.[4] Der Brauch, das Glas an einen Hochzeitsstein an der Außenwand der Synagoge zu werfen, ist aber später entstanden. In einer erstmals 1530 in Augsburg erschienenen Beschreibung eines Konvertiten zu jüdischen Bräuchen wird zwar das Werfen eines Glases an die Außenwand der Synagoge erwähnt, ein Hochzeitsstein jedoch nicht beschrieben,[5] ebenso wenig in einer aus Kriegshaber stammenden, als „Nuremberg Miscellany" bekannten, 1589 abgeschlossenen liturgischen

Handschrift.[6] Die früheste Beschreibung eines Hochzeitssteins stammt aus Worms, wo ihn Juda Löw Kirchheim in seinem im ersten Drittel des 17. Jahrhunderts niedergeschriebenen „*Minhag Warmaisa*", einer Aufzeichnung der in Worms gepflegten religiösen Bräuche, beschreibt.[7] Die erste bildliche Darstellung eines Hochzeitssteins, jenem der Hauptsynagoge von Fürth, findet sich auf einem Kupferstich von 1705.[8] Auch in späteren, im 18. Jahrhundert erschienenen Beschreibungen wird der Hochzeitsstein erwähnt und in Kupferstichen mehrfach bildlich dargestellt.[9] Ursprünglich hatte der Brauch wohl eine abergläubische Komponente. Man erhoffte sich die Vertreibung von Dämonen, weshalb Hochzeitssteine auch häufig an der Nordwand der Synagoge angebracht wurden, weil im Volksglauben verankert war, das Böse käme aus dem Norden. Rabbiner versuchten erfolgreich, diesem Brauch eine neue Bedeutung zu geben und interpretierten ihn als eine Erinnerung an die Zerstörung Jerusalems.[10]

Während der älteste nachweisbare Hochzeitsstein an der Nordwand der Wormser Synagoge als ein „Stein mit Löwenrelief" beschrieben wurde,[11] setzte sich, wohl wegen des Bezugs zum Segenswunsch „*Masal Tov*", zunehmend der Stern als Motiv auf Hochzeitssteinen durch. Er war ursprünglich nicht als Davidstern intendiert und lässt sich in sechs- bis

1 Fischbach/Westerhoff 2005, S. 69–72.
2 Vgl. die Übersichten zu süddeutschen Hochzeitssteinen in: Wiesemann 1991; Stein 2008, S. 39–54 und <http://www.alemannia-judaica.de/hochzeitssteine_chuppasteine.htm>.
3 Röder 1986, S. 121; Fischbach/Westerhoff 2005, S. 70f.
4 Feuchtwanger 1985, S. 32.
5 Margaritha 1530, unpag.
6 Germanisches Nationalmuseum, Nürnberg, Hs 7058, fol. 34v.
7 Rodov 2013, S. 64–66.
8 Abb. in: Deneke 1988, Kat. Nr. 6/12.
9 Kirchner 1726, Tafeln 21–23; Bodenschatz 1749, S. 123 und Tafel XII.
10 Gutmann 1970, S. 318; Lauterbach 1970.
11 Holzer 1935, S. 178.

zwölfstrahligen Varianten nachweisen. Im 18. Jahrhundert setzte sich jedoch das mit dem Schild Davids assoziierte Hexagramm durch.

Der älteste erhaltene Hochzeitsstein mit einer Datierung von 1660/1661 wird im Inneren der heute als evangelische Kirche genutzten Synagoge von Höchberg bei Würzburg verwahrt.[12] Sein jüngstes erhaltenes Pendant von 1836 befindet sich an der Synagoge von Ehrstädt, einem Stadtteil von Sinsheim im nordbadischen Rhein-Neckar-Kreis.[13] Geografisch lässt sich das Gebiet, in dem Hochzeitssteine an Synagogen angebracht waren, auf Franken, Südhessen sowie Teile Württembergs, Nordbadens, des heutigen Rheinland-Pfalz und des südlichen Rheinlands begrenzen. Mordechai Bernstein beschreibt jedoch in seinem Aufsatz einen Hochzeitsstein, der in einer Chronik aus Lüben / Lubin in Niederschlesien beschrieben und zeichnerisch festgehalten ist. Die im Archiv des YIVO nicht mehr nachweisbare Chronik wäre der einzige Nachweis eines Hochzeitssteins außerhalb von Süddeutschland.

Die *Haskala*, die jüdische Aufklärung, führte auch zur Aufgabe zahlreicher überlieferter religiöser Bräuche. In der ersten Hälfte des 19. Jahrhunderts ergingen zahlreiche Verordnungen wie etwa jene der Israelitischen Kreis-Synode in Würzburg 1836

„daß die Trauungen in der Synagoge vorgenommen werden sollen. Auch wurde das Zerbrechen des Glases einstimmig aufgehoben."[14] Eine größere Zahl von Hochzeitssteinen hat sich dennoch, teilweise bis in die Gegenwart, an den Außenwänden süddeutscher Synagogen erhalten.

12 Kraus 2015, S. 719.
13 Hahn/Krüger 2007, S. 442–444.
14 Verhandlungen 1836, S. 379.

RUND UM SYNAGOGEN-HOF UND TANZHAUS

— • • • —

אַרום שול־הויף און טאַנץ־הויז

Wir haben bisher kein einziges Mal hervorgehoben, dass das charakteristischste Merkmal des aschkenasischen Ritus die jüdische Autonomie, die Bildung eines „Reiches im Reich" war. Dieses „Reich" umfasste ein bestimmtes Territorium, mit eigenen Grenzen und eigener Administration. Nicht selten war es tatsächlich ein erzwungenes Wohnviertel, ein durch einen Befehl aufgezwungenes und abgeschlossenes jüdisches Wohngebiet, also einfach ein Getto. Sehr oft aber entschieden sich die Juden selbst und freiwillig für diese Abgesondertheit. In der jüdischen Gemeinschaft herrschte der Wille vor, gemeinsam zu wohnen und unter den eigenen Leuten zu leben. In der jüdischen Diaspora, der Verstreutheit und den voneinander getrennten Ansiedlungen, blieb jede Gemeinschaft in einer kompakten Masse eng beieinander. Das bestätigen im Übrigen die heutigen jüdischen Viertel in den „neuen Heimatorten", wo es keinen spezifischen Wohnzwang für Juden gibt, ganz zu schweigen von Gettos.

So entwickelten sich alle Arten von Judengassen, Judenburgen, Judenbergen, Judendörfern etc. als spezielle Viertel, die sich in hunderten deutschen Städten befunden hatten. Und so war es dann auch in jenen Ländern, in denen sich die Juden nach ihrer Auswanderung aus Deutschland niederließen. Ob diese jüdischen Wohngegenden zu den „Territorien jüdischer Autonomie" gezählt werden können, sei dahingestellt. Letztere hatten auf jeden Fall ein bestimmtes Zentrum, eine Residenz. Die Rede ist vom Synagogen-Hof. Der Synagogen-Hof in den jüdischen Städten und Schtetl war nicht nur aus topografischer Perspektive das Zentrum einer jüdischen Ansiedlung, sondern er war auch der Mittelpunkt, um den sich die geistigen, gesellschaftlichen und administrativen Interessen konzentrierten. Dort befanden sich alle öffentlichen Einrichtungen: die Synagoge, *Beth Midraschim* und kleine Gebetshäuser. Dort war der Raum (oder die Kammer) des rabbinischen Gerichts. Auf dem Synagogen-Hof befanden sich auch die *Talmud*-Tora-Schule oder andere Lehranstalten. In den *Beth Midraschim* hatten die Privatlehrer nicht selten ihre *Chederim*.[1] Und dort waren auch die *Jeschiwot*. In diesem Zentrum war das Hospiz oder die Herberge. Für den Fall, dass es so etwas im Schtetl nicht gab, hielten sich die Armen und Hausierer an und für sich in der Synagoge auf und übernachteten auch dort – die Männer unten und die Frauen in der Frauenschul. Auf dem Synagogen-Hof befanden sich die städtischen, öffentlichen Badeanstalten und selbstverständlich auch die *Mikwe*. Im Allgemeinen war das öffentliche jüdische Bad in einer großen Zahl von Fällen die einzige Badeanstalt der gesamten Ansiedlung.

Im rabbinischen Gericht war in früheren Jahren die jüdische Strafanstalt, also ein echtes Gefängnis. In manchen Ortschaften gibt es bis zum heutigen Tage dort einen Pranger mit Ketten, an den der Verurteilte gestellt und durch öffentliche Demütigung und Schande bestraft wird.

Später war auf dem Synagogen-Hof auch oft der Eiskeller der *Linath-Hazedek*-[2] oder *Bikur-Cholim*-Gesellschaften,[3] in dem Eis für die Kranken der Sommermonate gelagert wurde. Sehr häufig befand sich auf dem Synagogen-Hof auch eine Schächtkammer, hauptsächlich für Geflügel, aber in manchen Ortschaften tatsächlich auch das Schächthaus. Ebenfalls dort waren die koscheren Metzgereien. In anderen Orten wurde dort an *Erev Schabbat*[4] und am Abend vor *Jom Kippur* lebender Fisch verkauft. Teilweise befanden sich auf dem Synagogen-Hof auch die Gebäude für Angestellte der jüdischen Gemeinde und das Haus des Rabbiners. Dort war das Dienerhaus und nicht selten befand sich in der Nähe des Synagogendieners das *Tahara*-Brett[5] der *Chewra Kadischa*. In manchen Ortschaften war auch der Friedhof in der Nähe des Synagogen-Hofes.

1 Sg. Cheder, jüdische Grundschule.
2 Wörtlich „Stätte des Rechts", Verein, dem die medizinische Versorgung der Kranken obliegt.
3 Verein zum Besuch Kranker.
4 Abendlicher Beginn von Schabbat.
5 Leichenbrett.

Solch ein Bild stellte sich in den alten Gemeinden des Aschkenas dar –
in Speyer, Worms, Mainz, Köln, Würzburg, Trier und anderen, wo die
Synagogen zusammen mit anderen jüdischen Gebäuden errichtet worden
waren. Es gab auch eine Stadt, Andernach am Rhein, wo sich am Synagogen-Hof ein jüdisches Backhaus befand. Wir wissen aus der Responsenliteratur des MaHaRam von Rothenburg,[6] dass es in den Gemeinden auch
Handwerkerhäuser gegeben hatte. Von Aschkenas breitete sich diese Form
der jüdischen Autonomie-Residenz nach Osteuropa aus. Wenn wir uns
die älteren jüdischen Gemeinden in Polen vornehmen, sehen wir folgende
Beispiele:

In Lublin befanden sich in der schmalen engen Jateczna-Straße die
großen Synagogen des MahaRSchal (Rabbi Salomo Luria)[7] und des MaHa-
Ram (Rabbi Meir Lublin),[8] das *Beth Midrasch*, die *Mikwe* (zuletzt nur mehr
in zerstörter Form) und das Schächthaus. In Lemberg befanden sich die
Große Stadt-Synagoge, die Nachmanowicz-Synagoge, das *Beth Midrasch*,
die Schneider'sche Synagoge, die *Talmud*-Tora-Schule und das Bad versammelt an einem Ort. In Vilnius gab es in der Judenstraße neben der Großen
Synagoge 13 kleinere Gebetshäuser und Betstuben, das öffentliche Bad und
die *Mikwe*, den Brunnen, aus dem das gesamte jüdische Umfeld Wasser
entnahm, die Uhr, welche die Zeit der jüdischen Gemeinde regelte und die
berühmte Straszun-Bibliothek. Wir brachten hier nur drei Beispiele alter
Gemeinden in ausgewählten Teilen Polens. Es sind keine weiteren Beweise
nötig, um aufzuzeigen, wie die Synagogen-Höfe in unseren hundertfach
ausgerotteten Städten und Schtetl in Osteuropa ausgesehen haben. Sie sind
noch ganz frisch in unserer Erinnerung.[9]

Nicht nur die Gebäude auf einem Synagogen-Hof machten ihn zum
Mittelpunkt einer jüdischen Ansiedlung, sondern dort fand auch das Leben
der Gemeinde statt. Dort formte sich das Gesicht der jüdischen Gemein-
schaft: Der Synagogen-Hof war der Platz diverser interner Kämpfe und
Streitigkeiten der einzelnen Kreise und Gruppen der jüdischen Gemeinde.
Das *Beth Midrasch* war nicht nur Bet- und Lernort allein. Dort wurden auch

---

6 Vgl. Fußnote 13 im Beitrag „Verbrannte Tora-Rollen und geschändete Pergamentblätter" in diesem
  Band.
7 Salomo ben Jechiel Luria (hebräisches Akronym MaHaRSchaL oder Raschal für Morenu HaRav
  Shalomo Luria) (ca. 1510–1573), rabbinische Autorität, entstammte einer Wormser
  Gelehrtenfamilie und gründete 1567 in Lublin seine eigene *Jeschiwa*.
8 Meir Lublin oder Meir ben Gedalia (hebräisches Akronym MaHaRam) (1558–1616), polnischer Rabbiner und wichtiger *Talmud*-Kommentator, 1613 Rabbiner in Lublin, wo er eine *Jeschiwa* gründete.
9 Zu den genannten Beispielen vgl. Krinsky 1988, S. 196–199, 203–208 und 214–217.

wichtige öffentliche Angelegenheiten verhandelt und beschlossen, und nicht zwangsläufig nur Himmelsdinge. Natürlich wurden dort Debatten wegen Rabbinern, Schächtern oder Kantoren geführt. Und natürlich versuchten sich die verschiedenen Fraktionen gegenseitig zu besiegen. Aber dort wurden auch irdische Themen ausgefochten: ein neues öffentliches Bad bauen oder nicht, einen Doktor holen oder nicht? Ganz zu schweigen davon, dass dort Politik gemacht wurde, sowohl für jüdische Belange als auch für allgemeine. Dort erstellten die Stammtischpolitiker ihre Horoskope zur Weltlage und ob das Ergebnis gut oder schlecht für Juden sei.

Das *Beth Midrasch* war auch ein Ort, wohin die Menschen in einem Notfall kamen: entweder wenn jemand gekommen war, um die Entnahme der Tora aus dem *Tora-Schrein* zu unterbrechen und das Schicksal eines Todkranken auszurufen, oder bei den Fällen von *Ikuv keriah* – also die Verhinderung der Tora-Lesung, wenn ein Beschwerdeführer verlangte, dass sich die ganze Gemeinde mit seiner Sache auseinandersetzen sollte.

Auf dem Synagogen-Hof spielten sich sämtliche Momente der Freude und des Leides der jüdischen Gemeinschaft ab. Dorthin wurde in Begleitung von *Klesmer-Kapellen* das Brautpaar zur *Chuppa* gebracht. Dort wurde der Sarg mit dem Leichnam während der Trauerprozession zum Friedhof abgestellt. Bei besonders respektablen Verstorbenen wurde an diesem Ort auch die Grabrede gehalten.

Die *Beth Midraschim* waren in bestimmten Fällen die Volkshäuser der Schtetl. Als die zionistische Bewegung aufkam, hatten nicht nur die regelmäßigen Wanderprediger die Adresse von Synagoge oder *Beth Midrasch*, sondern auch die zionistischen Redner. Im stürmischen revolutionären „fünften" Jahr[10] „besetzten" sie häufig die Synagoge und hielten dort ihre Versammlungen ab, wenn sie sich mit jüdischen revolutionären Parteien, vorwiegend mit dem Bund[11] trafen. Im Übrigen blieb das so bis in die letzte Zeit vor der großen Vernichtung. So ist mir bekannt, dass an den zwei Samstagen vor den letzten Stadtratswahlen in Warschau im Dezember 1938

10 Russische Revolution 1917–1923.
11 Allgemeiner Jüdischer Arbeiterbund, 1897 in Osteuropa gegründete sozialistisch-zionistische Arbeiterpartei.

bundistische Redner in mehr als fünfzig Warschauer *Beth Midraschim* und Betstuben auftraten. Aus den *Beth-Midrasch*-Studenten gingen eine ganze Reihe Vorreiter der aufkommenden jüdisch-nationalen und jüdisch-sozialen Bewegungen hervor. Es waren unterschiedliche Wege, die diese Menschen zu den neuen Ideen führten. Eines ist aber klar, und zwar dass die *Beth Midraschim* die sichersten Orte waren, um sich mit geheimen und häretischen Büchlein bekannt zu machen.

Und ein weiteres Mal ist diese Rolle des Synagogen-Hofes im Leben der jüdischen Gemeinschaft als gesellschaftliches Zentrum (und nicht nur als religiöses) ein einzigartiges Charakteristikum für Aschkenas. Kürzlich übernahmen diese Rolle alle Arten von Klubs, Vereinen und Lokalen – die Volkshäuser und Vereinshäuser.

***

Das, was wir bisher vorbrachten, ist aber gewissermaßen nur eine Einführung in ein nur wenig bekanntes Detail. Sämtliche bisherigen Institutionen und Funktionen des Synagogen-Hofes waren mehr oder weniger geläufig. Es hatte aber in Deutschland, in den alten Zeiten der jüdischen Gemeinden in Aschkenas eine Einrichtung gegeben, von der Spuren erhalten blieben. Deshalb ist es wichtig, innezuhalten und sie in unseren Aschkenas-Spaziergang hineinzuflechten. Was ich hier im Sinn habe, ist das Tanzhaus, das es in den jüdischen Gemeinden und natürlich in den Synagogen-Höfen gab.

Aus etlichen Quellen ist uns bekannt, dass die Gemeinden solche Häuser hatten, die in den unterschiedlichen Ortschaften verschiedene Namen trugen, aber alle denselben Charakter hatten. So hießen sie in manchen Orten *Chasene*-Haus (Hochzeitshaus) oder eben Tanzhaus. Alte Quellen erzählen uns von der Existenz solcher Häuser in Rothenburg ob der Tauber, wo sich bis heute ein Gebäude befindet, das im Volksmund als „jüdisches Tanzhaus" bezeichnet wird. Es gab solche Häuser in Köln, Augsburg, Worms,

Das „Judentanzhaus" in Rothenburg ob der Tauber, an den Weißen Turm gebaut.

Frankfurt am Main, München und in anderen Städten. Leider blieben uns nur minimale Quellen, die Aufschluss über Bedeutung und Aufgaben dieser Hochzeitshäuser geben. Aber es gibt ein paar Details, von denen wir doch wissen. Neben Rothenburg ob der Tauber, woher wir die Fotografie eines Tanzhauses haben, wissen wir beispielsweise von Worms, dass in der Gemeindeverordnung vor 1728 festgelegt wurde, wenn jemand nahe *Sukkot* Hochzeit feierte, musste er der *Chatan Tora*[12] sein und einen Ball im Brauthaus (Tanzhaus) veranstalten.*

Über Mainz erfahren wir in einer Schilderung zur Judengasse: Wenn man die Judengasse entlanggeht, gelangt man zur Dominikanergasse, deren erstes Gebäude Hochzeitshaus geheißen hat. Sieben Tage hintereinander wurden dort die Hochzeitsfeste gefeiert.**

In seiner Arbeit über das Leben der Juden im mittelalterlichen Deutschland schreibt Abraham Berliner: Manche Gemeinden hatten (neben dem *Hekdesch* – also dem „Versorgungshaus" für Durchreisende, mittellose Gäste und auch Kranke) auch Tanzhäuser, wo Feiern und ganz besonders Hochzeiten stattfanden. In solch einem Tanzhaus war auch ein kupferner Topf eingemauert, in dem für das Fest gekocht wurde. In Köln trug solch ein Haus die Bezeichnung „Spielhaus".***

In der Responsenliteratur des MaHaRam von Rothenburg befindet sich auch ein Fall dazu: Die Gemeinde hatte das Hochzeitshaus an einen Privatmann verkauft.****

Es wird deutlich, dass diese Einrichtung eines Tanzhauses in Aschkenas in einem Zeitraum von Jahrhunderten bekannt war – sei es, dass der MaHaRam im 13. Jahrhundert darüber spricht, oder sei es durch die Verordnungen aus dem 18. und die Erinnerungen aus dem 19. Jahrhundert, die es immer noch gibt. Ganz allgemein ist das Thema der Hochzeitszeremonien in Aschkenas ein sehr interessantes Kapitel, das wahrlich eng an den Synagogen-Hof gebunden ist.

---

12 Wörtlich „Bräutigam der Tora", an *Sukkot* schließt der Feiertag *Simchat Tora* (Torafreudenfest) an, an dem der jährliche Tora-Lesungszyklus endet und von Neuem beginnt. Der Aufruf zur Lesung des letzten Abschnittes und des ersten Abschnittes der Tora ist eine besondere Ehre, die dem *Chatan Tora* zuteilwird.
* Wormser Gemeindeordnungen – von Dr. L. Löwenstein, Blätter Jüdische Geschichte und Literatur, No 5, 1904, Mainz.
** M. Michael – Erinnerungen an die Judengasse. Gemeindeblatt der Israelitischen Gemeinde, Mainz, No 6, 1925, Februar 1935.
*** Abraham Berliner – Aus dem Leben der Juden Deutschlands im Mittelalter, Berlin 1937.
**** Dr. H. J. Zimmels – Beiträge auf Grund der Gutachten des Rabbi Meir Rothenburg. Wien – Frankfurt am Main, 1926.

Während meiner Studienreisen durch die ehemaligen jüdischen Gemeinden Deutschlands traf ich auf eine reichlich unbekannte Erscheinung. Die Hochzeiten wurden in Aschkenas im Synagogen-Hof gefeiert. Wir übernahmen das natürlich von dort. Auch der Hochzeitsmarsch mit Musik kam von dort zu uns herüber. Aber in einer Reihe von Städten in Deutschland gab es auf dem Synagogen-Hof bestimmte Plätze, wo die *Chuppa* – also der Traubaldachin – aufgestellt wurde, und zwar bei einem speziellen Hochzeitsstein. Als ich mich wegen dieses Hochzeitssteins erkundigte, stellte sich heraus, dass nur sehr wenige von diesem Brauch wussten, sogar diejenigen, die sonst mehr als bewandert waren in jüdischen Handlungsweisen und *Minhagim*. Ich möchte kurz vor dem Ende unseres Spaziergangs durch Aschkenas unsere Welt an diesen Hochzeitssteinen vorbeiführen und an den Spuren, die von ihnen übrig geblieben sind. Ein paar von ihnen konnte ich übrigens vor der Vernichtung retten.

Zeichnung [sic!] aus dem Jahr 1700, die eine jüdische Hochzeit in Deutschland zeigt.
Rechts sehen wir die *Chuppa*, die an der Synagogenwand steht. In die Wand ist ein Hochzeitsstein
in der Form eines achteckigen Sterns eingemauert. In der Mitte steht die *Klesmer-Kapelle*.[13]

13 Kupferstich aus: Kirchner 1726, S. 180.

In der Regel befand sich der Hochzeitsstein an einer Außenmauer der Synagoge, und zwar dort, wo im Synagogen-Hof der Traubaldachin aufgestellt wurde. Nach der Hochzeitszeremonie wurde auf diesem Stein ein Gläschen zerbrochen. Für den *Minhag*, ein Glas zu zerbrechen, gibt es eine ganze Reihe von Motiven. Die älteste Quelle hierfür bezeugt, dass wir diesen Brauch bereits bei Männern des *Talmud* finden.

Der Hochzeitsstein, links vom Eingang der Synagogen-Ruine in dem Dorf Planig bei Bad Kreuznach in Hessen[14] eingemauert. Zu dieser merkwürdigen Synagogen-Ruine siehe den Aufsatz: „Die Klagemauer in Planig", in meinem Buch „In den Labyrinthen der Zeiten", Seite 353–359.

14 Seit 1946 zum Bundesland Rheinland-Pfalz gehörig.

Im Traktat *Berachot* 31a wird erzählt, wie sie auf Festen teure Gläser zerbrechen, um in das Geräusch der Freude ein wenig Trauer zu bringen. So zerbrach Mar, der Sohn von Ravina, auf der Hochzeitsfeier seines Sohnes einen kostbaren Kelch im Wert von vierhundert *Susim*.[15] Auch Reb Ashi zerbrach auf der Hochzeit seines Sohnes ein teures weißes Glas. Die *Tosafot*[16] erklären an dieser Stelle, dass von dort tatsächlich der Brauch stammt, bei einer Hochzeit Glas zu zerbrechen. Kirchner erwähnt diesen *Minhag*, Glas auf dem Hochzeitsstein zu zerbrechen, in seinem „Jüdischen Ceremoniel", das 1726 in Nürnberg erschienen ist.*

In der Regel sind auf diese Hochzeitssteine die Anfangsbuchstaben des Satzes „Die Stimme des Bräutigams, die Stimme der Braut, die Stimme des Jubels und die Stimme der Freude" eingraviert. In manchen Ortschaften findet man auch den voll ausgeschriebenen Vers. Wir finden dort auch die Wörter *Masal Tov* oder nur die hebräische Abkürzung מ״ט. Auf anderen Steinen befindet sich auch das Jahr, an dem der Stein eingemauert wurde. In unserer Arbeit zeigen wir eine Sammlung von Hochzeitssteinen und die passenden Erklärungen dazu. In Ansbach entdeckte ich anstelle des Steins das aufgemalte Bild eines Hochzeitssteins mit derselben Aufschrift „die Stimme des Bräutigams, die Stimme der Braut".

In dem Dorf Lüben (Niederschlesien) fand ich in einer Chronik eine besonders interessante Notiz zu diesem so wenig bekannten Brauch. Sie befindet sich im Archiv des YIVO in New York. In diese Chronik hatte ein gewisser Eysik Gutman auf die leeren Seiten zwischen den Jahren 1850 bis 1870 Chronik-Eintragungen, Gebete, Aphorismen und ähnliches geschrieben. Auf der Seite 35 findet sich folgender Vermerk (Wir zeigen den unveränderten hebräisch-sprachigen Text ohne die Grammatikfehler):

15 Sg. Sus, eine Währung im alten Israel.
16 Sammlung von *Talmud*-Kommentaren aus dem 12.–14. Jahrhundert.
* Kirchner Paul Christian – Jüdisches Ceremonial oder Beschreibung derjenigen Gebräuche…
Nürnberg 1727.

אצל פסח בהכנ״ס כאן יש אבן עם מגן דוד וכתוב עליו

קול ששון וקול שמחה
קול חתן וקול כלה

ש׳ע׳ל׳ז׳ל׳   ובצד ימין כתוב

י׳כ׳ש׳ש׳   ובצד שמאל

הראשון הוא שחור על לבן זכר לחורבן
והשני יש כאן שערי שמים

בשנים קדמונים היה החופה לפני בהכנ״ס ובשנת 1828 למספרם, בא
הצוה מן שררה יר״ו שתהא החופה לפני ארון הקודש בבהכנ״ס

Auf Deutsch bedeutet das: Bei der Tür der Synagoge ist ein Stein mit einem Davidstern darauf. Auf dem Stein stehen die Worte: „Stimme des Jubels, Stimme der Freude, Stimme des Bräutigams, Stimme der Braut." Auf der rechten Seite stehen die Buchstaben ש׳ע׳ל׳ז׳ל׳ geschrieben. Das bedeutet: „Schwarz auf Weiß ist die Erinnerung an die Zerstörung." Auf der linken Seite steht geschrieben: י׳כ׳ש׳ש׳. Das bedeutet: „Hier sind die Tore zum Himmel." In den vergangenen Jahren wurde die *Chuppa* draußen vor der Synagoge errichtet. Aber im Jahr 1828 kam von offizieller Seite der Befehl, dass der Traubaldachin im Inneren der Synagoge vor dem *Tora-Schrein* aufgestellt werden soll.

Wir sehen also, dass dieser Brauch in Deutschland sehr verbreitet war, sowohl in Bayern als auch in Württemberg oder Schlesien. Aus den Aufzeichnungen der Lübener Chronik ist herauslesbar, dass es seitens der Macht zu Störungen beim Aufstellen der *Chuppa* im Synagogen-Hof gekommen war. Es ist nicht klar, ob es sich hier um ein lokales Thema oder um einen allgemeinen Befehl gehandelt hat. Dieses Kapitel über alles, was wir von den aschkenasischen Hochzeitsbräuchen übernommen haben, ist sehr lang und Thema für eine eigene Studie.

Hochzeitsstein der Synagoge in Deutz, einem Stadtteil von Köln. Auf diesem Stein sehen wir die Worte „Stimme des Bräutigams, Stimme der Braut" und auf je einer Seite des Davidsterns die Buchstaben מ״ט, eine Abkürzung für *Masal Tov*.
Das Bild dieses Hochzeitssteins befindet sich im Rheinischen Bildarchiv Köln.

Hochzeitsstein in der Synagoge des Dorfes Altenkunstadt in Bayern.
Wir sehen hier die Worte „Stimme des Jubels, Stimme der Freude, Stimme des Bräutigams
und Stimme der Braut" in einem Kreis um die Buchstaben ט"מ für *Masal Tov*. Die vier
Buchstaben in den Ecken des Steins stehen für das Jahr 1726, in dem er hergestellt wurde.[17]

17 Abbildung aus Grotte 1915, S. 99.

Hochzeitsstein in der Mauer der Synagoge von Niederstetten (Württemberg).
Hier sehen wir die Worte „Stimme des Jubels, Stimme der Freude, Stimme des Bräutigams, Stimme der Braut" um einen Davidstern graviert. In der Mitte des Sterns stehen die Worte *Masal Tov*. Auf diesem Stein sehen wir auch das Jahr 1751, in dem er hergestellt worden ist. Gemäß vorhandener Dokumente wurde die Synagoge genau genommen 1744 erbaut. Das bedeutet, dass der Hochzeitsstein erst später eingemauert wurde.

Hochzeitsstein der Synagoge in Bingen am Rhein.
Die Synagoge ist genau genommen heutzutage zerstört, erhalten geblieben ist nur der geborstene *Tora-Schrein* mit dem Satz „Erkenne, vor wem du stehst".[18] Der Hochzeitsstein ist (gemeinsam mit noch einem Teil von Überresten) in den Eingang der Synagoge, der erhalten geblieben ist, eingemauert. In den Spitzen des achtzackigen Sterns (ein Pseudo-Davidstern) sind die Anfangsbuchstaben des uns schon bekannten Spruches eingraviert: „Stimme des Bräutigams und Stimme der Braut, Stimme des Jubels und Stimme der Freude."

18 Angelehnt an *Berachot* 28b: „Und wenn Ihr das Gebet verrichtet, wisset vor wem Ihr steht."

Hochzeitsstein, eingemauert in die Wand der Synagoge der Gemeinde von Kochendorf[19] (bei Stuttgart, Württemberg). In allen vier Ecken des Steins stehen die Abkürzungen für „Stimme des Jubels, Stimme der Freude, Stimme des Bräutigams, Stimme der Braut", in der Mitte die Abkürzung מ״ט (Masal Tov).

Aus: Mordechai W. Bernstein, Dos iz geven nusekh ashkenaz, Buenos Aires 1960, S. 319–331. Übersetzt und kommentiert von Lilian Harlander.

19 Im Landkreis Heilbronn, liegt etwa 70 km von Stuttgart entfernt.

TORA-WIMPEL
GÖTTINGEN

Von Ernst Böhme

11a

11b

11c

11d

11a
Tora-Wimpel des Jehuda Löb, Sohn des Etnan[1]

1719
Zusammengesetzt aus vier Gewebestreifen, Grund Leinen, ungefärbt,
Leinwandbindung, Stickerei Seide, mehrere Farben, Stielstich, Flachstich,
flächenfüllender Flachstich, Kreuznahtstich, Vorstich, Knötchenstich,
Vorzeichnung, Querkanten Saum und Festonstich, Längskanten Webekante
und Festonstich, Verbindung der Streifen mit Kreuznahtstich
L: 369 cm; B: 16,5 cm

STÄDTISCHES MUSEUM GÖTTINGEN, INV. NR. 2011/254

11b
Tora-Wimpel des Moses, Sohn des Jehuda

1775
Zusammengesetzt aus vier Gewebestreifen, Grund Leinen, ungefärbt,
Leinwandbindung, wässrig gebundene Malerei, Farbtöne ocker, rot, blau, braun,
Vorzeichnung nicht erkennbar, Querkanten Saum, Längskanten Webekante,
Verbindung der Streifen Naht
L: 364 cm; B: 21,5 cm

STÄDTISCHES MUSEUM GÖTTINGEN, INV. NR. 1917/335.7

11c
Tora-Wimpel des Baruch, Sohn des Meir

1778
Zusammengesetzt aus vier Gewebestreifen, Grund Leinen, ungefärbt,
Leinwandbindung, wässrig gebundene Malerei, Farbtöne rot, blau,
Vorzeichnung nicht erkennbar, Querkanten Saum, Längskanten Webekante,
Verbindung der Streifen Naht
L: 358 cm; B: 19,5 cm

STÄDTISCHES MUSEUM GÖTTINGEN, INV. NR. 1917/335.8

11d
Tora-Wimpel des Elieser, Sohn des Meir

1795
Zusammengesetzt aus vier Gewebestreifen, Grund Leinen, ungefärbt,
Leinwandbindung, wässrig gebundene Malerei, Farbtöne gelb, rot, blau, braun,
Vorzeichnung nicht erkennbar, Querkanten Saum, Längskanten Webekante,
Verbindung der Streifen Naht
L: 352 cm; B: 19 cm

STÄDTISCHES MUSEUM GÖTTINGEN, INV. NR. 1917/335.12

1 Auf dem Wimpel als Echnan angegeben. Vermutlich ein Schreib- oder Lesefehler. Wohl statt
אחנן recte אתנן (Etnan), vgl. 1. Chronik 4,7.

Die Sammlungsgeschichte der Göttinger *Tora-Wimpel* ist kompliziert und streckenweise etwas unübersichtlich. Der erste Wimpel gelangte als Geschenk von Siegfried Benfey, Bankier und Mitglied der Verwaltungskommission des Museums, ins Museum (Inv. Nr. 1897/474). Im gleichen Jahr müssen aber noch weitere Wimpel ins Haus gekommen sein. Im Eingangsbuch findet sich auf diese zwar kein Hinweis, während aber in der „Schätzung der städtischen Altertums-Sammlung behufs Feuer-Versicherung" für das Jahr 1896 noch keine Wimpel erwähnt werden, heißt es in der „Schätzung" für 1897: „8. Saal für israelischen Kultus [...] Collection von gestickten und gemalten Thorawickeln v. 1646 bis 1829". Als Wert wird dafür die große Summe von 1000,– Mark angesetzt.

Die genaue Zusammensetzung dieses ersten Bestandes von *Tora-Wimpeln* im Göttinger Museum ist allerdings unklar. Außer dem von Siegfried Benfey geschenkten Wimpel lässt sich der Wimpel mit der – nicht korrekten – Datierung auf 1646 eindeutig identifizieren. Nach neuen Erkenntnissen wird er heute auf 1690 datiert und trägt die Inv. Nr. 2011/270. Da sich in der heutigen Sammlung des Museums kein Wimpel mit der Datierung 1829 findet, ist hier ebenfalls von einem Datierungsfehler auszugehen. Sehr wahrscheinlich handelt es sich um den Wimpel des Rafael Hahn von 1831 mit der Inv. Nr. 1917/335.17.

1917 kaufte das Museum dann von Leopold Nathan, ehemaliger Lehrer der jüdischen Gemeinde in Adelebsen, ein Konvolut von wahrscheinlich 18 Wimpeln. Da die Sammlung heute 28 Wimpel umfasst und sich nach 1917 die Gesamtzahl der Wimpel nicht änderte, muss der Bestand vor 1917 zehn Wimpel umfasst haben. Sicher zuzuordnen ist dem 1917 angekauften Konvolut nur der Wimpel mit der Inv. Nr. 1977/335.20, der mit der Eingangsbuch-Nr. 7416 gekennzeichnet ist.

1949 besuchte Mordechai W. Bernstein auf der Suche nach jüdischen Kultgegenständen, die Krieg und Schoa überlebt hatten, offenbar mehrere deutsche Museen. Es ist nicht immer ganz klar, ob er wirklich jede der von ihm aufgeführten Sammlungen selbst gesehen hat. In Göttingen aber ist Bernstein mit Sicherheit gewesen. Gemeinsam mit der zeitweise am Museum beschäftigten Ingeborg Wittichen hat er in der zweiten Jahreshälfte 1949 als erster die Göttinger Judaica-Sammlung und die *Tora-Wimpel* geordnet.

Im Tätigkeitsbericht des damaligen Leiters des Städtischen Museums, Otto Fahlbusch, heißt es: „Mit Hilfe eines jüdischen Wissenschaftlers ordnete Fräulein Dr. Wittichen die jüdischen Kultgegenstände des Museums."

In einer seinem Bericht angeschlossenen zusammenfassenden Beschreibung der Sammlung bezeichnet Fahlbusch die *Tora-Wimpel* als „interessanteste Stücke" – eine Einschätzung, die zweifellos von Bernstein stammt. Dieser charakterisiert in einem Artikel in der Allgemeinen Wochenzeitung der Juden in Deutschland vom 1. Dez. 1950 den Göttinger Wimpelbestand folgendermaßen: „Aber die schönste und merkwürdigste Sammlung habe ich im Städtischen Museum in Göttingen vorgefunden."

Obwohl Fahlbusch wie auch Wittichen vor 1945 mit dem NS-Regime in hohem Maße kooperiert haben, wurde ihre Zusammenarbeit mit Bernstein offenbar in keiner Weise durch Schuldgefühle wegen der NS-Verbrechen an den deutschen Juden belastet. Fahlbusch scheint nur stolz auf den durch Bernstein entdeckten Wert seiner Judaica-Sammlung und die durch ihn neugewonnenen Erkenntnisse gewesen zu sein. Mit keinem Wort erinnert er an die erst wenige Jahre zurückliegende Auslöschung jüdischen Lebens und jüdischer Kultur – wobei die Rettung der Reste dieser Kultur ja das eigentliche Anliegen Bernsteins war.

Gleichzeitig wird Bernstein von Fahlbusch kein einziges Mal namentlich erwähnt, obwohl er es war, der die entscheidende Arbeit geleistet hat. Nur er konnte die hebräischen Texte lesen.

Daher müssen die zahlreichen Informationen über jüdischen Kultus und Glauben, insbesondere die Datierung der Wimpel und die Lesung der jeweiligen Namen von ihm stammen. Er war also derjenige, der den Wert der Göttinger Sammlung der *Tora-Wimpel* erkannte und sie sowie die weiteren jüdischen Kultobjekte erstmals wissenschaftlich erfasste und beschrieb. Trotzdem nennt Fahlbusch zwar in seinem oben zitierten Tätigkeitsbericht Ingeborg Wittichen, verschweigt aber Bernsteins Namen. Die tatsächlichen Verhältnisse werden so ins Gegenteil verkehrt und Bernsteins Leistung bewusst verschleiert. Auch ein Wort des Dankes an Mordechai W. Bernstein für seine grundlegende Arbeit sucht man vergeblich.

Das war aber noch nicht alles. Gestützt auf eine missverständliche Bemerkung Otto Fahlbuschs von 1954 wird in der aktuellen Forschung die Inventarisierung und wissenschaftliche Beschreibung der Göttinger Judaica-Sammlung einschließlich der *Tora-Wimpel* ins Jahr 1952 verlegt und einem damaligen Museumsmitarbeiter zugeschrieben. Die Erinnerung an Mordechai W. Bernstein schien vollkommen ausgelöscht. Es ist höchste Zeit, ihm und seiner großen Leistung endlich Gerechtigkeit widerfahren zu lassen.

Die letzte Veränderung in der Sammlung erfolgte 1986, als der Wimpel des Rafael Hahn (Inv. Nr. 1917/335.17, s. o.) an seinen Urenkel Michael Hayden zurückgegeben wurde. Unverständlich wirkt in diesem Zusammenhang das Agieren der damaligen Museumsleitung. Angesichts des großen Leids, das der Familie Hahn von den Nationalsozialisten angetan worden war, hätte es nahegelegen, Haydens Bitte anstandslos nachzukommen. Stattdessen bestand das Museum darauf, bei einer Abgabe des Wimpels einen Ersatz zu bekommen. Der damalige Oberbürgermeister der Stadt Göttingen Artur Levi, der, in München geboren, als Jude 1937 nach England fliehen musste, vermittelte über Victor Goldschmidt aus Basel einen neuen *Tora-Wimpel*, der unter der Inv. Nr. 1987/5 Teil der Wimpelsammlung wurde. Es ist zu vermuten, dass Artur Levi diesen Wimpel aus seinen privaten Mitteln finanziert hat.

Eine Besonderheit der Göttinger Sammlung ist es, dass die *Tora-Wimpel* mit wenigen Ausnahmen konkreten Personen zugewiesen werden können, deren Biographien zumindest in Umrissen erkennbar sind. So kann vermutet werden, dass der Wimpel des Jehuda Löb (Inv. Nr. 2011/254) aufgrund des Namens des Vaters Etnan[1] Hirsch, der in Moringen 1719 erstmals erwähnt wird, zu seinem Sohn Levi gehört. Der Wimpel des Moses, Sohn des Jehuda (Inv. Nr. 1917/335.7) gehört zu Moses Levi Ilten aus Adelebsen. Er wurde nur drei Jahre alt und starb 1778. Der Wimpel des Baruch, Sohn des Meir (Inv. Nr. 1917/335.8) gehört zu Baruch Meier Eichenberg, Sohn des Meier Eichenberg. Baruch Meier Eichenberg war Pferdehändler und verstarb am 14.7.1850 in seinem Heimatort Adelebsen. Der Wimpel des Elieser, Sohn des Meir (Inv. Nr. 1917/335.12) gehört zu Leiser Meier Eichenberg. Er lebte als Handelsmann und Pferdehändler in Adelebsen und verstarb dort am 9.7.1859.

1 Auf dem Wimpel als Echnan angegeben. Vermutlich ein Schreib- oder Lesefehler. Wohl statt אחנן recte אתנן (Etnan), vgl. 1. Chronik 4,7.

DIE GÖTTINGER TORA-WIMPEL

• • •

די געטינגענער תורה־ווימפּלען

Aus einer dicken Staubschicht möchte ich ein nur wenig bekanntes Fragment des Brauchtums und der Lebensweise deutscher Juden hervorholen. Kleine Teile davon fand man in einer ganzen Reihe von Orten. Sie gingen verloren und überlebten die blutige Flut, überlebten, um wieder einmal daran zu erinnern: Wir waren und man hat uns zerstört. Es ist der gesamte aschkenasische Ritus, die Methode des religiös-liturgischen jüdischen Lebens, die bei Juden überall dominiert. In der Hauptsache ist das im Vergleich zum osteuropäischen Judentum richtig, das der eigentliche Nachfolger der im Mittelalter untergegangenen deutschen Epoche der Hegemonie ist. Es zeigt sich jedoch, dass nicht alle Bräuche, Handlungsweisen und Zeremonien von uns übernommen wurden. Aber im Wandel der Generationen gerieten vielleicht viele in Vergessenheit oder wurden schon ursprünglich nicht angenommen.

Es gab bei den deutschen Juden die Einführung eines Brauches, der etwa fünfhundert Jahre lang anhielt – die sehr populären *Tora-Wimpel*, also Tora-Wickelgürtel. Zu Hunderten befanden sie sich in ihren *Beth Midraschim*, kleinen Betstuben und Synagogen. Diese Sitte war uns nicht geläufig. Was symbolisierten die Wimpel? Bei der Geburt eines jüdischen deutschen Knaben bereitete man für ihn eine spezielle Windel vor, auf welcher die Beschneidung durchgeführt wurde. Danach wurde die Windel in vier Streifen zerschnitten, die zu einem Wickelband zusammengenäht wurden.

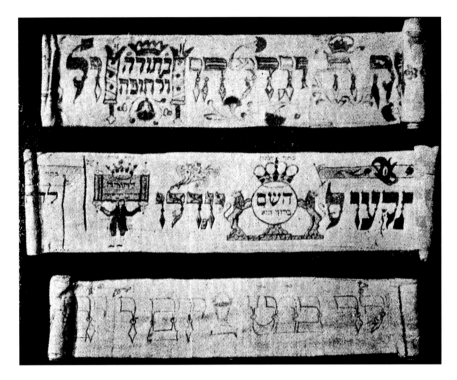

Künstlerisch gezeichnete *Tora-Wimpel*

Dann wurde dieses Band nach einer bestimmten Standardformel bestickt oder bemalt. Sie bestand aus dem Namen des Knaben und dem Wunsch,
dass er zur Tora, zur *Chuppa* und zu guten Taten erzogen werden soll (dem
Inhalt der Aufschriften auf den Wimpeln werden wir uns später widmen).
Als Heranwachsender bringt der Knabe den Wimpel in die Synagoge, besonders häufig, nachdem er *Bar Mizwa*[1] und nunmehr zur Tora aufgerufen
wurde.[2] Mit diesem Wimpel wurde damals die Tora umwickelt und der
Wimpel blieb daraufhin in der Synagoge. Er wurde aber durch einen neuen
Wimpel ersetzt, sobald ein frischer *Bar Mizwa* einen brachte. Auf diese Art
sammelten sich in den Synagogen sehr viele Wimpel an. [...]

1 Wörtlich „Sohn der Pflicht".
2 Tatsächlich erfolgte die Übergabe des Wimpels an die Synagoge, das sogenannte Schuletragen,
   im Alter von ein bis fünf Jahren beim ersten gemeinsamen Synagogenbesuch mit dem Vater.
   Vgl. Gutmann 1997.

Die interessanteste Kollektion, wenn auch zahlenmäßig kleiner als die in Worms, Schnaittach und Kassel, fand ich im Städtischen Museum Göttingen. Die dortigen 28 Wimpel gehören zu den seltensten Sammlungen ihrer Art. Diese Wimpel enthalten eine Fülle an Materialien und Fakten für unsere Forscher aus verschiedenen Gebieten. Sie sind eine wahre Quelle für jene, die sich mit unserer Volkskunst beschäftigen. Die Farben, Figuren, Zeichen und Ornamente sind für die Forschung ein echter Schatz. Diejenigen, die Material zur Geschichte jüdischer Kleidung suchen, werden in den Figuren auf den Wimpeln wertvolle Details finden.

Inventar der Wimpel im Städtischen Museum Göttingen

Ich zeige hier das Katalogverzeichnis der Göttinger Wimpel, ihren Inhalt, die Standardformulierung und die speziellen Inschriften auf einem Teil von ihnen. Dieser Inventarisierungskatalog wird – so glauben wir – der erste dieser Art, wenn er irgendwann veröffentlicht wird. Das Verzeichnis besteht aus drei Teilen: 1. die Formel des Wimpels, 2. die Inschriften, die sich bei den einzelnen Wimpeln unterscheiden, 3. die Beschreibung des Materials, der Farbe, Technik der Ornamentierung und der Stickerei, Fehler usw. Bei der Zusammenstellung dieses Inventarisierungskataloges (speziell des 3. Teils) stand mir Frau Dr. Witingen,[3] die Kustodin des Museums und Professorin für Bildende Kunst an der Göttinger Universität, mit Rat und Tat zur Seite. Die Nummern kennzeichnen überall die Katalognummern des allgemeinen Museumsinventars. Allen Nummern steht ein „J" voran, das die jüdische Abteilung kennzeichnet. Am Schluss füge ich dem Inventar auch die Liste einer ganzen Reihe anderer kunsthistorischer Gegenstände an, die einen Bezug zu Juden haben und sich in derselben Abteilung befinden. Die Objekte sind schon seit vielen Jahren Eigentum des Museums. Sie wurden in ihrer Zeit (1900 und später) durch die Direktion eingekauft oder wurden ihr geschenkt. Jeder Gegenstand hat seine „Auktionsnummer", die zeigt, wann, wo und bei wem er gekauft worden ist. Die Wimpel stammen aus der jüdischen Gemeinde Adelebsen. Das Museum erhielt sie etwa 1918

---

3 Gemeint ist Dr. Ingeborg Wittichen (1910–?), die ab 1949 im Städtischen Museum Göttingen gearbeitet hat. Vgl. hierzu die Ausführungen zu Kat. Nr. 11 in diesem Band.

als Geschenk der Gemeindeverwaltung. Damals wurde auch die jüdische Abteilung eingerichtet. Es ist ein eigenes Kapitel, wie diese reiche Sammlung gerettet wurde. Hier und heute sind aber weder Zeit noch Ort darüber zu schreiben, wie dieser Schatz jüdischer Volkskunst vor der Vernichtung bewahrt werden konnte. Folglich widmen wir uns dem Inventar:

Nummer J 1,[4] Tora-Wimpel aus dem Jahr 1690

1. Nathan, Sohn des Herrn, Herr Abraham, er möge lange und gute Tage erleben,[5] geboren unter einem guten Stern am 1. Tag der Woche, 26. Schevat 450 nach der kleinen Zählung,[6] er möge heranwachsen zur Tora, zur *Chuppa* und zu guten Werken. Amen sela.

2. –

3. Der Wimpel ist aus weißem Leinen, ein wenig vergilbt, bestickt mit farbigen Fäden aus Seide und Silber im Platt- und Langettenstich. Bei der Formulierung „geboren unter einem guten Stern" befindet sich ein Symbol, das wohl den Stern „Wassermann" versinnbildlicht – ein Mensch mit zwei Eimern. Beim Begriff „zur Tora" befindet sich ein Bild von unserem Lehrer Moses mit den Gebotstafeln, auf denen die ersten Buchstaben der Zehn Gebote sind. Bei „zur *Chuppa*" ist eine *Chuppa* eingestickt, unter der sich ein Brautpaar befindet. Am Ende des Wimpels befindet sich eine Bestie, eine Art Leopard, der einen Eimer mit der Aufschrift „Stern Eimer"[7] festhält. Die Buchstaben sind von einem Silberfaden umsäumt. Die gesamte Länge des Wimpels ist verschiedenartig bestickt und mit allen Arten von farbigen Blumen ornamentiert. Der Buchstabe *Lamed* hat Verlängerungen und Köpfchen in Form von Tierköpfen oder Blumen. Am Anfang und am Ende des Textes wie auch zwischen den einzelnen Wörtern gibt es Vasen mit Blumen. Oberhalb und unterhalb der Schrift – Blumenkränze, Vögel, springende Hasen. Die Ränder des Wimpels sind mit einem Langettenstich umsäumt. Die einzelnen vier Teile des Bandes sind durch einen Zierstich und Seidenfaden verbunden.

---

4 Heute Inv. Nr. 2011/270.
5 Bernstein fügt dieser sich wiederholenden Segensformel immer ein „Amen" hinzu, auch wenn es nicht in der Abbreviatur enthalten ist (שלי״ט statt שליט״א). In solchen Fällen ist das „Amen" stillschweigend weggelassen.
6 Sonntag, 5. Februar 1651.
7 Das hebräische Wort *deli* für „Eimer" bezeichnet das Sternzeichen Wassermann.

Nummer J 2,[8] Tora-Wimpel aus dem Jahr 1696

1. Meir, Sohn des Naftali, er möge lange und gute Tage erleben, geboren unter einem guten Stern am 1. Tag der Woche, 25. Schevat 456 nach der kleinen Zählung,[9] er möge heranwachsen zur Tora, zur *Chuppa* und zu guten Werken. Amen sela.

2. Nach dem Wort „Schevat" steht „Stern Eimer". Bei „zur Tora" befindet sich der Zusatz: „Dies ist die Lehre, die Mose vorgelegt den Kindern Israel[10] auf Befehl des Ewigen durch Mose."[11] Bei „zur *Chuppa*" stehen die Worte: „Denn du bist mir heilig".[12]

3. Weißes Leinen (vergilbt), bestickt mit verschiedenfarbigen Seiden- und auch Silberfäden; gestickt im Stil von Platt- und Langettenstichen. Das Sternzeichen präsentiert einen Mann, der einen Wassereimer trägt. Die Tora wird von einem Juden in altertümlicher Kleidung gehalten. Daneben gibt es noch ein Bild unseres Lehrers Moses mit den Gebotstafeln. Bei der *Chuppa* ist außer dem Brautpaar der *Mesader Kidduschin* mit einem Becher in der Hand, daneben steht der Vater des Bräutigams und bei der Braut befindet sich eine Frau, vermutlich ihre Mutter. Die einzelnen Buchstaben sind mit verschiedenfarbigen Stielstichen umsäumt. Die Lücke eines jeden Buchstaben ist verziert mit verschiedenen Blüten und Vögeln. Über den Wörtern verläuft eine dünne Linie. Am Anfang des Textes steht eine Blumenvase. Das ganze Band ist mit einem Langettenstich umsäumt. Auch die einzelnen Teile des Bandes sind auf dieselbe Weise miteinander verbunden.

Nummer J 3,[13] Tora-Wimpel aus dem Jahr 1701

1. Samuel, Sohn des Jakob, er möge lange und gute Tage erleben, geboren unter einem guten Stern am 5. Tag der Woche, 28. Adar II 461 nach der kleinen Zählung,[14] er möge heranwachsen zur Tora, zur *Chuppa* und zu guten Werken. Amen sela.

---

8 Heute Inv. Nr. 2011/253.
9 Sonntag, 29. Januar 1696.
10 5. Mose 4,44.
11 4. Mose 4,37.
12 Formel aus dem Ehegelöbnis.
13 Heute Inv. Nr. 2011/269.
14 Donnerstag, 7. April 1701.

2. Bei den Worten „zur Tora" steht: „Die Zehn Gebote".

3. Weißes Leinen (vergilbt), bestickt mit Farb- und Silberfäden im Stil von Langetten- und Spannstichen. Bei dem Wort „geboren" ist eine Fadenzeichnung eines Menschen mit einem vollen Fischnetz. Das soll eine Andeutung für das horoskopische Zeichen „Stern Fische" sein. Bei „zur Tora" befinden sich die Gebotafeln in der Hand von Moses, auf den Gebotstafeln die ersten Worte der Zehn Gebote. In der anderen Hand hält unser Lehrer Mose einen Stock und die Sonne, der Mond und Sterne sind auch da. Bei „zur *Chuppa*" steht ein Storch mit einem Kind im Schnabel. Unter der *Chuppa* ist ein Brautpaar, dabei ein Hochzeitsring. Die gestickten Buchstaben sind von verschiedenfarbigen Konturen umsäumt, ein Teil mit Blüten und andere mit Vögeln verziert. Oberhalb und unterhalb der Worte sind einzelne Blumenknospen, unter dem Text befinden sich viele Lebewesen: ein Hirsch, auf den ein Jäger schießt, Vogel, Fuchs, Pferd, ein zweiköpfiger Adler, springende Rehe, Schlangen. Am Anfang des Textes und nach dem ersten Satz befinden sich Blumenvasen. Der Rand ist mit einem Langettenstich umsäumt. Die einzelnen Teile des Bandes sind mit einem Silberfaden verbunden.

Nummer J 4,[15] Tora-Wimpel aus dem Jahr 1708

1. Akiba, Sohn des Herrn, Herr Abraham Mordechai, der *Levite*, geboren unter einem guten Stern am 3. Tag der Woche, 23. Cheschwan 469 [nach der kleinen Zählung],[16] er möge heranwachsen zur Tora, zur *Chuppa* und zu guten Werken. Amen sela.

2. –

3. Weißes Leinen (vergilbt), mit Seidenfäden im Stil von Vor- und Spannstichen bestickt. Der Wimpel fängt mit einem blütenverzierten Krug an, ein zweiter Krug befindet sich beim Namen des Vaters. Der zweite Krug wird von einer Hand gehalten und zeigt, wie Wasser in eine Schüssel gegossen wird, in der sich ein Fisch befindet. Unter den Buchstaben ist ein

---

15 Heute Inv. Nr. 2011/252.
16 Dienstag, 6. November 1708.

Blumenornament mit Granatapfelmotiven. Auf dem ganzen Band sind verschiedene Tiere wie Hirsche, Einhörner und Vögel. Die Linien der einzelnen Buchstaben werden durch einen dichten Haftstich gebildet. Der Rand ist im Stil des Langettenstiches umsäumt. Die einzelnen Teile des Bandes sind miteinander durch Silberfäden verbunden. Der oberste Teil des Buchstaben *Lamed* hat die Form eines Schlangenkopfes, der sich über die ganze Breite des Buchstaben streckt.

Nummer J 5,[17] Tora-Wimpel aus dem Jahr 1711

1. Abraham, Sohn des gelehrten Herrn Abraham Mordechai, der *Levite*, geboren unter einem guten Stern am 4. Tag der Woche, 15. Schevat 471 [nach der kleinen Zählung],[18] er möge heranwachsen zur Tora, zur *Chuppa* und zu guten Werken. [Amen sela.]

Wahrscheinlich ein Bruder von Akiba, Nummer 4.

2. Auf dem Wimpel befinden sich folgende Zusätze: Bei dem Begriff „*der Levite*": „Dies ist das Werk der *Leviten*". Weiter an verschiedenen Stellen: „leicht wie ein Adler",[19] „flink wie ein Hirsch",[20] „mutig wie ein Löwe".[21] Bei der *Chuppa* die Worte: „Denn du bist mir heilig", außerdem noch „Hahn" beim Bräutigam und „Henne" bei der Braut. Am Ende des Bandes: „Ende des Tieres zum Schlachten"[22] und bei einer Gruppe von Füchsen zwei Zusätze: „Fanget uns Füchse"[23] und „Sei ein Schweif von Löwen und nicht ein Haupt von Füchsen".[24]

3. Weißes Leinen (vergilbt), bestickt mit farbigen Seidenfäden im Stil von Kettel- und Plattstichen. Bei „Dies ist das Werk der *Leviten*" befindet sich ein Krug, der von zwei gekrönten Löwen gehalten wird. Bei „Wasser wird fließen aus seinen Schöpfeimern"[25] ist ein Brunnen, an dem ein Eimer hängt. Bei „zur Tora" ist unser Lehrer Moses, der von einem Engel die Gebotstafeln erhält. Bei „zur *Chuppa*" ist das Brautpaar und an den Seiten ein Huhn (bei der Braut) und ein Hahn (beim Bräutigam). Bei „Sei ein Schweif

---

17 Heute Inv. Nr. 2011/255.
18 Mittwoch, 4. Februar 1711.
19 Sprüche der Väter 5,23.
20 Ebd.
21 Ebd.
22 *Talmud*-Traktat *Berachot*, 17a.
23 Hohelied 2,15.
24 Sprüche der Väter 4,15.
25 Numeri 24,7.

von Löwen und nicht ein Haupt von Füchsen" stehen zwei Füchse einander gegenüber und zwischen ihnen ist eine Blumenvase. Bei „flink wie ein Hirsch" wird ein laufender Hirsch gezeigt und ihm gegenüber ein Einhorn. Weiter gibt es einen Fuchs mit dem Zusatz: „Fanget uns Füchse". Am Ende des Bandes gibt es die Zeichnung einer Kuh mit dem Zusatz: „Ende des Tieres zum Schlachten". Oberhalb und unterhalb der Schrift sind Verzierungen aus Blüten und Blumen. Verschiedene Tiere füllen die leeren Stellen zwischen den Buchstaben. Jeder einzelne Buchstabe ist mit verschiedenfarbigen Stickereien gefüllt. Die *Lamed* haben Vogelköpfe. Das ganze Band ist von einem Langettenstich umsäumt. Die einzelnen Teile sind durch gelbe Seiden- und Silberfäden im Langetten- und Spannstich verbunden.

Nummer J 6,[26] Tora-Wimpel aus dem Jahr 1719

1. Jehuda Löb, Sohn unseres ehrenwerten Lehrers Etnan,[27] er möge lange und gute Tage erleben, geboren unter einem guten Stern am 5. Tag der Woche, 11. Kislew 480[28] nach der kleinen Zählung, der Herr möge ihn heranwachsen lassen zur Tora, zur *Chuppa* und zu guten Werken. Amen sela.

2. Beim Namen Jehuda Löb befinden sich die Worte „Der Löwe brüllt, wer sollte sich nicht fürchten".[29]

3. Weißes Leinen (vergilbt), die Ränder sind umsäumt mit farbigen Seidenfäden in Schlaufentechnik, Kettel- und Langettenstich. Bei den Worten „Der Löwe brüllt, wer sollte sich nicht fürchten" steht ein Löwe mit einer Krone auf dem Kopf. Teilweise sind die Worte als Abkürzungen geschrieben (bei „unter einem guten Stern", „gute Werke", „Amen Sela"). Die Zeichen, dass es sich hier um Abbreviationen handelt, sind mit Davidsternen versehen. Die einzelnen Buchstaben haben farbige Konturen, innen enthalten sie verschiedene Ornamente, teilweise auch mit allen Arten von geometrischen Linien. Am Anfang des Bandes befindet sich eine Blumenvase. Die einzelnen Teile des Stoffes sind mit verschiedenfarbigen Fäden im Langettenstich verbunden.

26 Heute Inv. Nr. 2011/254.
27 Vermutlich ein Schreib- oder Lesefehler. Wohl statt אחנן recte אתנן (Etnan), vgl. 1. Chronik 4,7.
28 Freitag, 23. November 1719.
29 Amos 3,8.

Nummer J 7,[30] Tora-Wimpel aus dem Jahr 1739

1. Meir, Sohn des Nathan, der *Levite*, [er möge lange und gute Tage erleben,] geboren [unter einem guten Stern] am 4. Tag der Woche, 13. Elul 499 nach der kleinen Zählung,[31] der Herr möge ihn heranwachsen lassen zur Tora, zur *Chuppa* und zu guten Werken. Amen sela.

2. Beim Begriff „der *Levite*" ist „Dienst der Tempeldiener" hinzugefügt, beim Wort „geboren" die Worte „Stern Jungfrau". Bei „zur Tora" sind die Worte „Diese Tora Moses' ist Wahrheit und Beständigkeit" eingeschrieben.

3. Gelbes Leinen, farbig bemalt, teilweise verblichen. Bei den Worten „Dienst der Tempeldiener" befinden sich ein Krug und eine Schüssel. Bei „Stern Jungfrau" ist die Abbildung einer Frau. Bei „zur Tora" ist oberhalb des Tora-Bildes eine Krone und auf den beiden Seiten sind die Buchstaben *Kof* und *Tof* für *Keter Tora*. Die einzelnen Buchstaben haben verschiedenartige farbige Konturen und innerhalb dieser unterschiedliche Blumen, Blüten und andere Ornamente. Die oberen Teile der Buchstaben – hauptsächlich *Lamed*, *Tsadik* und *Jud* – zeigen verschiedene Zeichnungen von Tier- und Vogelköpfen oder Fischen.

Nummer J 8,[32] Tora-Wimpel aus dem Jahr 1742

1. Moses, Sohn des ehrenwerten Herrn, Herr Isaak, er möge lange und gute Tage erleben, geboren unter einem guten Stern am 1. Tag der Woche, 26. Av 502 [nach der kleinen Zählung],[33] der Herr beschütze ihn und lasse ihn heranwachsen zur Tora, zur *Chuppa* und zu guten Werken. [Amen sela.]

2. In den Begriff „zur Tora" ist eingeschrieben: „Und dies ist die Lehre, die Moses vorgelegt den Kindern Israels."[34]

3. Weißes Leinen, stark vergilbt, bestickt mit farbigen Seidenfäden im Stil von Kettel- und Langettenstichen. Über der Formulierung „unter einem

---

30 Heute Inv. Nr. 1897/474.
31 Mittwoch, 16. September 1739.
32 Heute Inv. Nr. 2011/256.
33 Sonntag, 26. August 1742.
34 5. Mose 4,44.

guten Stern" sind zwei Löwen, die eine Krone halten, in der die Buchstaben *Mem* und *Tet* (*Masal Tov*, bedeutet guter Stern) gefasst sind. Der Zusatz bei „zur Tora" ist in Form einer aufgerollten Tora ausgeführt. Der Buchstabe *Chet* von „zur *Chuppa*" zeigt eine aufgestellte *Chuppa*, über der sich Sterne und die Goldbuchstaben *Mem* und *Tet* befinden. Die Buchstaben sind mit verschiedenfarbigen Fäden im Kettelstich konturiert. Die Konturen sind ausgefüllt mit Ornamenten und Blumen sowie Vögeln und Hirschen. Die unteren Enden der Buchstaben sehen wie Fische aus, die oberen sind wie Blumenkränze geformt. Das Band endet mit einer Blumenvase.

Nummer J 9,[35] Tora-Wimpel aus dem Jahr 1745

1. Chaim Selig, Sohn des ehrenwerten Simon, er möge lange und gute Tage erleben, geboren unter einem guten Stern am 3. Tag der Woche, 8. Schevat 505 [nach der kleinen Zählung],[36] der Herr lasse ihn heranwachsen zur Tora, zur *Chuppa* und zu guten Werken. [Amen sela.]

2. Beim Wort „Schevat" ist „Stern Eimer" hinzugefügt, bei „zur *Chuppa*" befindet sich der Zusatz „Trauring".

3. Gelbes Leinen, farbig bemalt (stark verblichen). Bei den Worten „Stern Eimer" ist ein Eimer mit einer Krone oberhalb. Bei „zur Tora" gibt es einen brüllenden Löwen und über der Tora eine Krone. Bei „zur *Chuppa*" ist eine *Chuppa* aufgestellt. Das Innere der farbig konturierten Buchstaben enthält Ornamente aus Blumen und Blättern. Auch oberhalb und unterhalb der Buchstaben gibt es ähnliche Verzierungen. Die einzelnen Stoffteile des Bandes sind mit gelben Seidenfäden im Kettelstich verbunden.

Nummer J 10,[37] Tora-Wimpel aus dem Jahr 1745

1. Abraham, Sohn des Moses, er möge lange und gute Tage erleben, geboren [unter einem guten Stern] am 2. Tag der Woche, dem 1. Tag des Laubhüttenfestes, 15. Tischri 506 [nach der kleinen Zählung],[38] der Herr

---

35 Heute Inv. Nr. 1917/335.1.
36 Montag, 11. Januar 1745. Als Wochentag ist der 3. Tag der Woche – Dienstag – angegeben, offenbar ein Schreibfehler auf dem *Tora-Wimpel*.
37 Heute Inv. Nr. 1917/335.2.
38 Montag, 11. Oktober 1745.

lasse ihn heranwachsen zur Tora, zur *Chuppa* und zu guten Werken. [Amen sela.]

2. Beim Wort „Tischri" ist „Stern Waage" ergänzt.

3. Weißes Leinen, farbig bemalt (vergilbt und blass). Bei „Waage" ist eine Waage gezeichnet. Bei „zur Tora" wird eine aufgerollte Tora mit dem Wort „Tora" innen und einer Krone darüber gezeigt. Bei „zur *Chuppa*" gibt es eine *Chuppa* mit einem Brautpaar und einem *Mesader Kidduschin*. Oberhalb und unterhalb der Buchstaben sind einzelne Blumen. Am Anfang des Bandes steht ein Hirsch, der von einem Hund gejagt wird. Daneben befindet sich auch eine Schlange, die einen Frosch verschlingen will. Weiter gibt es eine Krone und auf beiden Seiten Schlangen und Vögel. Jeder Buchstabe hat seine eigene Farbe: blau, rot oder gelb, und jeder aufgezeichnete Buchstabe hat Konturen und Ornamente. Der Kopf des Buchstaben *Lamed* zieht sich über seine ganze Breite und hat die Form einer Knospe oder Schlange.

Nummer J 11,[39] Tora-Wimpel aus dem Jahr 1747

1. Sacharja Mendel, Sohn des Herrn, Herr Moses, der *Levite*, geboren unter einem guten Stern am 2. Tag der Woche, 22. Elul 507 [nach der kleinen Zählung],[40] der Herr lasse ihn heranwachsen zur Tora, zur *Chuppa* und zu guten Werken. [Amen sela.]

2. Beim Begriff „der *Levite*" ist „Dienst der Tempeldiener" hinzugefügt, bei „Elul" die Worte „Stern Jungfrau".

3. Weißes Leinen (vergilbt), farbig bemalt. Bei „Dienst der Tempeldiener" befindet sich ein Krug mit einer Schüssel. Bei dem Wort „Jungfrau" ist das Bild einer Frau. Bei „zur *Chuppa*" ist eine *Chuppa*, unter der das Brautpaar und der *Mesader Kidduschin* und daneben ein Löwe stehen. Bei „zur Tora" steht unser Lehrer Moses mit den Gebotstafeln und über den Worten sind einzelne Blumen. Am Anfang des Bandes und unterhalb der Schrift

---

39 Heute Inv. Nr. 1917/335.3.
40 Montag, 28. August 1747.

befinden sich ein springender Hirsch sowie ein Frosch und ein Storch. Die oberen Teile des *Lamed* haben die Formen von Blumen oder Schlangenköpfen. Die einzelnen Buchstaben sind blau, rot oder gelb. Die Konturen sind mit verschiedenartigen Ornamenten gefüllt.

Nummer J 12,[41] Tora-Wimpel aus dem Jahr 1753

1. Ruben, Sohn des ehrenwerten Herrn Josef, er möge lange und gute Tage erleben, geboren unter einem guten Stern am 2. Tag der Woche, 7. Tammus 513 [nach der kleinen Zählung],[42] der Herr [sei gesegnet, gesegnet sei er und] lasse ihn heranwachsen zur Tora, zur *Chuppa* und zu guten Werken. Amen.

2. Bei „zur Tora" ist „ein Baum des Lebens ist sie den an ihr Festhaltenden" eingeschrieben,[43] bei „zur *Chuppa*" sind die Worte „denn du bist mir heilig".

3. Gelbes Leinen, farbig bemalt. Die Tora, in die die oben erwähnten Worte eingeschrieben sind, wird aufgerollt wie während ihres Hochhaltens nach der Lesung dargestellt. Oberhalb der Tora sind eine Krone und die Buchstaben *Kof* und *Tof* (für *Keter Tora*). Die *Chuppa* ist aufgestellt und unter ihr das Brautpaar. Jeder Buchstabe hat eine andere Form und ist mit roter und gelber Farbe gemalt. Der letzte Buchstabe des Bandes wird von einem springenden Löwen gehalten. Am Anfang des Bandes befindet sich eine Blumenvase. Unterhalb der Buchstaben zieht sich über die ganze Länge des Bandes ein farbiger Blumenkranz. Der Buchstabe *Lamed* hat einen (liegenden) Kopf in Form einer Blume. Die einzelnen Stoffteile des Bandes sind mit grüner Seide im Kettelstich verbunden.

Nummer J 13,[44] Tora-Wimpel aus dem Jahr 1772

1. Josef, Sohn des ehrenwerten Herrn Jokew (!),[45] der *Levite*, geboren unter einem guten Stern am Neumondtag des Monats Tammus 532 [nach

41 Heute Inv. Nr. 1917/335.4.
42 Montag, 9. Juli 1753.
43 Sprüche 3,18.
44 Heute Inv. Nr. 1917/335.5.
45 Wegen der ungewöhnlichen Schreibweise des Namens „Jakob" fügt Bernstein ein Rufzeichen ein.

der kleinen Zählung],[46] der Herr lasse ihn heranwachsen zur Tora, zur *Chuppa* und zu guten Werken. [Amen sela.]

2. Bei „der *Levite*" ist „Dienst der Tempeldiener", in der aufgerollten Tora ist der Zusatz „und dies ist der Segen".[47]

3. Weißes Leinen (vergilbt), farbig bemalt. Beim Wort „Tammus" befindet sich das horoskopische Zeichen Skorpion mit einer Krone oben. Unter der *Chuppa* sind das Brautpaar und der *Mesader Kidduschin* mit einem Becher in der Hand, den er dem Brautpaar reicht. Jedes Wort hat eine andere Farbe. Die Buchstaben in dem gegeben Wort sind einheitlich gezeichnet mit denselben geometrischen Konturen und Ornamenten. Oberhalb der Wörter sind einzelne Blumen. Das Band beginnt mit einer *Leviten-Kanne*. Es ist umsäumt von gelben Fäden im Langettenstich. Auf dieselbe Weise sind auch die einzelnen Teile des Bandes verbunden.

Nummer J 14,[48] Tora-Wimpel aus dem Jahr 1775

1. Menachem, Sohn des Meir, der *Levite*, er möge lange und gute Tage erleben, geboren am 1. Tag der Woche, 21. Elul 535 [nach der kleinen Zählung],[49] der Herr lasse ihn heranwachsen zur Tora, zur *Chuppa* und zu guten Werken. [Amen sela.]

2. –

3. Bei „zur Tora" ist eine aufgerollte Tora mit einer Krone darüber, daneben eine Jungfrau, vermutlich das Sternzeichen Jungfrau. Die *Chuppa* ist ohne Brautpaar, aber über ihr schwebt ein Engel mit einer Fanfare. Daneben ist eine *Leviten-Kanne* mit einer Schüssel. Über den Wörtern befinden sich einzelne Vögel, springende Hasen und Hirsche. Auch eine Nymphe gibt es (vielleicht bezieht sich das ebenfalls auf den Stern Jungfrau). Die Konturen der einzelnen Buchstaben sind blau und rot, innen mit einfachen geometrischen Strichen befüllt.

46 Donnerstag, 2. Juli 1772.
47 5. Mose 33,1.
48 Heute Inv. Nr. 1917/335.6.
49 Sonntag, 17. September 1775.

Nummer J 15,[50] Tora-Wimpel aus dem Jahr 1775

1. Moses, Sohn des ehrwürdigen Herrn Jehuda, er möge lange und gute Tage erleben, geboren unter einem guten Stern am 3. Tag der Woche, 23. Tischri 536 [nach der kleinen Zählung],[51] der Herr lasse ihn heranwachsen zur Tora, zur *Chuppa* und zu guten Werken. [Amen sela.]

2. –

3. Weißes Leinen (vergilbt), farbig bemalt. Bei den Worten „zur Tora" befindet sich eine aufgerollte Tora-Rolle mit einer Krone darüber. Daneben ist auch eine Waage, eine Andeutung für das Sternzeichen Waage. Bei „zur *Chuppa*" steht eine *Chuppa*, über der ein Engel mit einem Horn schwebt. Über den Buchstaben sind verschiedene Vögel, eine Nymphe, Blumenkränze, stehende und springende Rehe, ein Affe. Die einzelnen Buchstaben sind durch verschiedene Farben konturiert. Innerhalb der Konturen sind einfache Linien. Die oberen Teile der Buchstaben *Lamed*, *Mem* und *Dalet* enden in Blütenblättern.

Nummer J 16,[52] Tora-Wimpel aus dem Jahr 1778

1. Baruch, Sohn des Meir, er möge lange und gute Tage erleben, geboren unter einem guten Stern am 5. Tag der Woche, 3. Tischri 539 [nach der kleinen Zählung],[53] der Herr lasse ihn heranwachsen zur Tora, zur *Chuppa* und zu guten Werken. [Amen sela.]

2. Nach dem Wort „Tischri" der Zusatz „Stern Waage".

3. Weißes Leinen, vergilbt, farbig bemalt. Beim „Stern Waage" befindet sich eine Waage für das horoskopische Zeichen. Die Buchstaben jedes Wortes haben dieselben farbigen Konturen. So werden die Wörter voneinander getrennt. Blaue und rote Farbe wechseln sich ab. Über den Buchstaben sind Vögel, Blumenkränze, Nymphen, ein Hirsch und ein Reh aufgemalt.

50 Heute Inv. Nr. 1917/335.7.
51 Dienstag, 17.10.1775.
52 Heute Inv. Nr. 1917/335.8.
53 Donnerstag, 24. September 1778.

Nummer J 17,[54] Tora-Wimpel aus dem Jahr 1783

1. Simon, Sohn des Salma (!),[55] er möge lange und gute Tage erleben, geboren unter einem guten Stern am 5. Tag der Woche, 28. Tevet 543 [nach der kleinen Zählung],[56] der Herr lasse ihn heranwachsen zur Tora, zur *Chuppa* und zu guten Werken. [Amen sela.]

2. Beim Wort „Tevet" der Zusatz „Stern Steinbock".

3. Weißes Leinen (vergilbt), bestickt mit farbigen Seidenfäden im Stil von Kettel- und Spannstichen. Beim „Stern Steinbock" sieht man einen Steinbock als Sternzeichen. Bei dem Begriff „zur Tora" befindet sich eine Tora mit einer Krone darüber. Bei „zur *Chuppa*" steht eine *Chuppa*, die von vier Händen gehalten wird (es ist kein ganzer Mensch zu sehen). Daneben, über den Worten, ist eine Nymphe mit einem Becher in der Hand; einzelne Blütenzweige, Vögel und fantastische Tiere in Hülle und Fülle, bei denen es unmöglich festzustellen ist, was sie darstellen. Die einzelnen Buchstaben haben unterschiedliche Konturen, gefüllt mit allen Arten von Verzierungen.

Nummer J 18,[57] Tora-Wimpel aus dem Jahr 1786

1. Hirsch, Sohn des ehrenwerten Herrn Meir, der *Levite*, geboren unter einem guten Stern am Freitag (!),[58] 2. Nisan 546 [nach der kleinen Zählung],[59] der Herr lasse ihn heranwachsen zur Tora, zur *Chuppa* und zu guten Werken. [Amen sela.]

2. Am Anfang des Bandes die Worte „flink wie ein Hirsch",[60] wahrscheinlich ein Hinweis auf den Namen Hirsch, daneben auch die Worte „und mutig wie ein Löwe",[61] bei „geboren" das Zeichen „Stern Widder".

3. Weißes Leinen (vergilbt), farbig bemalt. Beim Wort „*Levite*" befindet sich eine *Leviten-Kanne* mit einer Schüssel. Beim Begriff „zur Tora" steht ein

---

54 Heute Inv. Nr. 1917/335.9.
55 Wegen der ungewöhnlichen Schreibweise des Namens Salman (Salomon) fügt Bernstein ein Rufzeichen ein.
56 Donnerstag, 2. Januar 1783.
57 Heute Inv. Nr. 1917/335.10.
58 Wegen der ungewöhnlichen deutschen Schreibweise „Freitag" fügt Bernstein ein Rufzeichen ein. In der Abschrift im Inventar ist „Freitag" nicht angeführt.
59 Freitag, 31. März 1786.
60 Sprüche der Väter 5,23.
61 Ebd.

Rabbi mit einer Tora in der Hand. Bei „zur *Chuppa*" ist eine *Chuppa* mit Brautpaar, *Mesader Kidduschin* und den Eltern des jungen Paares. Oberhalb und unterhalb der Wörter sind einzelne Blumenzweige. Vögel, Hasen, Einhörner, Rinder, Kamele, bei „flink wie ein Hirsch" ein laufender Hirsch, bei „mutig wie ein Löwe" ein brüllender Löwe. Am Ende des Bandes steht eine Blumenvase. Der Buchstabe *Lamed* hat die Form eines Vogelkopfes. Die Buchstaben der einzelnen Wörter sind mit roter, gelber oder blauer Farbe gemalt.

Nummer J 19,[62] Tora-Wimpel aus dem Jahr 1790

1. Kalonimus, Sohn des ehrenwerten Chaim, er möge lange und gute Tage erleben, geboren unter einem guten Stern am 5. Tag der Woche, 28. Tevet 550 [nach der kleinen Zählung],[63] der Herr lasse ihn heranwachsen zur Tora, zur *Chuppa* und zu guten Werken. [Amen sela.]

2. Bei „zur Tora" ist der Zusatz „und dies ist der Segen, mit welchem gesegnet hat Mose",[64] bei „zur *Chuppa*" die Worte „denn du bist mir heilig".

3. Weißes Leinen, farbig bemalt. Bei „zur Tora" ist eine aufgerollte Tora wie zur *Hagbaha*. Bei „zur *Chuppa*" ist eine *Chuppa* aufgestellt. Unter den Buchstaben des ganzen Bandes ist ein Ornament aus Blumenmotiven und verschiedenen Tieren wie Löwen, Hirschen, Schafen, Vögeln und Fischen. Die Buchstaben sind in blauer, roter, gelber und grüner Farbe, ohne Ornamente.

Nummer J 20,[65] Tora-Wimpel aus dem Jahr 1795

1. Elieser, Sohn des Herrn Meir, er möge lange und gute Tage erleben, geboren unter einem guten Stern am [5.] Tag der Woche, 16. Schevat 555 nach der kleinen Zählung,[66] der Herr lasse ihn heranwachsen zur Tora, zur *Chuppa* und zu guten Werken. [Amen sela.]

2. Bei „zur Tora" die Worte „und dies ist der Segen, mit welchem gesegnet hat Mose",[67] bei „zur *Chuppa*" die Worte „die Stimme des Jubels und

---

62 Heute Inv. Nr. 1917/335.11.
63 Donnerstag, 14. Januar 1790.
64 5. Mose 33,1.
65 Heute Inv. Nr. 1917/335.12.
66 Donnerstag, 5. Februar 1795.
67 5. Mose 33,1.

die Stimme der Freude, die Stimme des Bräutigams und Stimme der Braut".[68] Es gibt auch die Worte „flink wie ein Hirsch und mutig wie ein Löwe."[69]

3. Weißes Leinen, farbig bemalt (vergilbt). Die Tora wird so dargestellt, dass jemand eine aufgerollte Tora hochhält wie bei der *Hagbaha*. Dort befindet sich die oben erwähnte Inschrift. Die *Chuppa* hat oberhalb eine Krone und unter dem Baldachin sind das Brautpaar und der *Mesader Kidduschin* mit einem Becher in der Hand. Ein laufender Hirsch und ein brüllender Löwe sind ebenfalls daneben. Die einzelnen Buchstaben sind in Rot, Gelb oder Blau ausgearbeitet, innen verziert mit Blätter- und Blumenornamenten. Am Anfang des Bandes ist eine Blumenvase. Oberhalb und unterhalb der Wörter gibt es fantastische Tiere, vermischt mit Blütenzweigen.

Nummer J 21,[70] Tora-Wimpel aus dem Jahr 1796

1. Jehuda [genannt Lehmann], Sohn des ehrenwerten Nathan, er möge lange und gute Tage erleben, geboren unter einem guten Stern am [6.] Tag der Woche, 10. Cheschwan 557 [nach der kleinen Zählung],[71] der Herr lasse ihn heranwachsen zur Tora, zur *Chuppa* und zu guten Werken. [Amen sela.]

2. –

3. Weißes Leinen, farbig bemalt. Oberhalb und unterhalb der Schrift auf dem ganzen Band verschiedene Blumenmotive, Vögel, Fische, Löwen. Die Farben der Buchstaben mit Ornamenten sind rot, grün oder gelb.

Nummer J 22,[72] Tora-Wimpel aus dem Jahr 1812

1. Moses Zwi, Sohn des Herrn Samuel, geboren unter einem guten Stern am 6. Tag der Woche, 3. Schevat 572 [nach der kleinen Zählung],[73] der Herr lasse ihn heranwachsen zur Tora, zur *Chuppa* und zu guten Werken. [Amen sela.]

68 Jeremia 25,10.
69 Sprüche der Väter 5,23.
70 Heute Inv. Nr. 1917/335.13.
71 Freitag, 11. November 1796.
72 Heute Inv. Nr. 1917/335.14.
73 Freitag, 17. Januar 1812.

2. –

3. Bei „zur Tora" ist das Bild einer aufgerollten Tora mit einer Krone darüber und an den Seiten die Buchstaben *Kof* und *Tof*. Bei „zur *Chuppa*" ist eine aufgestellte *Chuppa* mit den Buchstaben *Mem* und *Tet* darüber, was *Masal Tov* bedeutet. Am Ende des Bandes befindet sich eine Mondsichel. Die Buchstaben jedes einzelnen Wortes sind mit unterschiedlichen Farben gemalt und haben jeweils verschiedene Ornamentierungen.

Nummer J 23,[74] Tora-Wimpel aus dem Jahr 1821

1. Das Kind Rafael, Sohn des ehrenwerten Herrn, Herr Isaak, er möge lange und gute Tage erleben, Amen, geboren unter einem guten Stern am 2. Tag der Woche, 27. Tevet 581 [nach der kleinen Zählung],[75] der Herr lasse ihn heranwachsen zur Tora, zur *Chuppa* und zu guten Werken [Amen sela].

2. Beim Wort „Tevet" der Zusatz „Stern Steinbock".

3. Bei „Stern Steinbock" ist ein Steinbock als Bild des horoskopischen Zeichens. Die Buchstaben jedes einzelnen Wortes haben unterschiedliche Farben und eine jeweils andere Ornamentierung. Am Anfang ist ein Zweig mit einer Krone.

Nummer J 24,[76] Tora-Wimpel aus dem Jahr 1824

1. Meir, Sohn des ehrenwerten Herrn Jehuda, genannt Leib, er möge lange und gute Tage erleben, geboren unter einem guten Stern am 1. Tag der Woche, 27. Nisan 584 [nach der kleinen Zählung],[77] der Herr lasse ihn heranwachsen zur Tora, zur *Chuppa* und zu guten Werken. [Amen sela.]

2. Bei „zur *Chuppa*" die Anfangsbuchstaben ק״שוק״שק״חוק״כ, die bedeuten: „Stimme des Jubels und Stimme der Freude, Stimme des Bräutigams und Stimme der Braut."

74 Heute Inv. Nr. 1917/335.15.
75 Freitag, 1. Januar 1821.
76 Heute Inv. Nr. 1917/335.16.
77 Sonntag, 25. April 1824.

3. Weißes Leinen, farbig bemalt. Beim Namen „Leib" befindet sich ein brüllender Löwe. Die Tora wird aufgerollt gezeigt, mit einer Krone darüber, mit den Buchstaben *Kof* und *Tof*. Es gibt keine *Chuppa*, aber ein junges Pärchen, bei dem sich die vorher erwähnten Anfangsbuchstaben befinden. Oberhalb und unterhalb der Schrift des ganzen Bandes sind einzelne Blumenornamente hinein gestreut. Die Buchstaben eines Wortes haben dieselbe Farbe, regelmäßig abwechselnd rot oder blau.

Nummer J 25,[78] Tora-Wimpel aus dem Jahr 1831

1. Rafael, Sohn des Meir, geboren unter einem guten Stern am Vorabend des Heiligen Schabbat, 15. Schevat 591 [nach der kleinen Zählung],[79] der Herr lasse ihn heranwachsen zur Tora, zur *Chuppa* und zu guten Werken. [Amen sela.]

2. Beim Begriff „zur Tora": „Das Gesetz Mose ist wahr."

3. Weißes Leinen (vergilbt), mit farbigen Seidenfäden im Kettel- und Stielstich bestickt. Die Tora wird aufgerollt mit den oben erwähnten Worten gezeigt. Oberhalb der Wörter des gesamten Bandes sind Strichornamente. Die einzelnen Buchstaben haben verschiedenfarbige Konturen, aber keinerlei Verzierungen.

Nummer J 26,[80] Tora-Wimpel aus dem Jahr 1837

1. Der kleine Chaim, genannt Selig, Sohn des ehrenwerten Herrn Jakob Nathan, geboren unter einem guten Stern am 1. Tag der Woche, 24. Tevet 597 [nach der kleinen Zählung],[81] der Herr lasse ihn heranwachsen zur Tora, zur *Chuppa* und zu guten Werken. [Amen sela.]

2. –

3. Weißes Leinen, farbig bemalt. Bei „zur Tora" ist eine aufgerollte

---

78 Ehemals Inv. Nr. 1917/335.17. Dieser Wimpel wurde 1986 durch das Städtische Museum Göttingen an einen Nachfahren des auf dem Wimpel genannten Knaben abgegeben. Vgl. dazu die Ausführungen zu Kat. Nr. 11 in diesem Band.
79 Samstag, 29. Januar 1831. Der Knabe ist am Schabbat-Abend, Freitag, 28. Januar 1831 geboren.
80 Heute Inv. Nr. 1917/335.18.
81 Sonntag, 1. Januar 1837.

Tora mit einer Krone darüber. Bei „zur *Chuppa*" steht eine *Chuppa* und darüber die Buchstaben *Mem* und *Tet*. Die Buchstaben jedes einzelnen Wortes haben dieselbe Art farbige Konturen, rot oder blau. Diese Konturen sind mit Blumen gefüllt. Unterhalb und oberhalb der Wörter des ganzen Bandes sind verschiedene Blumenornamente und Lebewesen: ein Pferd, ein Ochse, ein Baum mit Vögeln, ein Hirsch, ein Hase, ein Kamel, ein Hund.

Nummer J 27,[82] Tora-Wimpel aus dem Jahr 1838

1. Der kleine Samuel, Sohn des ehrenwerten Herrn Jehuda, geboren unter einem guten Stern am 6. Tag der Woche, 16. Cheschwan 599 nach der kleinen Zählung,[83] er lasse ihn heranwachsen zur Tora, zur *Chuppa* und zu guten Werken. Amen sela.

2. –

3. Weißes Leinen, farbig bemalt. Beim Begriff „zur Tora" ist eine aufgerollte Tora, bei „zur *Chuppa*" eine aufgestellte *Chuppa*. Unter dem Baldachin ist ein Brautpaar, am Ende ein springender Hirsch. Die Buchstaben jedes Wortes haben jeweils Konturen, abwechselnd mit blauer, roter oder grüner Farbe.

Nummer J 28,[84] Tora-Wimpel

Das Jahr ist nicht bekannt, es fehlt der Anfang und er beginnt mit den Worten:

1. …lasse ihn heranwachsen zur Tora, zur *Chuppa* und zu guten Werken.

2. Bei „zur *Chuppa*" die Worte „denn du bist mir heilig".

3. Oberhalb der Tora ist eine Krone mit den Anfangsbuchstaben der *Keter Tora*. Unter der aufgestellten *Chuppa* stehen das Brautpaar und der *Mesader Kidduschin* mit einem Becher in der Hand. Der Bräutigam hält einen Trauring. Das Band ist mit verschiedenen Blüten, Granatäpfeln und

---

82 Heute Inv. Nr. 1917/335.19.
83 Sonntag, 4. November 1838.
84 Heute Inv. Nr. 1917/335.20.

Vögeln ornamentiert. Die Buchstaben der einzelnen Wörter sind abwechselnd rot oder grün, einfarbig ohne Ornamente gemalt.

***

In der Sammlung des Städtischen Museums Göttingen befinden sich weitere Ritualobjekte:

Tora-Mantel (Nummer J 29),

Parochet aus dem Jahr 1747 (Nummer J 30),

Parochet aus dem Jahr 1743 (Nummer J 31),

Parochet aus dem Jahr 1767 (Nummer J 32),

ein seidenes Band mit dem Segen zum Anlegen des *Tallit* (Nummer J 33),

Tallit mit einer *Atara*[85] vom Ende des 18., Anfang des 19. Jahrhunderts
   (Nummer J 34),

Omed-Tischtuch aus Seidenbrokat aus dem Jahr 1834 (Nummer J 35),

mit einem Silberfaden besticktes *Teffilin*[86]-Säckchen (Nummer J 36),

ein Paar *Teffilin* (Nummer J 37),

ein Beschneidungsset: ein Beschneidungsmesser, ein Gläschen für die
   Meziza,[87] vier Windeln, Wattepäckchen, Samt-*Jarmulke*,[88] die Segens-
   sprüche zur Beschneidung auf Pergament (Nummer J 38),

zwei Sets mit Beschneidungsamuletten aus verschiedenen alten Münzen
   des 18. Jahrhunderts (Nummer J 39 a und b),

ein behelfsmäßiger *Kiur* aus dem 18. Jahrhundert: eine Kanne und eine
   Schüssel (Nummer J 40),

eine *Schabbat-Hängelampe* aus Messing, sechszackiger Stern (Nummer J 41),

eine „sechsrohrige" *Schabbat-Hängelampe* aus Messing (Nummer J 42),

eine sternförmig-sechszackige *Schabbat-Hängelampe* aus Messing
   (Nummer J 43),

zwei Wandleuchten einer Synagoge, aus Messing, mit Inschriften
   jüdischer Stifter aus Fürth aus dem Jahr 580 [1820];
   in jedem Leuchter sind drei Kerzenhalter (Nummer J 44 a und b),

Chanukka-Lampe aus Zinn (Nummer J 45),

Chanukka-Lampe aus Blech (Nummer J 46),

Chanukka-Lampe aus Blech (Nummer J 48),

85 Wörtlich „Diadem", Gold- oder Silberstickerei auf einem *Tallit*.
86 Gebetsriemen.
87 Absaugen des Blutes während der Beschneidung.
88 Polnische Bezeichnung für die Kippa.

Pessach-Teller aus Zinn aus dem Jahr 1876 (Nummer J 49),

Pessach-Teller aus dem Jahr 1820, lackiertes Blech (Nummer J 50),

Schofar[89] (Nummer J 51),

ein *Siddur*,[90] Amsterdam 1712, eingebunden in roten Samt und
    verziert mit Silberbrokat (Nummer J 52),

ein in Pergament eingebundenes Psalmenbuch in Miniaturform (Jahr ?)
    (Nummer J 53),

Medaille zur Einweihung der Synagoge in Erfurt aus dem Jahr 1886
    (Nummer J 55),

eine Münze mit der Aufschrift „Schekel Israel" (Nummer J 56).

***

Neben diesen oben erwähnten 55 Objekten befindet sich im Städti-schen Museum Göttingen eine Sammlung mit dreißig Kalendern, heraus-gegeben in Hannover in den Jahren 5613 bis 5652 (1852–1891).[91] Die-se Hannoverschen Almanache in Hebräisch und Jiddisch gehören zu den seltensten Ausgaben dieser Art. Außer den gewöhnlichen jüdischen Daten und Feiertagen enthalten sie auch genaue Anzeigen zu den verschiedenen Jahrmärkten und Messen, die im Laufe eines Jahres in den deutschen Städ-ten und Dörfern veranstaltet wurden. Durch verschiedene Figuren werden auch die Spezialitäten der Märkte gezeigt. Desgleichen enthalten die Kalen-der wichtige Berichte zu den Tätigkeiten verschiedener Bruderschaften und Vereine in den einzelnen Gemeinden und sind so betrachtet ein sehr wert-volles Material zur Geschichte der unterschiedlichen jüdischen Siedlungen. Darüber hinaus gibt es in diesen Almanachen diverse Zitate und Aphoris-men aus dem *Talmud* und *Midraschim* in deutscher Übersetzung.

*Auszug aus: Mordechai W. Bernstein, Nisht derbrente shaytn, Buenos Aires 1956,
S. 319–321, S. 329–341. Übersetzt und kommentiert von Lilian Harlander und
Bernhard Purin.*

89 Musikinstrument aus dem Horn eines Widders, wird u.a. an *Jom Kippur* geblasen.
90 Wörtlich „Ordnung", Gebetbuch für den Alltag und den Sabbat.
91 Inv. Nr. J 54, vgl. Röhrbein 1973. Vgl. Kreutzberger 1970, S. 373.

HÖLZERNE GRABSTELE
KRIEGSHABER

Von Souzana Hazan

12
Hölzerne Grabstele

Kriegshaber, 1805
Eichenholz
H: 85,4 cm; B: 32 cm; T: 4 cm

JÜDISCHES MUSEUM AUGSBURG SCHWABEN, INV. NR. JKM 2004-249

Der jüdische Friedhof im heutigen Augsburger Stadtteil Kriegshaber blickt auf eine vierhundertjährige Geschichte zurück. Er wurde um 1627 auf einer Viehweide zwischen den Ortschaften Kriegshaber, Pfersee und Stadtbergen einerseits sowie der Reichsstadt Augsburg andererseits angelegt. Neben Kriegshaber und Pfersee bestatteten die Jüdinnen und Juden in Steppach und Schlipsheim, später zeitweise auch Augsburg (bis 1867) sowie München (bis 1816), ihre Toten auf diesem Friedhof. Infolge der Landflucht und der Zulassung einer jüdischen Gemeinde in Augsburg 1861 verlor die Begräbnisstätte im späten 19. Jahrhundert an Bedeutung. Noch bis 1942 wurde sie jedoch von den Jüdinnen und Juden im mittlerweile eingemeindeten Kriegshaber belegt. Unmittelbar nach Kriegsende nahmen jüdische Überlebende aus Osteuropa, sogenannte Displaced Persons, die Nutzung des weitgehend erhaltenen Friedhofs vorübergehend auf; die letzte Bestattung fand 1951 statt.[1]

In diese letzte Nutzungsphase des Friedhofs fiel auch der Besuch von Mordechai W. Bernstein, der vermutlich auf 1948/49 zu datieren ist. In seinem Kriegshaber gewidmeten Kapitel erinnert er an die einstige Bedeutung der ausgelöschten jüdischen Gemeinde, deren Synagoge ebenfalls erhalten geblieben war, und dokumentierte drei in seinen Augen weltweit einzigartige Objekte, die er auf dem Friedhof vorfand.

Alle drei – ein kupfernes Wasserfass, eine Holzgrabstele und ein Grabstein mit jiddischer Beschriftung – haben sich bis heute erhalten. Die ersten beiden Objekte befinden sich mittlerweile in der Sammlung des Jüdischen Museums Augsburg Schwaben und werden in der 2006 eröffneten Dauerausstellung gezeigt.[2] Im Folgenden wird die hölzerne Grabstele näher in den Blick genommen.

Die aus Eichenholz gefertigte Stele ist die einzige ihrer Art, die sich vom Friedhof in Kriegshaber erhalten hat. Sie markierte die letzte Ruhestätte von „Mordechai, Sohn des ehrenwerten Mordechai, sein Andenken sei zum Segen, aus Kassel", der am 27. Marcheschwan [5]566[3] eines vermutlich gewaltsamen Todes gestorben war. Er wird deshalb eingangs als „ha-Kadosch" („der Heilige") bezeichnet, was einem Märtyrer oder einem Ermordeten vorbehalten ist. Da Mordechai den gleichen Vornamen wie sein Vater trug, ist davon auszugehen, dass dieser vor der Geburt des Sohnes gestorben war. Außer den Angaben, die aus der knappen hebräischen Inschrift abgeleitet werden können, haben sich keine weiteren Hinweise auf die Identität des Ermordeten und seine genauen Todesumstände erhalten.[4] Neben der Inschrift wirkt die einfache Beschaffenheit der Stele aus Holz ungewöhnlich, doch sie ist nicht ganz einzigartig. Auf dem jüdischen Friedhof im südwestlich von Augsburg gelegenen Fischach stehen noch heute

1 Trüger 1994; Brocke/Müller 2001, S. 124.
2 Schönhagen 2018a.
3 19. November 1805.
4 Yehuda Shenef versucht eine Identifizierung des Ermordeten mit Moritz Cassel, einem Hofjuden aus Köln, kann jedoch keine Belege anführen, vgl. Shenef 2016, S. 205.

zwei hölzerne Stelen für das Ehepaar Abraham und Brendel Levi aus der ersten Hälfte des 19. Jahrhunderts, die steinernen Grabmälern nachempfunden sind.[5] Auch in Buttenwiesen nördlich von Augsburg gab es 1935 ein Holzgrabmal, das sich aus einem größeren Bestand erhalten hatte.[6] Es darf daher angenommen werden, dass es auf jüdischen Friedhöfen in der Region weit mehr solche Holzgrabmäler gegeben hat, von denen heute nur noch wenige überliefert sind.

Die hölzernen Grabstelen werden vielfach mit Armut assoziiert, stellen sie doch eine kostengünstige, wenn auch vergängliche Alternative zum steinernen Grabmal dar.[7] Es ist daher zu vermuten, dass es sich bei dem ermordeten Mordechai um einen armen Reisenden handelte, der vielleicht auch zur Gruppe der Betteljuden gehört hatte. Sie besaßen keine Niederlassungsrechte und mussten von Ort zu Ort ziehen, wo sich die jüdische Armenfürsorge ihrer annahm. In Kriegshaber sowie in Pfersee sind um 1750 Herbergen für durchziehende jüdische Arme belegt und auch das Wächter- und Leichenhaus auf dem Friedhof wurde um 1800 entsprechend genutzt.[8]

Dazu kommt, dass die Grabstele in einer Lücke östlich des Wächter- und Leichenhauses stand, in der sich keine weiteren Grabmäler erhalten haben.[9] Möglicherweise war dieser Bereich besonderen Gruppen von Verstorbenen vorbehalten,

etwa Märtyrern, Armen oder Ortsfremden, wie dies für andere jüdische Friedhöfe belegt ist.[10] Zu den beiden letzteren passt auch die einfache Holzgrabstele, deren Kosten im Notfall von der *Chewra Kadischa*, der Beerdigungsbruderschaft, oder der jüdischen Armenfürsorge übernommen werden konnten.

Bemerkenswert ist ferner, dass sich die Grabstele über fast 200 Jahre auf dem Friedhof erhalten konnte. Sie hat damit Umwelteinflüsse aber auch Vandalismus überstanden. So wurde der Friedhof etwa 1942 von Angehörigen der Wehrmacht geschändet, die zahlreiche Grabsteine umwarfen.[11] Blieb die Stele dabei unbemerkt oder galt die Zerstörungswut vor allem den prächtigen steinernen Grabmälern? Als Bernstein wenige Jahre später den Friedhof besuchte, war die Stele auf Veranlassung des Heimatforschers Louis Dürrwanger von einer Glashaube geschützt. Möglicherweise führte das Kondenswasser, das sich auf dem Glas bildete, zu einer Zersetzung des Holzes.[12] Um 1990 wurde die Grabstele abgetragen, vermutlich um sie vor weiterem Verfall zu bewahren. Auf wessen Veranlassung das geschah, ist nicht bekannt. Dabei wurde allerdings versäumt, die Grabstätte zu markieren oder ein neues Grabmal zu installieren. Die hölzerne Grabstele lagerte dann eine Zeit lang im Wächterhaus und kam Ende der 1990er Jahre unter bisher nicht geklärten Umständen an das Jüdische Museum in Augsburg.[13]

5 Harburger 1998, Bd. 2, S. 200.
6 Mayer 1935, S. 6.
7 Für weitere Erklärungen vgl. Hüttenmeister 2016, S. 235–237.
8 Ullmann 1999, S. 373–375; HarInv, Kriegshaber, Bl. 14.
9 HarInv, Kriegshaber, Bl. 105; Harburger 1998, Bd. 2, S. 353.
10 Hüttenmeister 2016, S. 227.
11 Wirsching 2013, S. 259.
12 Shenef 2016, S. 205.
13 Schilling 1992, S. 2; Vogel/Römer 1999, S. 149.

DIE DREI SELTENHEITEN IN KRIEGSHABER

— • • • —

די דריי זעלטנהייטן אין קריגסהאַבער

Sicherlich ist der Name Kriegshaber nicht nur unseren osteuropäischen Juden fremd, sondern zweifellos auch den deutschen Juden nicht mehr bekannt. Diese Gemeinde, die zu ihrer Zeit eine sehr angesehene Rolle in Bayern gespielt hatte, geriet in Vergessenheit. Heute ist Kriegshaber nur mehr ein Vorort von Augsburg,[1] aber vor Jahrhunderten war er eine eigene Stadt mit einer blühenden jüdischen Gemeinde, die weltweit berühmt war und sich um den wirtschaftlichen Aufstieg und das Florieren Bayerns verdient machte. Auf diese Ansiedlung – ein heute gelöschter Punkt auf der „jüdischen Landkarte" – machte mich Dr. phil. Luis Dürrwanger[2] aufmerksam. Der heute siebzigjährige Greis hat es sich zu seiner Lebensaufgabe gemacht, der ehemaligen jüdischen Herrlichkeit Kriegshabers ein Denkmal zu setzen. Schon seit vierzig Jahren sammelt er Stückchen für Stückchen und wühlt in Archiven. Er bereitete ein enormes Werk vor, das heute als Manuskript vorliegt.[3] (Die Geschichte, wie diese Arbeit der Vernichtung während Hitlers Mord- und Zerstörungsregime entgehen konnte, ist ein eigenes Kapitel). Gefangen vom Zauber der wunderbaren Schilderungen in diesem Manuskript beschloss ich, dass ich diese „verschwundene Landschaft" mit eigenen Augen sehen musste: Es ist gar keine beschwerliche Reise und nur einen Sprung entfernt vom Zentrum von Augsburg. Man setzt sich in die Trambahn Nummer 2 und in zwanzig Minuten ist man schon in Kriegshaber.

---

1 Seit 1916 gehört Kriegshaber zu Augsburg.
2 L(o)uis Dürrwanger (1878–1959).
3 Unveröffentlicht, befindet sich heute im Stadtarchiv Augsburg. Dürrwangers Geburtsdatum und der Hinweis auf sein Alter lassen Rückschlüsse darauf zu, dass Bernstein das Manuskript 1948 in Händen gehalten haben dürfte.

Unter den „Lebenden" wird man keine Spur mehr der jüdischen Vergangenheit finden, des Wissens und Reichtums, die sich von hier in die ganze Umgebung verbreiteten. Man wird freilich zeigen, wo die Judengasse früher war und wo sich die Synagoge früher befunden hatte. Wenn Sie darüber Bescheid wissen, werden Sie fragen, wo die Tauche ist und man wird es Ihnen zeigen. Heute weiß niemand mehr, was dieses bizarre Wort bedeutet. Gemeint ist damit die *Mikwe*. So hatte man sie vor hunderten von Jahren bezeichnet und so blieb es bis heute (ein altjiddisches Wort, von dem das Untertauchen stammt).[4] Wenn Sie dann die lebhaften Straßen verlassen, werden Sie den Zauber vergangener Zeiten nicht finden. Gehen Sie aus der Stadt hinaus, an der Hauptstraße wenden Sie sich nach links, danach in eine Gasse rechter Hand, wieder links und vor Ihnen wird ein freies Feld erkennbar. Sie sollten die hohen Sandwälle vermeiden, die als Schießgräben für die Soldaten aus den benachbarten Kasernen gedient haben. Gehen Sie zu dem Flachland rechts von den Wällen. Aus der Ferne werden Sie einen viereckigen Platz bemerken, der von einer hohen Steinmauer umgeben ist, und in der Mitte ein zweistöckiges Haus. Genauso wie ich werden Sie davon ausgehen, dass es sich um ein Gefängnisgebäude handelt. Nein, es ist kein Gefängnis, sondern eine Art Reservat für vergangene Zeiten, ein Museum verschiedener Epochen – es ist der berühmte alte jüdische Friedhof von Kriegshaber.

***

Ich habe schon hunderte Friedhöfe vermessen, alle Arten von schwierigen Grabstein-Inschriften entziffert, verschiedenste Geschichten und Legenden aufgezeichnet. Ich habe mir seltene Gräber angesehen und vergessene alte Friedhöfe „wiederbelebt". Und doch muss ich sagen, dass Kriegshaber eine Ausnahme ist. Ich übertreibe nicht, wenn ich sage, dass der Friedhof mit seinen Raritäten vielleicht der einzige in der jüdischen Welt ist. Dieser Friedhof kann, obwohl er heute schon zerstört ist,[5] Material für eine wichtige und interessante wissenschaftliche Arbeit liefern. Ich will hier nur drei Seltsamkeiten[6] thematisieren, von denen jede einzelne Tragik und Kuriosität in sich vereint und die Produkte ihrer Zeitgeschichte sind.

4 Außerdem auch „Judentuck" oder „Tunk". Allerdings handelt es sich hierbei nicht um einen altjiddischen Begriff, sondern um einen deutschen, mit Wurzeln im Mittelhochdeutschen (tuchen, duken). Vgl. Klepsch 2004, S. 534f.
5 Der Friedhof wurde 1942 durch Soldaten der umliegenden Wehrmachtkasernen geschändet, s. dazu die Ausführungen zu Kat. Nr. 12 in diesem Band.
6 Diesen Begriff „Seltsamkeit" verwendet Bernstein auch in einem Artikel zu Kriegshaber. Vgl. Bernstein 1950.

1. Der Kiur aus Messing

Beinahe auf jedem jüdischen Friedhof befindet sich in der Leichenhalle oder beim Ausgang ein Gefäß mit Wasser, damit sich die Friedhofsbesucher die Hände waschen, wie es der jüdische Brauch verlangt. Ich habe schon unterschiedliche Arten Waschgeräte gesehen, aber das aus Kriegshaber ist eine Ausnahmeerscheinung. Sein Äußeres – die Form einer großen Glocke mit sechs Wasserhähnen rundherum und den angeschmiedeten Ornamenten, mit denen der *Kiur* verziert ist – verrät schon beim ersten Blick, dass es sich hier um ein Kunstwerk aus der berühmten Augsburger Kupferschmiede handelt. Auf dem *Kiur* befindet sich auch ein eingeschmiedeter Satz: *Nigmeret bishnat [5]496*. Das bedeutet, dass er im Jahr 496, also 1736, fertiggestellt wurde.

Rechts: der *Kiur* aus dem Jahr 1736; links: die hölzerne Grabstele aus dem Jahr 1805

Zweimal musste dieser 219 Jahre alte *Kiur* versteckt werden: das erste Mal während des Ersten Weltkrieges, als alle Kupfer- und Messinggefäße konfisziert wurden, das zweite Mal während des Nazi-Regimes. 1914 waren es noch Juden, die den *Kiur* vergraben hatten. Wie er aber in der Hitlerzeit gerettet werden konnte, ist eine eigene Geschichte.

2. Eine hölzerne Grabstele für einen Märtyrer

Das ist zweifellos weltweit die einzige jüdische Grabstele dieser Art. Nicht nur die Tatsache ihrer Existenz an sich und ihr Aussehen, sondern auch ihr Inhalt machen sie zu einem seltenen Exponat. Wie lesen auf ihr:

Hier liegt begraben

der Märtyrer Herr Mordechai ben Mordechai seligen Andenkens aus Kassel

am Tag 3, 27 Marcheschwan 566 nach der kleinen Zählung

Seine Seele sei eingebunden in das Bündel des Lebens

Hier liegt ein Märtyrer aus dem Jahr 1805. Leider konnte ich die Geschichte dieses Kassler Märtyrers Mordechai ben Mordechai nicht herausfinden. Es ist sehr wahrscheinlich, dass er keine Verwandten oder Angehörigen hatte, da er eine hölzerne Grabstele bekam, während alle anderen Grabmale dort aus Stein sind. Zwei Wunder geschahen mit dieser außergewöhnlichen Grabstele: Erstens ist sie schon seit etwa 150 Jahren Wind und Regen ausgesetzt. Den Text kann man lesen, weil sie von einer Glashülle umgeben ist. Diesen gläsernen Schutz veranlasste tatsächlich der bereits zuvor erwähnte Dr. Dürrwanger schon vor vierzig Jahren. Zweitens ist sie das einzige, vollständig erhaltene Grabmal. Alle anderen Grabsteine sind umgestürzt worden und teils zu Bruch geschlagen, aber die aus Holz geschnittene blieb erhalten…

3. Eine neue Form der Grabstein-Inschrift

Es gibt bereits eine reiche Literatur zu Grabstein-Inschriften und ihren Formeln. In den letzten Jahren kam auf den deutschen Friedhöfen eine neue Art von Grabsteinen mit neuen Formeln auf. Ehrenbezeichnungen wie „ein Mann ohne Fehl und aufrichtig", „…der in ihren Zelten weilt", „Vorsteher und Leiter der Gemeinde…" usw. waren verschwunden. Die neuen Inschriften erzählten vom gewaltsamen Sterben, das Millionen auf dem Höllenweg zu ihrer letzten Ruhestätte erleiden mussten. Auch auf dem Friedhof in Kriegshaber befanden sich solche Inschriften. Eine von ihnen verdient es, hervorgehoben zu werden. Es ist lohnenswert, sich mit ihrem Inhalt vertraut zu machen, darüber hinaus ist sie auf Jiddisch geschrieben, in diesem Fall eine Seltenheit. Wir lesen:

Hier liegt begraben

Abraham Cziésnik

Geboren in Pruschany, Polen am 12.10.1912. Er ist fünf Monate

nach der Befreiung nach drei schweren Jahren im Konzentrationslager

unglücklich in Augsburg am 13.9.1945 umgekommen.

Ehre seinem Andenken.

Die Chaverim

Kein Vater, keine Mutter, nicht Bruder oder Schwester, keine Freunde – bloß „die *Chaverim*"[7]…Der Wächter erzählte mir, dass er bei einem Autounfall ums Leben gekommen war, just als er sich auf den Weg zur Grenze gemacht hatte, nach Israel.

Beim Ausgang des Friedhofs steht ein unvollendetes Denkmal.[8] Kürzlich aus dem Gefangenenlager Entlassene[9] hatten angefangen, es zu errichten. Sie hatten Teile der zerschmetterten Grabsteine zusammengefügt, weil sie eine Erinnerung an die Zerstörung errichten wollten: Das riesige

---

7 Wörtlich „Freunde, Kameraden".
8 Das Denkmal wurde 1946 aus nicht zuordenbaren Grabsteinbruchstücken errichtet und befindet sich auch heute noch auf dem Friedhof. Vgl. Sinn 2012, S. 56.
9 Das Denkmal wurde von der Bildhauer-Innung Augsburg erstellt. Vgl. Sinn 2012, S. 56.

Quadrat ist ausgefüllt mit Bruchstücken von *Menorot*, mit zersplitterten Davidsternen und halben *Kohanim-Händen*, mit zerbrochenen *Leviten-Kannen*, verstümmelten *Po Nitmans*[10] und unvollständigen *Tantsavas*.[11] So muss ein Zerstörungsdenkmal nach einer vernichteten, zertretenen und in Blut gebadeten Vergangenheit wahrlich aussehen. Wer weiß, vielleicht hatten die Errichter von 1945 wirklich im Sinn, dieses Denkmal, diesen Berg aus Zerbrochenheit wie einen Zeugen der Bestialität und Brutalität zu hinterlassen, vielleicht hatten sie wirklich eine bestimmte Absicht, vielleicht…

Aus: Mordechai W. Bernstein, In labirintn fun tkufes, Buenos Aires 1955, S. 149–153. Übersetzt und kommentiert von Lilian Harlander.

10 Hebräische Abbreviatur auf Grabsteinen, bedeutet: Hier liegt begraben.
11 Hebräisches Akronym (*tehe nafsho/nafsha tsura bitsror hakhaym*), bedeutet:
   „Seine/Ihre Seele sei eingebunden in das Bündel des Lebens.“

CHANUKKA-LEUCHTER KÖLN

Von Christiane Twiehaus

13
Chanukka-Leuchter

Niederlande, 19. Jh.
Messing, gegossen und getrieben
H: 35,2 cm; B: 33,5 cm

INSCHRIFT (hebr.):
Denn eine Leuchte ist das Gebot, und die Weisung ein Licht
(Sprüche 6,23)

KÖLNISCHES STADTMUSEUM, INV. NR. RM 1927/2688

Mordechai W. Bernstein fährt im Dezember 1950 nach Köln auf der Suche nach zwanzig *Chanukka-Leuchtern* im „berühmten Rheinischen Museum": „Sie war eine Sammlung, die einen Ruf in der jüdischen Welt, auch außerhalb Deutschlands genoss".[1] In den Kellerräumen des Museums ist Bernstein dabei, wie die Leuchter, die während der NS-Zeit ausgelagert waren, durch die Mitarbeiter aus Kisten ausgepackt und identifiziert werden. Diese *Chanukka-Leuchter* waren und sind Teil einer größeren Judaica-Sammlung in Köln, die in der zweiten Hälfte der 1920er Jahre aufgebaut wurde und bis heute vom Kölnischen Stadtmuseum, als Nachfolger des Rheinischen Museums, betreut und weiter ausgebaut wird.

Das Rheinische Museum entsteht als Idee 1925, als in Köln die große Jahrtausend-Ausstellung der Rheinlande stattfindet. Hierzu gehört auch die Abteilung „Juden und Judentum im Rheinland" mit mehreren hundert Objekten, kuratiert durch den Kölner Rabbiner und Historiker Adolf Kober und die Kunsthistorikerin Elisabeth Moses. Bilder aus der Ausstellung veranschaulichen die umfangreiche Zahl der Objekte, die bis unter die Decke der Ausstellungsräume gehängt waren.[2] Elisabeth Moses zufolge habe die Ausstellung bewiesen, „dass jüdische Kultur am Rhein zwar Dienerin gewesen ist jüdischen Glaubens und jüdischer Religionsausübung,

daneben aber Mitbegründerin und Mitträgerin rheinischer und damit deutscher Kultur."[3]

Bereits am Eröffnungsabend der Jahrtausend-Ausstellung äußert der Bonner Kunsthistoriker Paul Clemen in seiner Eröffnungsrede den Wunsch, dass das so umfangreiche Material „[...] etwas wie der Grundstock eines grossen historischen rheinischen Museums [in Köln, Anm. d. A.] werde [...]."[4] Oberbürgermeister Konrad Adenauer unterstützt noch am selben Abend diese Idee.

Der offizielle Beschluss zur Gründung des Rheinischen Museums erfolgt im April 1926. Seine Leitung übernimmt Wilhelm Ewald, der bereits das 1888 eröffnete Historische Museum der Stadt leitet.[5] 1926 legt er das Museumskonzept vor und stellt im ersten Satz den Zweck dar: „Das Rheinische Museum will die museale Darstellung der gesamten kulturellen Entwicklung der Rheinlande. Entsprechend seiner auf Volksbildung und wissenschaftliche Arbeit eingestellten Zweckbestimmung besteht das Museum aus einer Schausammlung und mehreren angegliederten institutsartigen Einrichtungen [...]."[6] Hierbei geht es Ewald vor allem um eine Vollständigkeit und weniger um die Präsentation von Originalobjekten. Kopien und Abgüsse waren Teil des Konzeptes.[7]

1 S. dazu den Beitrag „Zwanzig Chanukka-Leuchter im Rheinischen Museum" in diesem Band, S. 224.
2 Vgl. Arand 2005, S. 202.
3 Moses 1926, S. 88.
4 Zitiert nach Hieke 2018, S. 77.
5 Vgl. ebd., S. 79ff.
6 Zitiert nach Hieke 2018, S. 305.
7 Vgl. Hieke 2018, S. 84.

Die Eingliederung der jüdischen Geschichte des Rheinlandes ist auch hier,
wie schon auf der Jahrtausend-Ausstellung, Teil des Konzeptes, Ewald ordnet
die Objekte in die Abteilung „Kirchliche
Entwicklung" der Schausammlung ein.
Entgegen Bernsteins Darstellung war
es nicht gelungen, die Judaica-Objekte
der Jahrtausend-Ausstellung umfäng-
lich für die zukünftige Sammlung zu
gewinnen, man musste neue Stücke
erwerben und zusammentragen:
„Von der Gruppe der Jahrtausend-Ausstellung, das Judentum im Rheinland,
sind ebenfalls nur geringe Bestände
auf das Museum übergegangen.
Jedoch ist es der Leitung des Museums
bereits heute gelungen, durch Ankäufe
eine stattliche Sammlung jüdischer
Altertümer zusammenzubringen. Die
Vervollständigung dieser Abteilung
wird zur Zeit weiter mit Erfolg betrieben. Von jüdischer Seite aus sind
Stiftungen zum weiteren Ausbau zu
erwarten."[8]

Zu diesen Ankäufen gehört der hier
vorgestellte *Chanukka-Leuchter*. Er
wird im Text von Bernstein mit der
Nummer 26729 (heute Inv. Nr. 1927/
2688) angeführt. Verkäufer ist 1927
der Kölner jüdische Antiquitätenhänd-
ler Hermann Feit, der sein Geschäft
in der Straße Unter Goldschmied 58
hat, zwischen Dom und Rathaus. Feit
veräußert weitere Objekte (nicht nur
Judaica) an das Rheinische Museum,
so auch einen jüdischen Hochzeitsring.[9]

Feit emigriert 1939 mit seiner Familie
in die USA, wo er zwei Jahre später
stirbt.

Bernstein führt eine Beschreibung des
Leuchters an: „Aus Zinn [sic!], eine
halbrunde Rückwand, von hinten der
Schamasch über den Ölgefäßchen,
über dem *Schamasch* ein eingravierter
Spruch: Das Gebot ist ein Leuchter und
die Tora ein Licht"[10] (Sprüche 6, 23).
Dieser Lampentypus ist kein Einzel-
stück, noch heute ist er in unterschiedlichen Varianten auf Auktionen, in
Museen und Sammlungen zu finden,
etwa ohne die einfassende Rückwand
und mit unterschiedlichen Texten. Er
geht auf einen holländischen Prototyp
aus dem 17. Jahrhundert zurück.[11]
Dass diese Lampe zum Aufhängen
an der Wand gedacht war, zeigt die
Metallöse am oberen Ende der Rückwand.

Das Rheinische Museum eröffnet
1936 ohne die ursprünglich geplante
Judaica-Sammlung.[12] Der von Liesel
Franzheim 1980 publizierte Katalog
der Judaica im Kölnischen Stadtmuseum zählt sogar mehr, als die von Bernstein genannten 20 *Chanukka-Leuchter*,
nämlich 24.[13]

---

8 Zitiert nach Hieke 2018, S. 310.
9 <https://miqua.blog/2017/11/24/lieblingsobjekt/>.
10 S. dazu den Beitrag „Zwanzig Chanukka-Leuchter im Rheinischen Museum" in diesem Band, S. 227.
11 Zum Typus vgl. Purin 2018, Kat. Nr. 155.
12 Vgl. Hieke 2018, S. 215.
13 Vgl. Franzheim 1980, Kat. Nm. 177–200.

ZWANZIG CHANUKKA-LEUCHTER
IM RHEINISCHEN MUSEUM

• • •

צוואַנציק חנוכה־לאָמפּן אין רהײנישן מוזעום

Es gibt wohl keinen einzigen jüdischen Kultgegenstand in solcher Fülle wie *Chanukka-Leuchter*. Es existiert kein wichtiges Museum mehr auf der Welt (auch die nicht-jüdischen sind hier gemeint), in dem sich nicht eine größere oder kleinere Sammlung an Exponaten dieser Art befindet. Auch private Sammler haben eine besondere Schwäche für dieses Ritualgerät und in sehr vielen Häusern sieht man zwar keine *Schabbat-Leuchter*, aber *Chanukka-Leuchter*. Die Leuchter sind doch besonders ein Thema für Frauen, die *Chanukka-Leuchter* aber gehören allen. Zweifellos liegt das teilweise am Charakter des Feiertages, mit dem dieses Exponat verbunden ist. Es gibt aber einen weiteren wichtigen Aspekt: Der *Chanukka-Leuchter* hat sich im Lauf der Zeit von einem Kultgegenstand in ein Kunstexponat verwandelt. Nicht religiöse Verehrung allein, sondern auch ästhetische Gründe führten dazu. Er gehört zum Schmuck jüdischer Häuser, und zwar aller jüdischen Häuser. Beim armen Mann ist der Leuchter blechern und einfach, beim reichen Mann ist er silbern oder golden und verziert. Er ist keine *Menora*, obwohl an manchen Orten (hauptsächlich in Synagogen und *Beth Midraschim*) der *Chanukka-Leuchter* in der Kandelaberform erscheint. In den allermeisten Fällen ist er aber nicht für Kerzen, sondern für Öl gemacht. Der *Chanukka-Leuchter* wurde zu einem dankbaren Objekt der jüdischen Kunstforschung. Jede Zeit und jeder Ort brachten ihre eigenen Neuerungen mit. Jede Schicht erschuf ihre eigene Lampe: Wir besitzen lehmartige und irdene *Chanukka-Leuchter*, ebenso welche aus Blech, Zinn, Messing, Kupfer,

Silber und (selten) auch aus Gold. Und die Verzierungen, der Schmuck, die gegossenen Figuren und die von Hand getriebenen Ornamente, das Aussehen und die Platzierung der *Schamaschim* an dem Leuchter, all das macht den *Chanukka-Leuchter* in jüdischen Häusern wahrlich zum marktfähigsten Kultartikel im verschiedenartigsten Sortiment.

Eine besondere Schwäche für *Chanukka-Leuchter* hatten die deutschen Juden. Eine lange Zeit wurden wunderbare Exponate von Generation zu Generation weitergegeben. Die reichen Hofjuden – die Wertheimers, die Oppenheimers, die Gottschalks und die van Gelderns – reichten jeweils vom Vater zum Sohn die ursprünglichen *Chanukka-Leuchter* weiter. In hunderten jüdischen Häusern in Deutschland konnte man *Chanukka-Leuchter* mit einer großartigen „Abstammung" finden. Und diejenigen, die solcherart Gerät nicht als Erbschaft besaßen, bemühten sich, eines zu erwerben. Als die Nazis die Beschlagnahme der Edelmetalle von Juden durchführten, geriet eine enorme Menge an *Chanukka-Leuchtern* in ihre Hände. Ein Großteil dieses Raubgutes wurde eingeschmolzen. Aber die „Judenexperten" suchten sich aus diesem Raub viele hunderte Unikate aus und verteilten sie an verschiedene Kunstsammlungen und Museen. Ein Teil der Nazigrößen (einschließlich Himmler) nahm für sich selbst einen Teil der seltenen Exemplare. Nach dem Zusammenbruch von Nazi-Deutschland wurde in Kellern, auf Dachböden und in anderen Verstecken, bei der Gestapo, in Archiven und in Magistraten eine große Summe geraubter jüdischer Kulturschätze entdeckt, unter ihnen eine riesige Zahl an *Chanukka-Leuchtern*. Die spezielle Organisation, die sich mit der Auswahl und der Rückholung des geraubten jüdischen Eigentums von den Deutschen befasste, stellte wundervolle Sammlungen zusammen und übergab diese zurück in jüdischen Besitz.[1] Die größte und schönste Kollektion erhielt das Bezalel in Israel.

In Köln, einer der ältesten Städte Deutschlands (im Jahr 1950 feierte sie ihr 1900-jähriges Jubiläum), steht das berühmte Rheinische Museum.[2] Tausende Exponate mit archäologischem und Heimatforschungscharakter sind dort versammelt ebenso wie zehntausende Dokumente, viele tausend

---

1 Gemeint ist die JRSO (Jewish Restitution Successor Organization), die ab 1948 in den amerikanischen Besatzungszonen die Restitutionsverfahren über erbenloses Vermögen koordinierte.
2 Seit 1958 Kölnisches Stadtmuseum.

Kunstgegenstände und verschiedene Gefäße, Werkzeuge, Kleidung, heimisches Geschirr usw. aus Jahrhunderten; alles, was irgendeine Verbindung zum Rheingebiet hat. Angesichts der Tatsache, dass das Rheinufer die Wiege der deutschen Juden war und die ersten Daten über Juden tatsächlich gemeinhin eine Verbindung zu Köln aufweisen (vor mehr als 1600 Jahren), gibt es in diesem Museum eine große jüdische Abteilung. Im Allgemeinen ist Köln sowohl für deutsche als auch internationale Ausstellungen bekannt. Und bereits einige Male nahmen Juden sehr angesehene Positionen in den Kölner Ausstellungen ein. Im Jahr 1928 zeigte bei der internationalen Presseausstellung[3] in Köln die jüdische Presse erstmals ihre ganzen Vernetzungen. Das war ein Ereignis in der jüdischen Kulturwelt.

Einige Jahre vor dieser Demonstration jüdischen geistigen Schaffens wurde in Köln die Ausstellung „Tausend Jahre" gezeigt. Gemeint waren damit die tausend Jahre, seit Köln unter den Einfluss des deutschen Reiches geraten war.[4] Auf dieser riesigen Schau gab es eine jüdische Abteilung, die vier Pavillons vereinnahmte (36, 37, 38, 39), wo ein paar tausend Dokumente und Objekte zu den Juden im Rheinland gezeigt wurden.[5] Es gab Materialien aus dem Jahr 321 bis in die damals aktuelle Zeit. Für diese Ausstellung entlieh das Museum sehr viele Exponate. Sehr viel erwarb es aber auch und das Rheinische Museum verwandelte sich in eine der größten Sammlungen (bei den Nicht-Juden) der jüdischen Kultur- und Kunstwelt. In dieser Sammlung nahm eine spezielle Kollektion von zwanzig *Chanukka-Leuchtern* einen besonderen Platz ein. Sie war eine Sammlung, die einen Ruf in der jüdischen Welt, auch außerhalb Deutschlands genoss.

***

Während ich im Institut für die Suche der von den Nazis geraubten jüdischen Objekte beschäftigt war, hatte ich nicht nur einmal die Gelegenheit, im Rheinischen Museum herumzuwühlen. Ich bekam sehr häufig Anfragen ausländischer Einrichtungen, wie es denn um den jüdischen Besitz in diesem Museum bestellt sei. Lange Zeit hatte ich kein Glück. Ich erhielt sogar

3 Pressa, Internationale Presseausstellung Köln, von Mai bis Oktober 1928. Zur Positionierung der jüdischen Presse vgl. Wenge 2005, S. 189–194.
4 Zur Jahrtausend-Ausstellung 1925 vgl. Wenge 2005, S. 186–189.
5 Tatsächlich umfasste die Abteilung „Juden und Judentum im Rheinland" „zwei kleine und ein größeres Zimmer" (Räume 36–38) im Messezentrum Köln-Deutz untergebracht und zeigte einige hundert Exponate. Vgl. Toeplitz 1925.

die Information, dass alle jüdischen Gegenstände an die Altmetallspende (eine Art Nazi-Aktion während des Krieges, um notwendiges Material für Munition zu sammeln) hatten abgegeben werden müssen und dass alle Kultgeräte eingeschmolzen worden seien. Ich war sehr enttäuscht darüber. Bis…Es war Mitte Dezember 1950, genau zu *Erev Chanukka*,[6] als ich eine Nachricht aus dem Hilfsdirektorium des Rheinischen Museums von Dr. Elisa Fligen[7] erhielt: Es seien jüdische Kisten entdeckt worden, die verlagert gewesen seien, das bedeutet weggepackt. Wenn ich wolle, könne ich dabei sein, wenn sie geöffnet würden. Das bedeutete auch, dass ich mich davon überzeugen konnte, dass all diese Exponate eigene waren und keine während der Hitlerzeit geraubten.

Als das dritte *Chanukka-Licht* angezündet wurde, befand ich mich bereits in den Kellerräumen des Rheinischen Museums. Und wie der Zufall es wollte, waren in der ersten geöffneten Kiste die gesuchten *Chanukka-Leuchter*. Es war ein ganzer Stab Beamter anwesend, um die Kisten zu öffnen, die Objekte herauszunehmen, die Inventarnummern zu kontrollieren, den Zustand der Exponate festzustellen usw. Eingepackt in Sägespäne war jedes Objekt noch eigens in Watteabfälle eingewickelt und wurde mit großer Vorsicht herausgenommen. Diese Relikte aus Jahrhunderten hatten mehr Glück als die Urenkel ihrer früheren Eigentümer. Grün angelaufenes Messing, verstaubtes Zinn, verrostetes Blech, verbogene Seiten, verkrümmte Teile, ein zerquetschter *Schamasch* – aber wie wunderbar, wie prächtig sahen sie aus – eine Wiederauferstehungsszene, eine Leichenkarawane, die von ihrer Wanderung durch die Höhlen hervorgekrochen kam.[8] Könnten sie erzählen, würden sie von ihren eigenen Wundern singen.[9]

---

6 Vorabend des ersten *Chanukka*-Tages.
7 Vielleicht auch Pligen; konnte nicht nachgewiesen werden. Möglicherweise meint Bernstein hier die Museumskustodin Dr. Edith Meyer-Wurmbach (1900–1984), die für Kunstgewerbe zuständig war und sich nach 1945 um die ausgelagerten und zurückgeführten Sammlungsbestände kümmerte.
8 Bernstein bezieht sich hier auf den jüdischen Glauben, dass zur Wiederkehr des Messias die wiederauferstandenen Toten durch Höhlen in das Land Israel wandern.
9 Bernstein verwendet den Begriff *al-hanissim* (wörtlich „für die Wunder"), Titel eines Dankgebets, das zu *Chanukka* und *Purim* gesprochen wird.

Chanukka-Leuchter, Rheinisches Museum, Köln, Nummer 867-26729.[10] In die Mitte sind die Worte getrieben: „Denn eine Leuchte ist das Gebot und die Weisung ein Licht".[11]

10 Heutige Inv. Nr. RM 1927/2688. Vgl. Franzheim 1980, Kat. Nr. 183.
11 Sprüche 6,23.

Und schon waren sie auf dem weißen Marmortisch für den Museumskustos arrangiert. Er kontrollierte präzise, alles musste stimmen. Für ihn
waren sie Nummern – Inventarnummern. „Also wir beginnen…bitte, ja, hier
haben wir es, alles ist aus der Sektion 867.“ Das stimmte, es handelte sich
um die Sektion 867 und wir fingen an. Einer rief: „Nummer 26654…“[12] Und
der Kustos las mithilfe der Katalognummer: „*Chanukka-Leuchter* aus dem
17. Jahrhundert, Messing, mit acht Armen für Öl. Langsam…langsam…da
müssten noch zwei Diener…“ Ja, zwei *Schamaschim* für beide Seiten waren
da und auch die oberen Löwen waren vorhanden. „Nummer 26986.“[13]

„Aus Blech, acht Flüsschen für Dochte und Öl, 18. Jahrhundert, der
Schamasch in Form eines Löwen mit einem Kännchen zwischen den
Pranken.“
Das stimmte.

„Nummer 26729.“[14]
„Aus Zinn [sic!], eine halbrunde Rückwand, von hinten der *Schamasch* über
den Ölgefäßchen, über dem *Schamasch* ein eingravierter Spruch: Denn eine
Leuchte ist das Gebot und die Weisung ein Licht.“

„Nummer 26462.“[15]
„Aus Ton, mit einer grünlichen Glasur überzogen, ungefähr 18. Jahrhundert,
der *Schamasch* abgebrochen.“

„Nummer 26471.“[16]
„Blei mit Ölbechern aus Messing, vier Füßchen, 17. Jahrhundert, zwei Tauben
auf beiden Seiten, zwei *Schamaschim*.“

„Nummer 26461.“[17]
„Hintergrund aus Messing, getriebene Blumenornamente, oben eine Krone
und auf beiden Seiten Vögel, die Ölbecher in Form von Blumenglöckchen.“
„Ohne *Schamaschim*“, fügte der Kustos hinzu.

---

12 Heutige Inv. Nr. RM 1926/392a. Vgl. Franzheim 1980, Kat. Nr. 194.
13 Heutige Inv. Nr. nicht aufschlüsselbar. Die von Bernstein genannte Nummer ist einer Fotografie
   zugeordnet und in der Sammlung befindet sich auch kein *Chanukka-Leuchter*, auf den diese
   Beschreibung zutrifft.
14 Heutige Inv. Nr. RM 1927/2688. Vgl. Franzheim 1980, Kat. Nr. 183.
15 Heutige Inv. Nr. RM 1927/464. Vgl. Franzheim 1980, Kat. Nr. 177.
16 Heutige Inv. Nr. RM 1926/478. Vgl. Franzheim 1980, Kat. Nr. 190.
17 Heutige Inv. Nr. RM 1926/894. Vgl. Franzheim 1980, Kat. Nr. 199.

Chanukka-Leuchter, Rheinisches Museum, Köln, Nummer 867-26461.[18]

18 Heutige Inv. Nr. RM 1926/894. Vgl. Franzheim 1980, Kat. Nr. 199.

„Jawohl, der Herr", antwortete der Beamte.

„Vorsicht! Halt! Hier kommt eine *Menora*! Eine achtarmige *Chanukka-Menora*"...

Und so war es. Der Kustos hatte recht, es war kein *Chanukka-Leuchter*, sondern eine *Menora* mit acht Armen. Sie stammte von einer Synagoge aus einer Stadt beim Fluss Mosel, der zwischen Koblenz und Trier in den Rhein mündet.[19] Aus dem Anfang des 17. Jahrhunderts war sie. Zu dieser Zeit wurde dort die Synagoge gebaut und die *Menora* hineingestellt. Bereits seit 1872 gibt es dort keine jüdische Gemeinde mehr. So wanderte diese *Menora* bald dreihundert Jahre lang heimatlos von Hand zu Hand, bis sie hier ihren Platz für die Ewigkeit fand.

„Nummer 26770?"[20]
„Jawohl!"
„Sektion 867?"
„Jawohl!"
„Acht Arme?"
„Jawohl!"
„Der *Schamasch* ist da?"
„Nein! Abgebrochen!"

Da standen die *Chanukka-Leuchter* nach ihrer „Selektion", nach der Kontrolle und an jedem war sein Stammbaum befestigt, seine Nummer... Nummern! Geschriebene Inventarnummern auf Museumsexponaten und tätowierte Nummern auf lebendigen Körpern, auf den Händen derer, die nicht in Auschwitz vergast und nicht mit Kalk bestreut worden waren.

„Nummer 26647:[21] Kupfer, 17. Jahrhundert!"
„Nummer 26819:[22] Zinn, 18. Jahrhundert!"

---

19 Tatsächlich mündet die Mosel im Stadtgebiet von Koblenz in den Rhein.
20 Heutige Inv. Nr. RM 1926/747. Vgl. Franzheim 1980, Kat. Nr. 197.
21 Heutige Inv. Nr. RM 1927/445a. Vgl. Franzheim 1980, Kat. Nr. 198.
22 Heutige Inv. Nr. RM 1926/819. Vgl. Franzheim 1980, Kat. Nr. 178.

Chanukka-Leuchter, Rheinisches Museum, Köln, Nummer 867-26471.[23]

„Nummer 26458:[24] Blech, 18. Jahrhundert, *Schamasch* abgebrochen!"

„Nummer 26487:[25] Messing, 16. Jahrhundert, leicht beschädigt!"

„Nummer...Nummer...Nummer..."

Mich packte ein Schwindelgefühl und vor meinem geistigen Auge sah ich einen SS-Mann mit der Swastika, mit hohen Stiefeln und ein paar Hunden an seiner Seite. Er stand zwischen den Baracken in einem Stradom, oder Belzec, in einem Janowska oder Majdanek. „Nummer...Schneller, Donnerwetter. Nummer...Jude verrecke. Nummer...Zum Teufel mit dem dreckigen Gesindel. Nummer..."

23 Heutige Inv. Nr. RM 1926/478. Vgl. Franzheim 1980, Kat. Nr. 190.
24 Heutige Inv. Nr. nicht aufschlüsselbar. Die von Bernstein genannte Nummer ist einem *Purim-Teller* (Vgl. Franzheim 1980, Kat. Nr. 203) zugeordnet und in der Sammlung befindet sich auch kein *Chanukka-Leuchter*, auf den diese Beschreibung zutrifft.
25 Heutige Inv. Nr. RM 1927/782. Vgl. Franzheim 1980, Kat. Nr. 180.

Aber die „Nummern" aus Blech, Ton, Messing und Zinn standen „lebendig" da. Vielleicht flüsterten sie leise, dass *Kislew*[26] sei. Vielleicht erzählten sie von ihrer eigenen Höhlenwanderung. Sicher erinnerten sie sich daran aus früheren Zeiten, als sie nicht auf einem weißen Marmorstein gestanden hatten, aber in einfachen jüdischen Häusern. Sicher hatten sie ihre Jugendjahre nicht vergessen. Es war gar nicht so lange her, erst ein paar Jahrhunderte...

Chanukka-Leuchter, **Rheinisches Museum, Köln, Nummer 867-26654.**[27]

Aus: Mordechai W. Bernstein, Nisht derbrente shaytn, Buenos Aires 1956, S. 292–298. Übersetzt und kommentiert von Lilian Harlander.

26 *Chanukka* beginnt am 25. Kislew (ca. Mitte November bis Mitte Dezember).
27 Heutige Inv. Nr. RM 1926/392a. Vgl. Franzheim 1980, Kat. Nr. 194.

HAUPTSYNAGOGE MÜNCHEN

Von Lilian Harlander

14
Modell der Münchner Hauptsynagoge

Rudolf Rotter
Deisenhofen 1982
Lindenholz, geschnitzt
L: 71,2 cm; B: 51,1 cm; H: 41 cm

MÜNCHNER STADTMUSEUM, M-MOD 82/1

Im September 1887 wurde die Münchner Hauptsynagoge in der Herzog-Max-Straße eingeweiht. Im Juni 1938 – also nicht einmal ein Jahr nach dem fünfzigjährigen Jubiläum – wurde der Prachtbau auf Befehl Hitlers abgebrochen, um einem vorgeblich dringend benötigten Parkplatz zu weichen. Die Synagoge war deutschlandweit die erste, die fünf Monate vor den Novemberpogromen zerstört wurde.

Architektur ist ein wesentlicher Bestandteil der kulturellen Leistungen einer Gesellschaft. Sie spiegelt ihre Ordnung, ihre Struktur, ihre Werte wider. Es ist Teil der Menschheitsgeschichte, dass Architekturen mit symbolischer Aufladung zerstört werden oder dem Verfall ausgesetzt sind. Die Zerstörungsversuche gehen mit dem Wunsch einher, ein Kollektiv bzw. eine bestimmte Identität auszulöschen und aus der Erinnerung zu tilgen. Parallel dazu ist es aber auch Teil jeder Kulturgeschichte, Erinnerungen an besonders symbolträchtige Architektur aufrechtzuerhalten oder zu wecken.[1]

Synagogen sind wie jede andere Architektur als Symbole mit verschiedenen Bedeutungsebenen analysierbar. Obwohl man Synagogen kaum anhand eines spezifischen Baustils klassifizieren kann und die Gestaltung sich generell an der zeittypischen Entwicklung orientiert, sind die von der jeweiligen jüdischen Gemeinde ausgewählten Stile doch als Zeichen der Eigenständigkeit mit Anspruch auf Anerkennung und Gleichberechtigung zu verstehen. Besonders maurische, neoromanische und neogotische Synagogen des späten 19. und frühen 20. Jahrhunderts spiegeln diese Zeichen deutlich wider.[2] Ein adäquates Beispiel stellt hier die ehemalige Münchner Hauptsynagoge dar, im neoromanischen Stil prunkvoll und an prominenter Stelle erbaut, aber dennoch in das Stadtbild harmonisch eingefügt.

Mit der Gründung der Münchner Israelitischen Kultusgemeinde (IKG) 1815, zwei Jahre nach der Veröffentlichung des sogenannten Bayerischen Judenedikts, wurde der Bau einer Synagoge in München festgelegt. Zuvor hatte es allenfalls (private) Betstuben gegeben, die aber aufgrund des jüdischen Bevölkerungszuwachses immer weniger Platz boten. 1824 wurde nach langen Standortdiskussionen zwischen Staat und IKG der Grundstein für die Synagoge in der Westenriederstraße, unweit vom Viktualienmarkt, gelegt. Erbaut wurde sie von Johann Métivier, der aus einer Familie von Bildhauern und Architekten stammte. Am 21. April 1826 wurde die Synagoge mit einem Festakt eingeweiht, an dem auch König Ludwig I. und Königin Therese teilnahmen. 1861 wurden in Bayern die Beschränkungen für Niederlassung und Gewerbeausübung aufgehoben, was ein rasches Wachstum der jüdischen

1 Grellert 2007, S. 11–21.
2 Knufinke 2016, S. 153f.

Bevölkerung zur Folge hatte. Deshalb reichten die 320 Sitzplätze der Synagoge in der Westenriederstraße bald nicht mehr aus. König Ludwig II. stellte einen Bauplatz in der Herzog-Max-Straße zur Verfügung, den die jüdische Gemeinde 1882 erwarb. Planung und Ausführung der neuen Synagoge übernahm der Architekt Albert Schmidt, der unter anderem in München nicht nur den Löwenbräukeller, sondern auch die stilistisch der Hauptsynagoge sehr ähnliche evangelisch-lutherische Pfarrkirche St. Lukas auf dem Mariannenplatz gebaut hatte. Baubeginn der Synagoge war der 14. Februar 1884. Am 16. September 1887 wurde sie eingeweiht, nicht nur als prächtiger, in das Münchner Stadtbild hervorragend eingegliederter Bau, sondern auch als Symbol für die lange und hart erkämpfte jüdische Gleichberechtigung.[3] Etwa fünfzig Jahre lang war die Hauptsynagoge Zeichen jüdischen Selbstverständnisses, gleichzeitig aber unterstrich sie den Anpassungsdruck. Das zeichnete sich unter anderem in der synagogalen Baustruktur selbst ab, mit seiner Orientierung an christlichen Sakralbauten und einer fehlenden eigenständigen Formensprache.[4]

Knapp ein Jahr nach ihrem fünfzigjährigen Jubiläum verschwand die Synagoge, unfassbar schnell aus dem Münchner Stadtbild: Auf direkten Befehl Adolf Hitlers, der ein paar Tage zuvor eine Veranstaltung im benachbarten Künstlerhaus besucht hatte, wurde am 9. Juni 1938

mit den Abbrucharbeiten an der Hauptsynagoge in der Herzog-Max-Straße in München begonnen. Die Synagoge sollte nach Hitlers Vorgaben bis zum Tag der deutschen Kunst am 8. Juli verschwunden sein:[5] „So habe es der Führer befohlen, da gäbe es keine Widerrede! Er wolle das Gebäude nicht mehr sehen!"[6]

So symbolträchtig wie die Synagoge selbst war auch ihre Zerstörung als das Ende einer lang erkämpften Gleichberechtigung, die in der Zerstörung aller jüdischen Institutionen einige Monate später kulminieren sollte. Erst 1969 wurde zur Erinnerung an die Münchner Hauptsynagoge ein Mahnmal in der Herzog-Max-Straße errichtet, das erste ernstzunehmende Projekt der Stadt München, das sich mit den Münchner als jüdisch Verfolgten während des nationalsozialistischen Regimes auseinandersetzte. Das Granitdenkmal des Bildhauers Herbert Preis wurde an einer Ecke des ehemaligen Synagogengrundstückes errichtet.[7] In einer ähnlichen Tradition des Erinnerns steht wohl auch das 1982 geschnitzte Holzmodell der ehemaligen Hauptsynagoge. Teil des kollektiven Gedächtnisses sind heute außerdem Gitterzäune (im Besitz der IKG) sowie Steinfragmente und Glasscherben der Fenster der ehemaligen Hauptsynagoge (in der Sammlung des Jüdischen Museums München), die wohl während des Abbruchs „gerettet" und als Erinnerungsstücke aufbewahrt wurden.

3 Selig 1988, S. 35–78. Freilich kann man hier keineswegs von einer „echten Gleichstellung" sprechen.
4 Stadtarchiv München 1999, S. 72.
5 Ebd., S. 98.
6 Oestreich 1982, S. 447.
7 Rosenfeld 2004, S. 201f. u. S. 226.

»ICH WILL DIESEN ANMASSENDEN SCHANDFLECK NICHT MEHR SEHEN«

• • •

„איך וויל מער נישט זען דעם
פרעכן שאַנד־פלעק"

Lassen Sie uns von den kleinen Dörfern auf dem deutschen Land hinein nach München blicken. Es ist lohnenswert, da auch an jenem Ort, wo die nationalsozialistische Pest entsprungen ist, eine aufgezeichnete Spur erhalten bleiben soll.

Der Satz, der unseren heutigen Bericht betitelt, hat tatsächlich eine Verbindung zu München und ausgerufen wurde er von keinem anderen als von „ihm", dem „Führer" höchstpersönlich. Mit „Schandfleck" meinte er die prächtige Synagoge, die in der Herzog-Max-Straße gestanden hatte, dort, wo heute ein leerer Platz ist; ein Ort, wo Autos parken, ein Ort, wo für Weihnachten und andere Festlichkeiten Tische aufgestellt werden, mit allen Arten von Waren wie Spielzeug für die Feiertage und Süßigkeiten. Es wird berichtet, dass Hitler bei einem seiner Besuche – er war im Münchner Künstlerhaus bei einer Bilderausstellung – durch ein Fenster den betreffenden „Schandfleck" erblickte und darüber in Wut geriet. Er brüllte seine Wache an: „Dieser Schandfleck für München präsentiert sich noch so anmaßend? Ich will ihn nicht mehr sehen!" Und weil der Führer „ihn nicht mehr sehen wollte", wusste man schon, was damit zu tun war. Seinen Ärger verstand man als Befehl und so verschwand dieser Münchner Prachtbau Monate vor der „Kristallnacht" im November 1938, als etwa tausend Synagogen durch Feuer vernichtet wurden. Nach reiflicher Überlegung: Wie kann solch ein Bild der die „Hauptstadt der Bewegung" (so hieß

München in der Hitler-Zeit) entehrenden Synagoge, das ich in einem alten Jubiläumsband entdeckt hatte, wirklich geduldet werden? Das war wahrlich „jüdische *Chuzpe*",[1] sich mit so einem prächtigen Gebäude repräsentieren zu lassen, noch dazu im Herzen der bayerischen Hauptstadt, nicht weit entfernt vom berühmten Karlsplatz, auch Stachus genannt. Es war buchstäblich ein Skandal, dass sich die Synagoge zwischen dem Rathaus mit seinen gotischen Türmen und der Frauenkirche befand. Mit ihren Kuppeln und Simsen „entehrte" die Synagoge wahrlich die Wahrzeichen Münchens.

Die Münchner Synagoge am Vorabend der Zerstörung.
Links im Hintergrund: die Frauenkirche, das Wahrzeichen von München.

Um die Wahrheit zu sagen, muss man zugeben, dass die Zerstörung der Münchner Synagoge ein wenig anders vonstattenging als die Zerstörungen während der wilden Raserei der Pogromnacht im November. In München wurde die jüdische Gemeinde darüber informiert, dass man die Synagoge abreißen würde und dass sich die Juden von ihr verabschieden

---

1 Wörtlich „Frechheit, Anmaßung".

und ein Abschiedsgebet abhalten könnten. Und tatsächlich organisierte die Gemeinde ein feierliches letztes Gebet in der Synagoge. Das Gebet war aber noch nicht beendet, als schon die gerüstete Zerstörungsbrigade der Baufirma Leonhard Moll anfing, die Türme und das Dach der Synagoge einzureißen. Inmitten des letzten *Kaddisch*[2] fingen Bruchstücke in der Synagoge an herabzufallen und nur durch ein Wunder gelangten die Betenden alle hinaus.[3]

Vermutlich hielten die braunen Kulturträger den Akt der Zerstörung der Synagoge mit Dynamit für sehr wichtig, da sie die komplette Vernichtungszeremonie auf Film festhielten. Scheinbar war den Juden erlaubt worden, zu einem letzten Gebet zu kommen, damit diese hässlichen Szenen mehr „Emotion" hätten. Und damit der Regisseur noch ein nettes Fragment hätte, sollte man sehen, wie die Juden aus der zusammenbrechenden Synagoge rennen.

***

So sieht in aller Kürze das Ende der Münchner Pracht-Synagoge aus.

Ich erhielt die Gelegenheit, mich in alte Münchner Akten zu vertiefen. Auf der Suche nach der wahren Geschichte stieß ich zufällig auf ein Päckchen Unterlagen, die eine Verbindung zur Geschichte der Synagoge hatten. Es lohnt sich, ein paar Details darüber aus dem Archivstaub hervorzuholen und zu dokumentieren: Es zeigte sich, dass die Münchner Gemeinde etwa ein Jahr vor der Zerstörung der Synagoge auf bescheidene Weise das fünfzigjährige Jubiläum zu ihrem Bau gefeiert hatte. Die Feier hatte am 5. September 1937 (29 Tage im Elul) stattgefunden. Das war bereits während des Hitler-Regimes gewesen. Es gelang mir, das Programm zu dieser Festlichkeit zu finden.

Der Kantor,[4] der die Feier mit dem Kapitel 84 der *Tehilim*,[5] mit den Worten *„Ma ydidot mishknotekha"* – wie lieblich sind deine Wohnungen –

---

2 Aram., wörtlich „Heiligung", Heiligungsgebet.
3 Am 8. Juni 1938 wurde die IKG über den bevorstehenden Abbruch informiert, am selben Abend fand ein Abschiedsgottesdienst in der Synagoge statt. Erst am Folgetag begannen die Abbrucharbeiten. Vgl. Stadtarchiv München 1999, S. 98f.
4 Die Psalmen trug Emanuel Kirschner (1857–1938), 1881–1926 Kantor an der Münchner Hauptsynagoge, vor. Vgl. Stadtarchiv München 1999, S. 124–130.
5 Buch der Psalmen, erstes Buch der *Ketuvim* (Schriften). Bernstein bezieht sich hier auf Psalm 84,2.

begann, konnte sich sicherlich nicht vorstellen, dass zu dieser Münchner Heiligen Bundeslade ein Jahr später nur die Worte „*Khilelu mishkhan shmekha*" – sie entweihten die Wohnung deines Namens[6] – passen würden. Und so liegen vor mir die Dokumente, die erzählen, wie die hiesige Synagoge aufgebaut wurde:

Die Gebäudeerrichtung wurde von einem der größten Architekten jener Zeit, Professor Albert Schmidt[7] geplant. Der Bau kostete beinahe 800.000 Mark (700.000 das Gebäude, 90.000 die Innenausstattung). 1800 Sitzplätze hatte die Synagoge – 1000 für Männer und 800 für Frauen.[8] Sie war eine der schönsten und größten in Deutschland. Ich blätterte in alten nicht-jüdischen Zeitungen, in denen der „Schandfleck" beschrieben wurde. Der „Münchner Bote"[9] brachte am 29. September 1887 einen Bericht von der Einweihung der Synagoge. Die Zeitung hatte nicht genügend Worte, um ihren Enthusiasmus und ihre Bewunderung auszudrücken, sowohl für das Gebäude als auch für die Feierlichkeiten. Hier sind ein paar Auszüge:

> Die neue Synagoge, nach dem Urtheil Sachverständiger in baulicher Hinsicht eine Zierde der Stadt, wurde Freitag Abends mit einer Feier eingeweiht, welche in Münchens Geschichte als ein Act von kultureller Bedeutung zu verzeichnen ist...von außen wehten Flaggen in den bayerischen und Münchener Farben...[10]

Danach folgt eine lange Liste der Gäste, der verschiedenen offiziellen Repräsentanten und Würdenträger: Königliche Staatsminister Dr. Freiherr von Lutz[11] und von Feilitzsch,[12] Regierungspräsident Freiherr von Pfeufer,[13] Hofmarschall Freiherr von Hutten,[14] General von Spruner,[15] viele Landtagsabgeordnete, Delegierte usw. usf. Es wird die Zeremonie beschrieben: die weiß-blauen (Nationalfarben von Bayern) Kostüme der Mädchen, die die Feier erhellten, die Pauken, Trompeten und Fanfaren, welche die 12 mit Gold und Silber geschmückten Tora-Rollen begleiteten, die unter *Chuppot* aus Samt und Seide getragen wurden...

---

6 Psalm 74,7.
7 Albert Schmidt (1841–1913), Architekt und Bauunternehmer.
8 Vgl. Baerwald/Feuchtwanger 1937.
9 Münchener Bote für Stadt und Land, erschienen zwischen 1852 und 1901.
10 Vgl. Allgemeine Zeitung des Judenthums, 51. Jg., Nr. 39, 29.09.1887, S. 616.
11 Dr. Johann Freiherr von Lutz (1826–1890), Staatsminister.
12 Maximilian Alexander Freiherr (ab 1904 Graf) von Feilitzsch (1834–1913), Staatsminister des Inneren.
13 Sigmund Heinrich Freiherr von Pfeufer (1824–1894), Nachfolger von Maximilian von Feilitzsch, Regierungspräsidenten von Oberbayern von 1881 bis 1894 und Staatsminister.
14 Ulrich Franz Christoph Friedrich Freiherr von Hutten zum Stolzenberg (1827–1888), königlicher Kämmerer, Oberhofmeister und Hofmarschall der Prinzessin Amalie von Bayern.
15 General Karl Spruner von Merz (1803–1892), Kartograf und Schriftsteller.

Die Zeitung konnte sich nicht losreißen von Pracht und Prunk und erklärte: „Die Synagoge reiht sich Münchens Kunststätten würdigst an."[16] So hatte man über diesen „Schandfleck" gesprochen, der fünfzig Jahre später grausam weggewischt wurde.

Wenn wir in der Chronik der Münchner Juden zurückblättern, erfahren wir, dass auch in der früheren Geschichte der Münchner Juden ihre Synagogen kein besseres Schicksal erfuhren. Die Synagoge am Max-Herzog-Platz war nicht die erste, die in der Münchner Hauptstadt verbrannt worden war. Unsere Chronisten erzählen: Im Jahr 1285 wurde die Münchner Gemeinde massakriert. Ein großer Teil der Gemeinschaft versuchte, sich in die Synagoge zu retten, aber die Vorfahren der späteren braunen Banditen wussten bereits vor 700 Jahren um die Fähigkeiten von Feuer und zündeten die Synagoge mitsamt den Versammelten an. 180 Seelen verbrannten. Dieses Vorkommnis wurde im berühmten Nürnberger *Memorbuch* verewigt.[17] Dort wurden die Namen aller Märtyrer aufgelistet. Die Liste beginnt mit den Worten: Gedenke Gott der Münchner Feueropfer vom 12. Cheschwan, 46. Jahr im sechsten Jahrtausend (1285)…Interessant: Die „Kristallnacht" 1938 fiel ebenfalls in den Cheschwan. Danach wurde im Jahr 1348/49 (nachdem die Gemeinde wieder eingerichtet worden war) während einer Ritualmordlegende die neu erbaute Synagoge abermals zerstört. Und 68 Jahre später, 1413, fiel die Synagoge einer neuerlichen Verleumdung wegen Hostienschändung – nämlich, dass die Juden die christliche Opferung entehrt hätten – ein weiteres Mal zum Opfer. Im Jahr 1442 wurden die Münchner Juden von Herzog Albrecht III. (auch der Fromme genannt) vertrieben und ihre Synagoge in eine Kirche umgewandelt (später war dort das Münchner Polizeipräsidium).[18]

Bei der 50-Jahr-Feier der Münchner Synagoge im September 1937 spürten die Vorsitzenden der Gemeinde offenbar den kommenden Sturm. In einem Artikel zu dem Festakt schrieb Dr. Alfred Neumeyer,[19] der letzte Präsident der Gemeinde:

16 Vgl. Allgemeine Zeitung des Judenthums 51. Jg., Nr. 39, 29.09.1887, S. 616.
17 Vgl. Salfeld 1898, S. 146f.
18 Nach der Vertreibung 1442 schenkte Herzog Albrecht III. von Bayern das Synagogengebäude in der Judengasse (später Gruftgasse) seinem Leibarzt Hans Hartlieb. Dieser ließ die Synagoge in eine Marienkapelle umwandeln. 1865 wurde dort (nunmehr Weinstraße 13, Teil des heutigen Marienhofes) die königlich-bayerische Polizeidirektion einquartiert. Das Polizeipräsidium übersiedelte 1914 in die Ettstraße, wo es sich bis heute befindet. Vgl. Stadtarchiv 1999, S. 25f.
19 Alfred Neumeyer (1867–1944), Jurist und Gründungsmitglied des Verbandes Bayerischer Israelitischer Gemeinden. Diesen leitete er ebenso wie die Münchner IKG von 1920 bis 1939. 1941 emigrierte er über Frankreich und Spanien nach Argentinien.

Das Schicksal pocht an unsere Tore. Wie werden unsere Gemeinden weiter bestehen? Sie werden immer kleiner, die Jugend verlässt uns (zwischen 1933 und 1938 verließ Deutschland ein großer Emigrationsstrom). Und es erhebt sich die Frage ist das verloren, was hier geschaffen wurde?[20]

Ein Jahr später kam die brutale Antwort auf diese Wehklage-Fragezeichen!!!

Und während ich Materialien zur Synagoge suchte, gab mir einer der Münchner Juden von der *She'erit Hapleta*[21] eine silberne Medaille, welche die Gemeinde zur Einweihungsfeier im Jahr 1887 herausgegeben hatte; eine Medaille mit dem Bild des Prachtbaus und mit einer passenden Inschrift. 65 Jahre lang ging die silberne Medaille von Hand zu Hand und machte verschiedene Verwandlungen durch. Ich wollte diese Reliquie dem wunderbaren Menschen geben, den ich schon zuvor erwähnt habe, dem letzten Gemeindepräsidenten von München, Justizrat Dr. Neumeyer. Ich wusste, dass er nach Argentinien aufgebrochen war. Ich traf ihn nicht mehr, als ich in die Kolonie Avigdor[22] kam, die 17 Jahre zuvor von deutschen Juden aufgebaut worden war. Ich traf auf dem dortigen Friedhof sein Grab...

Die Medaille zur Einweihungsfeier der Münchner Synagoge im Jahr 1887.

Aus: Mordechai W. Bernstein, In labirintn fun tkufes, Buenos Aires 1955, S. 271–276.
Übersetzt und kommentiert von Lilian Harlander.

20 Baerwald/Feuchtwanger 1937, S. 10.
21 Wörtlich „überlebender Rest", Eigenbezeichnung der überlebenden Displaced Persons.
22 Die jüdische Kolonie Avigdor wurde 1936 in Entre Ríos, Argentinien von aus Deutschland geflüchteten jüdischen Familien gegründet. Vgl. Avni/Klich/Zadoff 2007, S. 435.

VERBRANNTE TORA-KRONE
LAUPHEIM

Von Bernhard Purin

15
Tora-Krone (Keter Tora)

Augsburg, 1867/1868
MZ: Magnus Unsin, geb. 1819 in Unterrammingen (Landkreis Unterallgäu),
Meister 1847, gest. 1889 in Augsburg[1]
BZ: Augsburg 1867–1868[2]
Silber, vergoldet
H: 18 cm; B: 19 cm; T: 22 cm

INSCHRIFT (hebr.):
Unser ehrenwerter Lehrer Hirsch, Sohn des David ha-Levi Lefinger [sic!]
und seine Gattin, Frau Sara, Tochter des Simon Adler hier in Laupheim,
Schawuot 628 nach der kleinen Zählung
[6./7. Sivan 5628, Mittwoch, 27./Donnerstag 28. Mai 1868].

MUSEUM ZUR GESCHICHTE VON CHRISTEN UND JUDEN, LAUPHEIM,
INV. NR. 1994/0904

1 Seling[2], MZ2753.
2 Seling[2], BZ3690.

Die 1837 im württembergischen Laupheim (Landkreis Biberach) errichtete Synagoge wurde während des Novemberpogroms 1938 von SA-Männern in Brand gesteckt, ihre Brandruine wenig später abgerissen. Drei beschädigte Ritualgegenstände, zwei einzelne Tora-Aufsätze und diese *Tora-Krone*, wurden offenbar aus dem Brandschutt geborgen und gelangten in die Sammlung des Heimatmuseums. Heute gehören sie zum Bestand des 1998 eröffneten Museums zur Geschichte von Christen und Juden in Laupheim.

Die 1867/1868 entstandene *Tora-Krone* zählt zu den letzten jüdischen Ritualgegenständen, die in den Werkstätten der Augsburger Gold- und Silberschmiede hergestellt wurden und markiert damit das Ende einer rund zweihundertjährigen Tradition der Fuggerstadt in der Herstellung jüdischen Ritualgeräts.[3] Hergestellt wurde sie in der Werkstätte des zwischen 1860 und 1889 tätigen Gold- und Silberarbeiters Magnus Unsin, der seine Lehre in Augsburg absolvierte, aber bereits zwei Jahre nach deren Abschluss mit seiner Frau in die USA auswanderte,[4] weshalb 1855 seine Konzession „wegen mehr als fünfjähriger Nichtausübung als erloschen" erklärt wurde.[5] 1859 kehrte Unsin jedoch nach Augsburg zurück und beantragte erneut eine Konzession als Gold- und Silberarbeiter, die das

Kollegium der Gemeindebevollmächtigten am 13. September 1859 genehmigte.[6] Am 5. Januar 1860 gab er schließlich die Eröffnung einer Werkstätte im „ehemals Prieserschen Laden nahe dem Fugger-Monumente" (heute Auf dem Kreuz) bekannt.[7] Unsin zählte bald zu den renommiertesten Augsburger Goldschmieden seiner Zeit. So erwähnt beispielsweise ein Reiseführer von 1877 eine Monstranz und eine Ewig-Licht-Lampe in der Kirche Hl. Josef „aus der Werkstätte des hiesigen berühmten Goldschmiedes Magnus Unsin."[8]

Neue Arbeiten von ihm wurden regelmäßig in der Gewerbehalle des Maximilianmuseums oder im Augsburger Kunstverein öffentlich ausgestellt und in der Presse besprochen.[9] Die bekannteste Arbeit Magnus Unsins ist eine 1867 in Zusammenarbeit mit Martin Sebald entstandene silberne Nachbildung des Augsburger Augustusbrunnens, die als Geschenk der Stadt Augsburg zur letztendlich abgesagten Hochzeit König Ludwigs II. mit Sophie Charlotte Herzogin in Bayern vorgesehen war und die sich heute im Maximilianmuseum in Augsburg befindet.[10]

Obwohl in Augsburg jüdisches Ritualgerät in großer Zahl hergestellt wurde, haben sich nur einzelne Goldschmiede auf dieses Genre spezialisiert und meist – wie

---

3 Vgl. Purin 2017.
4 Seling², MZ2753.
5 Augsburger Anzeigblatt, 04.01.1855, S. 1.
6 Augsburger Anzeigblatt, 15.09.1859, S. 1.
7 Augsburger Anzeigblatt, 05.01.1860, S. 4; Adreßbuch der Königlichen Kreishauptstadt Augsburg, Augsburg 1859, S. 108; Adreßbuch der Königlichen Kreishauptstadt Augsburg, Augsburg 1862, S. 203; Neuestes Adreßbuch der k.b. Kreishauptstadt Augsburg, Augsburg 1876, S. 127.
8 Wegweiser 1877, S. 31.
9 Bspw. Neue Augsburger Zeitung, 08.01.1860, S. 3; Augsburger Tagblatt, 17.07.1870, S. 1741; Neue Augsburger Zeitung, 29.04.1873, S. 559; Der Sammler. Belletristische Beilage zur Augsburger Abendzeitung, 20.08.1878, S. 2.
10 Brockhoff/Loibl/Wolf 2011, S. 59f.

Magnus Unsin – eine größere Zahl
von Judaica hergestellt.[11]

Mit ihnen in Berührung kam er durch
seinen Lehrherren und späteren
Schwiegervater Joseph Heinrich
Mußmann,[12] von dem ebenfalls zahlreiche Judaica überliefert sind.[13]

Die auf dem Kronreif umlaufende
hebräische Inschrift weist die *Tora-
Krone* als Stiftung des Kaufmanns
Hirsch Levinger (1830–1881) und
seiner Frau Sara, geb. Adler (1839–
1894), aus. Eine ihrer Töchter, Sophie,
vereh. Gerstle (1868–1914), heiratete nach München. Ihr einziger Sohn
Julius Gerstle (1896–1984) war aktiver
Leichtathlet beim Turn- und Sport-
verein von 1860 (TSV 1860)[14] und ab
1925 Sportwart in der Leichtathletik-
abteilung des jüdischen Sportvereins
Bar Kochba München.[15] 1938 konnte
er mit einem Affidavit seines Laupheimer Cousins, des Hollywood-
Produzenten und Begründers der
„Universal Studios", Carl Laemmle,
in die USA emigrieren,[16] kehrte aber
1964 nach München zurück, wo er
bis zu seinem Tod in Obergiesing in
unmittelbarer Nähe des Grünwalder
Stadions, des Stammsitzes des TSV
1860, lebte.[17]

11 *Tora-Schilder*: Jüdisches Museum Augsburg, Inv. Nr. 2004-3 (Abb.: Schönhagen 2018b, S. 132–135);
    The Jewish Museum, New York, Inv. Nr. F 1804 (Abb.: Grafman 1996, Kat. Nr. 60); Sotheby's Tel Aviv
    1991, Los 239; Sotheby's New York 1999, Los 248; Sotheby's New York 2013, Los 28. Tora-Aufsätze:
    The Jewish Museum, New York, Inv. Nr. F 1803 (Abb.: Grafman 1996, Kat. Nr. 273); Weinstein 1985,
    S. 88, Abb. 95.
12 Seling², MZ2713.
13 U. a. befand sich Tora-Schmuck Mußmanns in den Synagogen von Augsburg, Binswangen, Buttenwiesen,
    Fellheim, Hagenbach, Ichenhausen, Krumbach-Hürben, Leutershausen und Nördlingen, vgl. HarInv.
14 Löffelmeier 2009, S. 71f.
15 Das jüdische Echo, 12. Jg., Nr. 3 (16.01.1925), S. 44.
16 Ancestry.com. New York, Passagier- und Besatzungslisten (einschließlich Castle Garden und Ellis
    Island), 1820–1957 [database on-line]. Provo, UT, USA: Ancestry.com Operations, Inc., 2010.
17 Stadtarchiv München, Meldekarte Julius Gerstle (EWK-78-G-123).

DIE VERBRANNTE TORA-KRONE
IN LAUPHEIM

• • •

די פֿאַרברענטע תורה־קרוין אין לאַופֿהיים

Zwischen Ulm und Biberach in Richtung Federsee befindet sich die kleine Stadt Laupheim. Nur die wenigsten unserer Juden kennen sie. Teilweise wird sie mit Leipheim verwechselt, wo sich ein jüdisches Flüchtlingslager befunden hat. Laupheim ist heute ein vergessener Name, ein verschwundener Punkt unserer jüdischen Landkarte von *Medinat Aschkenas*.[1] Es gab aber Zeiten, als diese jüdische Niederlassung berühmt war in unserer Welt, als die dort ansässige Gemeinde hohe kulturelle und religiöse Bedeutung hatte, wahrlich wie eine Mutter, zu welcher die Fäden der großen und kleinen Gemeinden von Nah und Fern führten.

Durch meine Hände gingen die wundervollen Schätze des auf wundersame Weise geretteten Archivs der jüdischen Gemeinde in Laupheim.[2] Ich hatte die Möglichkeit, tausende Dokumente und Akten zu erkunden. Ich durchblätterte und erstellte Auszüge seltener alter Verzeichnisse (geführt auf Jiddisch) von verschiedenen Bruderschaften. Daraus erfuhr ich auch Details zu den ersten Fußspuren, die diese Gemeinde hinterlassen hatte. Im Jahr 1724 wandte sich der Jude Abraham Kissendorfer aus Illereichen an die Reichsfreiherren von Laupheim,[3] dass einigen jüdischen Familien erlaubt werden solle, sich in diesem Dorf niederzulassen. Sie würden alle Gesetze der Herrschaft befolgen, die notwendigen Steuern bezahlen und ihre Nachbarn und Mitbürger nach den verordneten Regeln behandeln. Die Reichsfreiherren waren einverstanden. Daraufhin ließen sich vier Familien

---

1 Alte hebräische Bezeichnung für Deutschland.
2 Das Archiv befindet sich heute in den Central Archives for the History of the Jewish People (CAHJP) in Jerusalem, Signatur D/La1.
3 Laupheim war zwischen 1621 und 1829 in zwei Herrschaftsbereiche geteilt. Um 1724 herrschten Constantin Adolf von Welden (1715–1772), Besitzer Großlaupheim, und Damian Carl von Welden (1675–1754), Besitzer Kleinlaupheim. Vgl. Nebinger 1979.

in Laupheim nieder: Leopold Jakob, Josef Schlesinger, Leopold Weil aus Buchau und David Obernauer aus Grundsheim. Ungefähr hundert Jahre später, im Jahr 1808, zählte die Laupheimer Gemeinde bereits 278 Seelen und weitere sechzig Jahre darauf (im Jahr 1870) besaß die Gemeinde 796 Seelen, bei einer allgemeinen Einwohnerzahl von 3657 betrug das ein Viertel der Stadtbevölkerung. Von Anfang an siedelten die Juden am Rande der Stadt, dort, wo die Grundbesitzer ihnen Platz zugewiesen hatten. Dort entstand damals die Judengasse. Die Zahl der Juden wuchs sehr rasch und sie verbreiteten sich im gesamten Umfeld der Judengasse. Das Areal erhielt den Namen Judenberg, der bis heute geblieben ist.

Ein ganzes Viertel mit engen Gassen, mit Dachstuben und Mansarden (mit beweglichen Dächern so angepasst, um zu *Sukkot* umgebaut zu werden). Die Gemeinde war durch ihr Anwachsen dazu gezwungen, kontinuierlich umzubauen und ihre Bethäuser zu vergrößern. Zu Beginn gab es einen *Minjan* in der Judengasse, in der Wohnung eines Hofjuden – ein angesehener, vornehmer Lieferant. Danach, im Jahr 1771, wurde die erste Synagoge erweitert.[4] Auch in ihr wurde es eng. Der Gemeindevorstand beschloss 1838 eine neue, größere Synagoge zu errichten. Gemäß den Dokumenten wurde 1877 dieses Gebäude verschönert, gestrichen und geschmückt. Auch den Friedhof – als Gegensatz zum Leben –, der hinter den Häusern in der Nähe der Judenburg lag (durch die Fenster konnte man ihn sehen), musste man kontinuierlich vergrößern. Im Jahr 1784 wurde er errichtet[5] (bis dahin hatte man die Toten nach Buchau gebracht) und danach wurde er in den Jahren 1858 und 1887 vergrößert.

Laupheim war das Zentrum der umliegenden jüdischen Ansiedlungen. Sogar die später berühmte große jüdische Gemeinde Ulm kam zum Beten (hauptsächlich an den Feiertagen und zu Schabbat) nach Laupheim. Auch die Verstorbenen aus Ulm wurden in Laupheim beerdigt. Die Gemeinde war durchzogen von einem Netz religiöser und weltlicher Bruderschaften und Vereine. Auch am allgemein-städtischen Leben nahmen Juden sehr aktiv Anteil. So gehörte Laupheim zu den wenigen Städten in Deutschland, wo

---

4 Tatsächlich befand sich bis 1779 ein Betsaal im Haus des Metzgers Michael Laupheimer in der Judengasse. 1771 wurde eine neue Synagoge neben dem Friedhof errichtet. Vgl. Hahn/Krüger 2007, S. 291 und Schenk 1979, S. 295.
5 Der jüdische Friedhof wurde nach 1730 errichtet und 1784 erstmals erweitert. Vgl. Hahn/Krüger 2007, S. 291.

Ein Durchgang auf dem Judenberg in Laupheim. Zwei für die Häuser dieser Judengasse charakteristische Dachstuben. Darin waren gewöhnlich die Laubhütten, die sich eng aneinanderschmiegten.

Juden bereits vor knapp hundert Jahren Vorsitzende in der Stadtverwaltung hatten. Im Jahr 1867 war der jüdische Anwalt Lämmle[6] Mitglied im Stadtrat. Im Jahr 1870 waren es schon zwei, neben Lämmle auch der Gemeindevorsitzende Simon Josef Steiner.[7] Jüdische Vereine nahmen an allgemeinen Unternehmungen teil. Sehr charakteristisch ist die folgende Geschichte: In Laupheim wurde im Jahr 1845 der jüdische Gesangsverein Frohsinn gegründet. Archivakten schildern die feierliche Enthüllung der Vereinsfahne. Das geschah 1851, also vor über hundert Jahren. Dieser Verein nahm an den allgemeinen schwäbischen Wettbewerben der Chöre und Gesangsvereine teil. Bei diesen Wettbewerben zeigte der Laupheimer Gesangsverein tatsächlich, was er konnte, und gewann dreimal bei den Landesmeisterschaften den ersten Preis für den besten Chor, im Jahr 1855 in Wensburg, im Jahr 1866 in Esslingen und im Jahr 1874 in Reutlingen.

Die Laupheimer Rabbiner gehörten zu den Autoritäten der rabbinischen Welt. Aufgrund ihrer weltlichen Bildung waren sie berühmt. Die dort ansässigen Juden zahlten auch ihren Blutzoll im Ersten Weltkrieg. Es gab viele Dutzende Frontsoldaten, von denen sechs für ihr Vaterland gefallen waren, unter ihnen auch ein Offizier. In dem Jahr, in dem Hitler an die Macht kam, hatte Laupheim eine jüdische Gemeinde mit 280 Juden. Es existierten noch dutzende Bruderschaften, darunter die *Chewra Kadischa* (gegründet im Jahr 1748), *Matan Baseter*[8] (gegründet 1814), der Frauen-Verein (gegründet 1837) und *Ezra Batsera*[9] (aus dem Jahr 1906).

***

Aber das alles ist schon Geschichte. Ich gehe heute durch die Laupheimer Straßen, bin in der Judengasse, wende mich zum Judenberg – die Namen sind geblieben. Die Lebenden sind verschwunden. Es gibt nur mehr die „Erben" von der Sorte „Du hast gemordet und dazu auch fremdes Erbe geraubt."[10] Mansarden schmiegen sich aneinander, Dachstuben plaudern miteinander. Sie verstehen nicht, was hier geschieht: Die Zeit von *Sukkot* ist doch anscheinend schon vorbei. Warum also hat man sie dieses Jahr und

6 Josef Lämmle (1826–1878).
7 Simon Josef Steiner wurde 1872 in den Stadtrat gewählt, Josef Lämmle vier Jahre zuvor. Vgl. Der Israelit, 13. Jg., H. 3, 17.01.1872.
8 Wörtlich „eine heimliche Gabe".
9 Wörtlich „Hilfe in Not".
10 Vgl. 1 Könige 21,19.

letztes Jahr und das Jahr davor so entehrt stehen gelassen und vergessen? Von den Türpfosten schreien die ungetünchten Stellen hinter den einstigen *Mesusot* herab. An anderen Stellen sind nur mehr die Löcher der *Mesusot* übrig – eine vernichtete Spur. Und hier ist der Platz, wo einst die prächtige Synagoge gestanden hat. Sie war berühmt für ihre seltenen Stiftertafeln. Es gab hunderte von ihnen. Für die Nachwelt waren dort jene festgeschrieben, die für die Renovierung der Synagoge gespendet hatten, für die Sanierung des Bethauses, für die silbernen und goldenen Ritualobjekte – die Kronen, die *Menorot* und *Bsamim-Büchsen*, die die Synagoge besessen hatte. Außerdem gab es etwa Jahrzeit-Erinnerungstafeln.[11]

Was wurde aus dem prächtigen Schmuck der Synagoge? Wohin gelangte diese Zierde, die in der gesamten Umgebung berühmt war? Wo ist die wundervolle Glockenuhr, die jede Viertelstunde eine Melodie gespielt hatte, deren Klang ganz weit zu hören war?[12] Wer wird mir davon erzählen? Die Lebenden wurden auf „unbekannte Wege" geführt und keiner kam zurück.

***

Meine Mühe war nicht vergeblich. Ich fand Überreste der prächtigen Vergangenheit. Verbrannte und verkohlte Reste waren erhalten geblieben. Im Städtischen Museum in Laupheim fand ich Überbleibsel des Synagogen-Schatzes. Unter alten Ausgrabungsexponaten, archäologischen Seltenheiten und jahrhundertealten Gegenständen liegen auch, aus Sicht der *Gojim*,[13] bizarre Objekte. Die Besucher betasten und bestaunen sie und der Museumsaufseher, offensichtlich ein großer Gelehrter in jüdischen Themen, klärt auf: „Das ist eine Kopfbedeckung für ein Brautpaar." Er meinte eine der zerknautschten *Tora-Kronen*, die im Museum eine Verwandlung erfahren hatten. „Und das sind zwei Spitzen, die Juden während der Hochzeit verwenden, um die Baldachin-Stangen (er meint *Chuppa*-Stangen) zu schmücken." So lautete seine Erklärung für die *Rimonim* auf den *Ez Chajim*. Ich nahm die *Tora-Krone* in Augenschein: Sechs große blaue Edel-

---

11 In der Vorhalle der 1836 erbauten Synagoge hingen an den Wänden etwa vierhundert goldgerahmte Stifter- und Jahrzeittafeln. Vgl. Schenk 1979, S. 295.
12 Auf dem First der Synagoge befanden sich zwei Glocken übereinander, nicht um Gläubige zum Gottesdienst zu rufen, sondern um die Uhrzeit anzuzeigen. Vgl. Schenk 1979, S. 295.
13 Hebräische Bezeichnung für nicht-jüdische Personen.

steine verzieren sie. Ich rieb den festgebackenen Staub ab, kratzte die grüne Masse ab, die durch den Brand entstanden war, und las: 624 nach der kleinen Zählung. Das bedeutet, diese Krone wurde im Jahr 1867/68 erworben. Die zweite Seite erzählt, wer sie stiftete, aber ich konnte den Namen nicht entschlüsseln. Auf einem der *Rimonim* konnte ich einen eingravierten Satz entziffern: „Gemäß dem Gemeinderegister, Seite 87, am Tag 1, 27. Marcheschwan, 625 nach der kleinen Zählung." Das bedeutet, dass er am Montag, den 27. November 1867 entsprechend dem Eintrag im Gemeinderegister, Seite 87 gefertigt wurde.

Wie waren nun diese Ritualgegenstände hierhergekommen? „Nach dem Brand der Synagoge, die während der ‚Kristallnacht' zerstört wurde, fand man sie in der Asche", meinte der Museumsführer und fügte dann hinzu: „Wir wussten, dass diese Sachen den Juden sehr teuer waren, folglich sammelten wir sie ein und bewahrten sie..." Mir kam der Prophet Zacharia in den Sinn mit seinem Ausspruch: „Ist dieser nicht ein Scheit, aus dem Feuer gerettet?"[14] Und es handelt sich doch hier um aus dem Feuer gerettete Holzscheite. Wie viele widerwärtige Hände betatschten sie schon und bewunderten diese „sonderbaren Dinge"? Wie lange werden sie noch umherirren ohne Erlösung? Auch ein Teil der Glockenuhr wurde gefunden. Er war nicht geschmolzen, sondern wurde gerettet und befindet sich in der katholischen Friedhofskapelle. Er wird während des Abhaltens der Begräbniszeremonie als Gong benutzt.

***

Und wenn man schon in Laupheim ist, schickt es sich nicht, dem Friedhof aus dem Weg zu gehen. Es gibt dort etwas zu sehen. Aber dieses Mal möchte ich nicht die jahrhundertealten Grabsteine schildern. Die Seltsamkeiten liegen gerade dort in den Neuheiten. Drei Reihen mit frischen Gräbern aus der Zeit nach 1945 liegen dort. Die Gräber wurden von Juden errichtet, die von den vier Punkten Osteuropas – Polen, Rumänien, Ungarn, Tschechien – hierher geschleppt wurden. Jede Grabinschrift wird durch

14 Vgl. Zacharia 3,2.

folgenden Spruch beendet: „Ermordet von der grausamen Germania, getilgt werden soll ihr Name." Es gibt auch Grabinschriften auf Polnisch, von Juden, die glaubten, dass ihre Verwandten ruhiger lägen, wenn die polnische Formel *zginęła tragicznie w kwiecie wieku* (Sie starb tragisch in der Blüte ihres Lebens) ihren Grabstein verschönert. Es sind Grabsteine der in den SS-Lagern [sic!] Ermordeten, die sich in der Nähe von Laupheim befunden haben. Die überlebenden Verwandten hatten sie errichtet.

Zum Schluss ein Horrorgrabstein von drei Schwestern – Therese, Jette und Sally Kirschbaum – die alle drei an drei aufeinander folgenden Tagen, am 11., 12. und 13. Februar 1941 eine nach der anderen „starben". Über ihren mysteriösen Tod werden verschiedene Varianten erzählt.

Das rituelle Waschgerät beim Ausgang des Friedhofs gibt es noch. Für wen? Welche Unreinheit soll man von den Händen abwaschen? Denn es liegen hier nur die Märtyrer und die Reinen…

Der Schwestern-Grabstein von Sally, Jette und Therese Kirschbaum, die an aufeinanderfolgenden Tagen alle drei im Februar 1941 starben. Sie alle wohnten (wie alte Frauen) in einem Altenheim. Dort sollen sie der Reihe nach vergiftet worden sein.

Aus: Mordechai W. Bernstein, In labirint fun tkufes, Buenos Aires 1955, S. 236–242.
Übersetzt und kommentiert von Lilian Harlander.

TORA-SCHILDER
GUNZENHAUSEN

Von Bernhard Purin

16a
Tora-Schild (Tass)

Nürnberg, um 1661–1670
Silber
BZ: fehlt
MZ: fehlt (wohl Thomas Ringler, geb. 1638, Meister 1661, gest. 1709)[1]
H: 26 cm; B: 23,5 cm

DOTTHEIM BROOKS FAMILY, NEW YORK

1 NGK, Bd. 1, Teil 1, MZ727. Zu Thomas Ringler vgl. auch: Nürnberger Künstlerlexikon 2007, S. 1237.
 Aus seiner Werkstätte sind weitere jüdische Ritualgegenstände überliefert: *Tora-Schilder*: Jewish
 Museum New York, Inv. Nr. F 3686 (Abb.: Grafman 1996, Kat. Nr. 19); Skirball Museum, Los Angeles,
 Inv. Nr. HUCSM 7.21 (Abb.: Gutmann 1963, Abb. 15); *Kiddusch-Becher*: Jewish Museum New York,
 Inv. Nr. 1982-37 (Abb.: Campbell 2006, Bd. 1, S. 163); Sotheby's New York 1999, Los 287;
 Sotheby's Tel Aviv 2001, Los 31.

16b
Tora-Schild (Tass)

Nürnberg, 1707–1715
Silber
BZ: Nürnberg 1707–1715[2]
MZ: Gottfried Riedel, geb. um 1650 in Breslau/Wrocław,
Meister 1678, gest. 1716 in Nürnberg[3]
H: 22 cm; B: 19 cm

JÜDISCHES MUSEUM FRANKEN, FÜRTH, INV. NR. 3/90

2 NGK, Bd. 1, Teil 1, BZ32.
3 NGK, Bd. 1, Teil 1, MZ723. Zu Gottfried Riedel vgl. auch: Nürnberger Künstlerlexikon 2007, S. 1229f.
  Aus seiner Werkstätte sind zwei weitere *Tora-Schilder* bekannt: Israel Museum, Jerusalem, Inv. Nr.
  148/115 (Abb.: Harburger 1998, Bd. 3, S. 796); ehem. Synagoge Altenkunstadt, Ofr. (vgl. HarInv).

Als 1990 erste Überlegungen zur Errichtung eines Jüdischen Museums in Fürth publik wurden, übergab ein Nürnberger Privatmann dem Stadtmuseum Fürth zusammen mit einem Paar Tora-Aufsätzen und einem *Tora-Zeiger*[4] diese beiden *Tora-Schilder* als Schenkung für das künftige Museum. Ein damals angelegter Aktenvermerk hält fest, dass der Schwiegervater des Überbringers die Objekte in den 1930er Jahren erhalten haben soll. Ihre Herkunft konnte durch die in den 1920er und 1930er Jahren erfolgte „Inventarisation jüdischer Kunst- und Kulturdenkmäler in Bayern" durch Theodor Harburger geklärt werden. Der Kunsthistoriker hatte sie 1927 in Gunzenhausen, einer Kleinstadt im südlichen Mittelfranken, nicht nur dokumentiert, sondern auch Fotografien von ihnen angefertigt.[5] Die Geschichte beider *Tora-Schilder* konnte weitgehend rekonstruiert werden:

Zum *Tora-Schild* aus der Werkstätte Thomas Ringlers vermerkte Harburger, dass es sich dabei um den Privatbesitz von Sigmund Dottenheimer in Gunzenhausen handelte.[6] Einen Widerspruch, der jedoch schnell aufgeklärt werden konnte, brachte ein kleiner Zettel, der bei der Restaurierung 1998 hinter einem der beiden applizierten Einhörner gefunden wurde. Darauf war vermerkt „hineingelegt a. 3. Okt. 1901 / 21. Tischri als hier Sali Haas *Schiur*[7] hatte. Gerolzhofen,

3. Okt. 1901 abends 7 Uhr – Julius Godlewsky". Sigmund Dottenheimer, der sich als Weinhändler häufig in Unterfranken aufhielt, lernte in Gerolzhofen seine Frau Frieda, geb. Reinhardt kennen, die er 1913 heiratete und die das *Tora-Schild* wohl als Teil ihrer Mitgift nach Gunzenhausen brachte. Während des Novemberpogroms 1938 wurde das Haus der Dottenheimers geplündert und verwüstet. 1939 übersiedelte die Familie nach Frankfurt/M. Sigmund Dottenheimer, seine Frau Frieda, ihre Kinder Irene und Werner sowie sein hochbetagter Vater Heinrich wurden 1942 in Vernichtungslager deportiert und ermordet. Der zweitälteste Sohn Kurt, der in München lebte, wurde bereits im November 1941 mit über 1.000 weiteren Jüdinnen und Juden von München nach Kaunas deportiert und unmittelbar nach der Ankunft ermordet. Nur dem ältesten Sohn, Fredy Joel Dottenheimer (1913–1986) gelang 1937 die Emigration in die USA, wo er sich in Saint Louis, MO niederließ.

Ab 1999 bemühte sich das Jüdische Museum Fürth, Anspruchsberechtigte für das *Tora-Schild* zu finden, doch gab es in den USA niemanden mit dem Familiennamen Dottenheimer. Erst die Suche nach Namensvarianten führte schließlich zu Steven R. Dottheim in Jefferson City, MO, einem Sohn von Fredy Joel Dottenheimer, der den

---

4 Zeiger, mit dem während der Toralesung die Zeilen in der Tora-Rolle verfolgt werden, damit die Tora-Rolle nicht berührt wird.
5 Vgl. Harburger 1998, S. 232f.
6 Harburger 1998, Bd. 2, S. 232. Vgl. zu diesem *Tora-Schild* auch: Harburger 1929, S. 102, Abb. 1; Bernstein 1956, S. 317; Purin 1999, S. 24f.; Bohlen 2001; Purin 2001a; Purin 2002; Mühlhäußer 2007; Staudinger 2007, Kat. Nr. 19 und S. 18f.; Schübel 2007; NGK, Bd. 1. Teil 2, Kat. Nr. 154 und Abb. 226; Medicus 2014; Schübel 2014; Haus der Bayerischen Geschichte 2019.
7 Religiöser Lehrvortrag für Erwachsene.

Kontakt zu seiner in New York lebenden Schwester Faye Dottheim Brooks herstellte. 2001 restituierte die Stadt Fürth das *Tora-Schild* an sie und ihren Bruder, die es vorerst im Jüdischen Museum Fürth als Leihgabe beließen. In der Folge entwickelte sich ein reger Kontakt zwischen dem Museum und der Eigentümer-Familie, die seitdem regelmäßig Gunzenhausen besucht. 2003 wurde das *Tora-Schild* beim Gottesdienst zur *Bat Mizwa*[8] der Tochter Kara in New York verwendet, anschließend war es als Leihgabe im Stadtmuseum Gunzenhausen, dann für einige Jahre im Spertus Museum in Chicago. Seit 2019 befindet es sich als längerfristige Leihgabe im Haus der Bayerischen Geschichte in Regensburg.[9]

Auch das zweite *Tora-Schild* wurde von Theodor Harburger dokumentiert und fotografiert. Als Eigentümer vermerkte er die Israelitische Kultusgemeinde Gunzenhausen.[10] Auf der Rückseite trägt es die eingravierte Inschrift „Gestiftet von Nathan und Babette Rosenfelder". Die Stifter Nathan (1868–1923) und Babette Rosenfelder, geb. Braun (1869–1925), betrieben einen Kolonialwarenladen in Gunzenhausen.[11] Einer ihrer Söhne, Jakob Rosenfelder (1904–1934) war eines der Opfer des „Palmsonntagspogroms" vom 25. März 1934, einem der ersten Pogrome der NS-Zeit.[12]

Mordechai W. Bernstein unterlag übrigens einer Verwechslung. Er hatte die *Tora-Schilder* von Gunzenhausen nicht gesehen. Was er sah, war wohl zumindest ein *Tora-Schild* aus der Synagoge im mittelfränkischen Mönchsroth, das ebenfalls aus der Werkstätte von Thomas Ringler stammte, wie sein Gunzenhausener Pendant mit applizierten Einhörnern verziert war und 1951 an das Jewish Museum in New York gelangte, wo es sich noch heute befindet.[13]

8 Wörtlich „Tochter der Pflicht".
9 Die Geschichte der Familie Dottenheimer und ihres *Tora-Schilds* bis in die Gegenwart ist auf der Website „Jüdisches Leben in Gunzenhausen", eines Projekts der Stephani-Mittelschule Gunzenhausen, ausführlich dokumentiert: <https://www.jl-gunzenhausen.de/dottenheimer-sigmund.html>. 2014 floß diese Geschichte auch in einen Tatsachenroman des Autors Thomas Medicus ein, vgl. Medicus 2014.
10 Harburger 1998, Bd. 2, S. 233. Vgl. zu diesem *Tora-Schild* auch: Harburger 1929, S. 102, Abb. 2; Bernstein 1956, S. 317; Ophir 1972, S. 289; Weber 1997, Abb. 4; Purin 1999, S. 25; Purin 2001a; Purin 2002; Purin 2017, S. 73, Abb. 19.
11 Zur Geschichte der Familie Rosenfelder vgl. <https://www.jl-gunzenhausen.de/rosenfelder.html>.
12 Scharf 2004.
13 The Jewish Museum, New York, Inv. Nr. F 3686. Vgl. Harburger 1998, Bd. 3, S. 394; Grafman 1996, Kat. Nr. 19.

DIE GUNZENHÄUSER TORA-SCHILDER

— • • • —

די גונצענהאַוזענער תורה־שילדן

Haben Sie schon Neuigkeiten wegen der Gunzenhäuser *Tora-Schilder*? Diese Frage wurde mir während meiner Berichterstattung im Nürnberger Justizpalast nicht nur einmal gestellt. Dorthin kam ich mit meinen Meldungen zu den wiederentdeckten jüdischen Schätzen, die in der Nazi-Zeit „verloren gegangen" waren. Unter den verschwundenen Objekten wurden auch zwei *Tora-Schilder* der Gemeinde Gunzenhausen gesucht. Warum Gunzenhausen die Ehre einer so besonderen Aufmerksamkeit zuteil wurde, konnte ich nicht feststellen. Vielleicht verlangten Gunzenhäuser Juden, die Deutschland rechtzeitig verlassen und sich ins Ausland gerettet hatten, danach und erinnerten daran, dass ihre *Tora-Schilder* irgendwo sein mussten.

Ich hatte eine genaue Beschreibung dieser Schilder: Das eine war viereckig mit den Maßen 22 cm in der Höhe und 19 cm in der Breite, das andere war halbrund. Das Aussehen der Schilder kannte ich auswendig: Welche Verzierungen sie hatten, die Kronen und Löwen, den zweiköpfigen Adler, der sich auf einem der Schilder befand. Ich kannte auch den Ursprung der Schilder – eines stammte aus der zweiten Hälfte, das andere vom Ende des 17. Jahrhunderts.

Als ich in Gunzenhausen war, hatte ich die seltene Gelegenheit, ein Dorf zu sehen, das über sechshundert Jahre hinweg von jüdischem Blut durchtränkt worden war. 1943 hätte eine jüdische Gemeinde, wenn sie dann noch gelebt und bestanden hätte, ihr sechshundertjähriges Jubiläum gefeiert, denn das früheste Dokument der Gemeinde stammt aus dem Jahr 1343. Ich hatte die Möglichkeit, in verschiedene Archive hineinzublicken und etwas über die Entwicklung dieser Gemeinde zu erfahren, die vor mehr als 600 Jahren mit nur einem Juden ihren Anfang genommen und schon 1374 über einen eigenen jüdischen Friedhof verfügt hatte. Dieser war später dem Erdboden gleichgemacht worden, der Platz heißt jedoch bis heute „Judenkirchhof".[1] Ich wurde auch in die verschiedenen Synagogen geführt, besser gesagt in Häuser, die einst Synagogen gewesen waren. Ich besuchte die letzte, riesige Synagoge, die in der „Kristallnacht" nicht zerstört worden war. Sie hatte nicht verbrannt werden können, da sie zu massiv war. Sie mit Dynamit wegzusprengen, war zu gefährlich gewesen, denn ringsherum wohnten hunderte deutsche Familien. Man hat ihr nur den „Kopf abgeschlagen", die beiden schönen Türme abgerissen, die dieses kolossale Gebäude geschmückt hatten.

Ich war auf dem jüdischen Friedhof, auf dem man etliche hundert Grabsteine abgerissen und nur einige wenige an der Wand aufgereiht stehen gelassen hatte. An einem davon war jetzt, nach dem Untergang der Nazis, eine Art „ewiges Licht" angebracht mit einer Inschrift zum Andenken an die Opfer der nazistischen Gräueltaten.

Ich fand heraus, dass aus dem ersten Juden im Jahr 1343 mit der Zeit ein *Minjan* wurde. Dann wurden die Juden verjagt, sie kamen wieder und wurden wiederum vertrieben – bis zum Jahr 1808 gab es dort schon 54 Familien mit 235 Seelen. Im städtischen Standesamt gab man mir eine genaue Statistik über den Verlauf der weiteren Jahre: 1833 – 267 Juden; 1858 – 202 Juden (inzwischen war es zu der großen Emigrationswelle bayerischer Juden nach Amerika gekommen); 1885 – 293 Juden; 1905 – 297 Juden; 1925 – 219 Juden. Diese Zahl ist auch für das Jahr 1933 belegt, als Hitler Machthaber über Deutschland wurde.

---

1 Seit 1958 Schrannenplatz.

Und danach?

1936 – 113 Juden.

1942 – Die letzten paar Juden „umgesiedelt"…

1951 – als ich dort war – keine einzige jüdische Seele mehr!

Meine Gemeindechronik erzählt mir:

1933: allgemeine Bevölkerungszahl – 5424, davon 219 Juden; eine Synagoge, ein Friedhof, eine *Mikwe*. Vereine: *Chevra Gemilut Chasadim* (1740 gegründet) – 37 Mitglieder; Israelitischer Frauenverein (1750 gegründet) – 57 Mitglieder; Israelitische Armenkasse der Gemeinde; Gesellschaft Harmonie und ein Jüdischer Jugendverein. In der israelitischen Volksschule gibt es eine Klasse, in der 17 Kinder lernen. Der Lehrer ist Max Levite.[2] Es gibt einen Kantor und Schächter in einer Person – Markus Rehfeld.[3] Gunzenhausen gehört zum Rabbinatsbezirk Ansbach, dessen Rabbi Eli Munk[4] ist. Das alles wusste ich, aber ständig trug man die Frage an mich heran: Haben Sie schon Neuigkeiten wegen der Gunzenhäuser *Tora-Schilder*?

***

Tausende *Tora-Schilder* hatte es in deutschen Synagogen und in Privathäusern gegeben. Die Ausführung war überall beinahe dieselbe: eine Zierde für die Tora, die mit Ketten an den *Ez Chajim* befestigt wurde. In der Mitte des Schildes, das mit den verschiedensten Ornamenten verziert war, befand sich ein leeres Kästchen, in das unterschiedliche Täfelchen gesteckt wurden, mit den Namen der Feiertage, an denen die Tora-Rolle benutzt wurde. Es gab *Tora-Schilder* aus Zinn, Silber und vergoldet. Häufig waren zusätzlich die Namen der Stifter eingraviert und wann das Schild gefertigt worden war. In manchen Orten hießen sie auch *Tora-Tass*.[5] Im Landesmuseum in Wiesbaden,[6] wohin alle wiederentdeckten Exponate gebracht worden waren, sah ich hunderte dieser Art, wahrlich ein buntes Mosaik an Kunststilen, Genres und Formen.

---

2 Max Levite (1878–1942), 1922–1938 Lehrer der Israelitischen Volksschule in Gunzenhausen. Vgl. <https://www.jl-gunzenhausen.de/levite-max-121.html>.

3 Markus Rehfeld (1869–1938), 1920–1933 Kantor und Schächter. Vgl. <https://www.jl-gunzenhausen.de/rehfeld-markus.html>; Der Israelit, 79. Jg., Nr. 12 (07.04.1938), S. 12.

4 Rabbiner Dr. Elie Munk (1900–1981), 1926–1937 Bezirksrabbiner in Ansbach. Vgl. Brocke/Carlebach 2009, Bd. 2, S. 378f.

5 *Tass* (wörtlich „Platte, Blech") bezeichnet ein *Tora-Schild*. Diese wurden im deutschsprachigen Raum auch als „*Tora-Tass*" oder „Tora-Blech" bezeichnet.

6 Im Museum Wiesbaden war 1945–1952 der Central Collecting Point Wiesbaden untergebracht, in dem die US-Army geraubtes jüdisches Eigentum sammelte.

Gunzenhäuser *Tora-Schild* vom Ende des 17. Jahrhunderts.

Gunzenhäuser *Tora-Schild*, hergestellt in Nürnberg zwischen 1675 und 1680.

Wo aber sind die *Tora-Schilder* von Gunzenhausen? Hier muss ich ein Kapitel überspringen und direkt zu einem Zufall überleiten. Aus verschiedenerlei Gründen war ich in Ansbach. Dort zu sein und die Synagoge mit ihrem wunderbaren Barock-*Almemor* nicht anzusehen, käme einem Verbrechen gleich. Und wenn man schon in der Synagoge ist, muss man sich auch ansehen, was sich in den angrenzenden Kämmerchen befindet. Aus meiner praktischen Erfahrung wusste ich, dass sich hier so manches verstecken konnte. Tatsächlich fand ich auf dem Dachboden eines dieser Kämmerchen einen echten Schatz: Auf zwei Betten und darunter war ein Berg von Altmetall und Altwaren geworfen worden. Darin fand ich unter dutzenden Wunderdingen die gesuchten Gunzenhäuser *Tora-Schilder*. Fragen Sie mich nicht, wie sie dorthin kamen. Ich will auch nicht erzählen, wer diese jüdischen Kunstschätze an solch einem unwürdigen Ort aufbewahrt hatte. Das ist uninteressant, denn der Punkt ist doch folgender: Ich brachte nicht nur den Bericht, dass ich die gesuchten *Tora-Schilder* gefunden hatte, zum Nürnberger Justizpalast. Es wurde auch ein großer Prozentsatz der dortigen Objekte hingebracht…

Nach jahrelanger Wanderschaft und Schändung kamen sie wieder an ihren rechten Platz – zwei weitere gerettete, „nicht-verbrannte Scheite".

Aus: Mordechai W. Bernstein, Nisht derbrente shaytn, Buenos Aires 1956, S. 314–317.
Übersetzt von Lara Theobalt, kommentiert von Bernhard Purin.

PIETÀ CORPUSCULUM SCHNAITTACH

Von Monika Berthold-Hilpert

17
Pietà corpusculum[1]

Süddeutschland, 14. Jh.
Holz, hinten ab dem Schulterbereich ausgehöhlt
H: 99 cm; B: 37 cm; T: 21 cm

HEIMATMUSEUM SCHNAITTACH, INV. NR. 1534

1 Eine Pietà corpusculum ist ein Sondertypus des Vesperbildes, der um die Mitte des 14. Jahrhunderts
entstand und sich vereinzelt noch bis zum Beginn des 15. Jahrhunderts findet. Die trauernde Maria
hält ihren kindhaft kleinen Sohn in den Armen. Geburt und Tod des Kindes wird als untrennbare
Einheit empfunden. Bei der Schnaittacher Pietà handelt es sich zudem um eine sogenannte
freudvolle Pietà. Marias Gesichtsausdruck ist nicht gramgebeugt, sondern zeigt ein schmerzliches
Lächeln als Ausdruck der Freude über die erfolgte Erlösung.
Vgl. hierzu Kapilová 2017, S. 18–23; S. 189–190; S. 193–208 und Kapilová 2019, S. 189–195.

Die Schnaittacher Synagoge aus dem Jahr 1570 – seit 1996 Teil des Jüdischen Museums Franken[2] – wurde während der Novemberpogrome 1938 geschändet und geplündert. Anders als die meisten deutschen Synagogen ging sie jedoch nicht in Flammen auf. Der Schnaittacher Hafnermeister Gottfried Stammler (1885–1959), leidenschaftlicher Sammler und ehrenamtlicher Leiter des örtlichen Heimatmuseums, verhinderte die Einäscherung, da er den Gebäudekomplex, bestehend aus Synagoge, Vorsänger- und Rabbinerhaus schon länger als geeignetsten Ort für sein räumlich beengtes Heimatmuseum ins Auge gefasst hatte.[3]

Am 10. November 1938 war er am Ziel seiner Wünsche: Die Marktgemeinde Schnaittach überließ ihm und seinen Mitstreitern die für 100 RM zwangsverkauften Gebäude der Kultusgemeinde Schnaittach. Stammler machte sich sofort zügig an die Umsetzung seines Traums. Bis zum Ausbruch des Zweiten Weltkriegs im September 1939 waren die drei Anwesen entkernt, umgebaut, durch neue Treppen und Wanddurchbrüche miteinander verbunden, neu gestrichen und mit Vitrinen bestückt. Im Vorsängerhaus richtete Stammler eine ländliche christliche Wohnstube ein, mit Kruzifix, Hitlerporträt und dem zur *Spenden-Büchse* für das Heimatmuseum umgestalteten Opferstock aus der Synagoge.[4] Das Fachwerk an den Gebäudefassaden wurde freigelegt

und ein Ausleger mit der Aufschrift „Heimatmuseum" angebracht. Nichts sollte mehr an die frühere Funktion des Gebäudes und an seine jüdischen Nutzer erinnern, die Schnaittach bis zum Frühjahr 1939 zwangsweise verlassen mussten. Übrig blieben bis in die Nachkriegszeit zwei Vitrinen ohne Beschriftung im 1. Obergeschoss des Heimatmuseums mit geraubten Ritualgegenständen aus dem Besitz der jüdischen Gemeinden des ehemaligen Rabbinatsbezirks Schnaittach.

Die einschneidendste Umdeutung erfuhr der Synagogenraum als größter Ausstellungssaal des neuen Museums. Wohl zur Untermauerung seiner Ansprüche auf die Synagoge als Sitz des Heimatmuseums hatte Stammler bereits Ende November 1938 ohne jeglichen Quellennachweis die Behauptung aufgestellt, an Stelle der Synagoge habe sich vorher die älteste Schnaittacher Kirche befunden.[5] 1953 suchte er dann mit Hilfe von Grabungen in und neben dem Synagogengebäude vergeblich nach Resten einer in der ersten Hälfte des 14. Jahrhunderts aufgelassenen romanischen Kirche mit Presbyterium und Friedhof. An der Geschichte der Johannis-Kirche unter der Synagoge hielt er trotzdem fest.[6] Vor diesem Hintergrund war es für ihn dann nur konsequent, die Synagoge in einen quasikirchlichen Ausstellungsraum für christliche Kunst mit Grabkreuzen,

---

2 Zur Konzeption des Jüdischen Museums Franken in Schnaittach vgl. Purin 1996, S. 4–9.
3 Zur Aneignung des Gebäudekomplexes der jüdischen Gemeinde, dessen Umbau in das Heimatmuseum und der Rolle Gottfried Stammlers hierbei vgl. Berthold-Hilpert 2018. Eine teilweise andere Sicht der Vorgänge findet sich bei Renda 1989 und Wolf/Tausendpfund 1997, S. 677–682.
4 Jüdisches Museum Franken, Fotoarchiv Schnaittach, Nr. 1405/190. Vgl. Purin 2003, Kat. Nr. 6.1.
5 Heimatmuseum Schnaittach, Archiv, Landesamt für Denkmalpflege, Durchschrift eines Schreibens von Gottfried Stammler an Kreisleiter Erich Walz, 29.11.1938.
6 Heimatmuseum Schnaittach, Archiv, Schreiben von Gottfried Stammler an das Landesamt für Denkmalpflege München, Schnaittach, 23.08.1953. Bericht über die im Kirchenraum, (frühere Synagoge) vorgenommenen Ausgrabungen, zwecks Auffindung von Bauresten, der sagenhaften, ersten christlichen Kirche in Schnaittach, vgl. Nürnberger Zeitung 1953.

Heiligenfiguren und Altarbildern umzugestalten.

Im Mittelpunkt dieser Neuinszenierung stand der in einen Altar uminterpretierte *Tora-Schrein*. Stammler ließ die zur Lade führenden Treppenstufen und die Holztüren des Schreins entfernen, das *Misrachfenster*[7] und den Schrein selbst zumauern, verputzen und streichen.[8]

In den *Tora-Schrein* stellte Stammler eines der bemerkenswertesten Objekte aus der Sammlung des Heimatmuseums Schnaittach. Eine hölzerne, vermutlich aus der Mitte des 14. Jahrhunderts stammende Pietà: eine Skulptur Marias, die ihren toten, vom Kreuz abgenommenen Sohn auf ihrem Schoß in den Armen hält. Wie dieses Objekt in die Sammlung des Heimatmuseums gelangte, lässt sich nicht nachvollziehen. Weder das Altinventar von Gottfried Stammler noch ein weiteres, aus den 1980er Jahren stammendes Inventar, auf das die Inventarnummer der Pietà verweist, konnten eingesehen werden. Die Pietà könnte aus Stammlers Privatsammlung stammen, die im Heimatmuseum aufging. In Stammlers Chronik des Heimatmuseums findet sich jedoch ein interessanter Hinweis auf die mögliche Herkunft. Im November 1933 berichtet er dort vom Erwerb von 39 Holzschnitzereien „für kirchliche Zwecke" aus der Oberpfalz, die er aus „einem Judenhaus

in Ottensoos" für 60 Mark erwerben konnte. War die Pietà vielleicht Teil dieses Ankaufs?[9]

Mit der Platzierung der Gottesmutter im *Tora-Schrein* folgte Stammler bewusst oder unbewusst einer bereits im Mittelalter üblichen Tradition, nach der Vertreibung oder Ermordung der jüdischen Bevölkerung ihre Synagogen in Marienkirchen umzuwandeln oder mit Marienkirchen zu überbauen. Beispiele hierfür finden sich in München, wo eine Pietà 350 Jahre lang christliche Wallfahrer in die ehemalige Synagoge zog,[10] aber auch in Bamberg,[11] Nürnberg,[12] Pappenheim,[13] Regensburg,[14] Rothenburg ob der Tauber[15] oder Würzburg.[16] Die über den Tod ihres Sohnes trauernde und am Passionsgeschehen teilhabende Maria steht als Sinnbild für die Schuld der Juden am Tod von Jesus Christus und „reinigt" als Symbol der Unbeflecktheit das aus christlicher Sicht „unreine" jüdische Gotteshaus.

Die Schnaittacher Pietà, die in der Forschung noch nie kunsthistorisch beschrieben oder eingeordnet wurde, steht seit den 1990er Jahren im neu eingerichteten Heimatmuseum Schnaittach, ein Hinweis auf die Ausstellungsgeschichte des Objekts als „Gottesmutter im *Tora-Schrein*" fehlt.

7 Fenster, das in Synagogen in die nach Osten (Gebetsrichtung) gerichtete Wand (Misrachwand) eingelassen ist.
8 Jüdisches Museum Franken, Fotoarchiv Schnaittach, Nr. 1405/75.
9 Staatsarchiv Nürnberg, Rep. 499, Nr. 290, Abgabe von Archivpfleger Gottfried Sammler, Schnaittach, Chronik des Heimatmuseums Schnaittach 1923–1956, S. 89.
10 Purin 2008, S. 24f.
11 Kraus 2007, S. 72f.
12 Kraus 2010, S. 466–468.
13 Kraus 2010, S. 522.
14 Kraus 2007, S. 261–264.
15 Kraus 2010, S. 545f.
16 Kraus 2015, S. 490.

DIE »GOTTESMUTTER« IM SCHNAITTACHER TORA-SCHREIN

• • •

„גאָטס מוטער" אין שנייטאַכער ארון־קודש

Ich schäme mich nicht zu sagen, dass ich in Bezug auf das christliche Mysterium kaum ein Experte bin. Hinsichtlich der christlichen Dogmen bin ich grundsätzlich ein gar Unwissender. Ich kann zum Beispiel den „tieferen Sinn" des neuen Glaubenssatzes, den der Papst am 1. November des „Heiligen Jahres"[1] proklamiert hat, keinesfalls nachvollziehen. Es geht um das Dogma, dass Miriam,[2] die Mutter von Jesus, „leiblich" in den Himmel aufgenommen wurde, dass sie physisch mit ihrem Körper in den Himmel aufgefahren ist.[3] Was der katholischen Kirche in den letzten 1950 Jahren gefehlt hat und warum sie dadurch wiederhergestellt wurde, ist mir ein Rätsel. Ich verstehe es nicht.

Eigentlich habe ich mit der „Mutter" regelmäßig mehr Mitleid als Verdruss, denn was ist sie, nebbich, Schuld daran, dass ihr Sohn das erlebt hat, was wir heutzutage erleben? Ich habe regelmäßig tiefes Mitgefühl mit ihr, bei meinen Besuchen in verschiedenen christlichen Tempeln (Münster, Dome oder gewöhnliche Kirchen), wo ich unsere Relikte aufzustöbern pflege. Was tut sie dort eigentlich? Und es scheint mir, als würde in ihrem von Trauer gezeichneten Gesicht die Frage liegen: „Was will man von mir? Ich bin doch wie das fünfte Rad am Wagen." Ich kann mich nicht daran erinnern, irgendwo jemals ein fröhliches Gesicht der Madonna gesehen zu haben. Wer weiß, vielleicht ist es tatsächlich das Arkanum, das tiefe Geheimnis des neuen Dogmas, dass man der Mutter dieselben Bürgerrechte

---

1 Heiliges Jahr, auch Jubeljahr genannt, ist in der römisch-katholischen Kirche ein besonderes Jubiläumsjahr.
2 Bernstein verwendet hier bewusst die hebräische Form von Maria, wohingegen er das phonetisch geschriebene Jesus (יעזוס) und nicht die hebräische Form Jeschua oder Jehoschua (יהושע) verwendet.
3 Das Dogma der leiblichen Aufnahme Marias in den Himmel wurde am 1. November 1950 von Papst Pius XII. ausgerufen und ist eine logische Folge des Dogmas der unbefleckten Empfängnis, das 1854 verkündet und 100 Jahre später als erstes Marianisches Jahr (ein Jubeljahr) gefeiert wurde.

gewähren will wie ihrem Sohn. Ich kann auch nicht beurteilen, ob die Wahrheit bei den nicht-katholischen Christen liegt, die sich beklagen, dass das neue Dogma des Vatikans die Dreieinigkeit verkrüppelt und eine „Viereinigkeit" geschaffen habe. Damit habe Rom die Grundpfeiler des Christentums zerstört. Aber diese interne Diskussion ist für mich so wichtig wie Schnee vom letzten Jahr. Möglicherweise ist diese Mary-Metamorphose für Schalom Asch[4] sehr wichtig. Er wird in einer neuen Auflage seiner Christus-Trilogie gewisse Kleinigkeiten korrigieren müssen und ein paar Wunder überarbeiten, um sie an das neue Dogma anzupassen.

Wie gesagt, meine Beziehungen zur Madonna waren also – wenn man es so ausdrücken will – neutral. Aber bei ein paar Besuchen in deutschen Dörfern fing sie an, mir ein wenig Kummer zu bereiten. In Wahrheit war sie aber auch in diesen Fällen nicht persönlich schuldig. Andere hatten sie genau wie vor zweitausend Jahren zu einem Verdruss bereitenden Objekt gemacht. Was ich zu „Mary" (nicht die von Schalom Asch) habe, werde ich jetzt erzählen.

***

Nicht weit entfernt von Nürnberg befindet sich das Dorf Schnaittach. Es gab dort, auch bevor Hitler an die Macht kam, keine große jüdische Gemeinde. Insgesamt lebten im Jahr 1933 dort 51 jüdische Seelen, bei einer allgemeinen Einwohnerzahl von mehr als zweitausend. Die Gemeinde war aber gebadet in jahrhundertealtem Ansehen und Berühmtheit. Diese Ansiedlung hat eine reiche, farbenbunte und wunderbare Geschichte. Die jüdische Ansässigkeit dort ist sehr alt. Bereits im Jahr 1498 wird ein Schnaittacher Jude Samuel in Nürnberg erwähnt, wo er vor Gericht stand und einen jüdischen Eid leistete. Es ist gesichert, dass es 1505 dort eine organisierte Gemeinde gab. Ab diesem Datum existieren Archivunterlagen dazu. In den verschiedenen staatlichen Archiven, die ich besucht hatte (Amberg, Bamberg, Nürnberg, Augsburg und München) stieß ich auf einzelne Dokumente und ganze Aktenbände, die eine Verbindung zu den

---

4 Schalom (auch Sholem) Asch (1880–1957), jiddischer Schriftsteller und Dramatiker. Der 1949 verfasste biografische Roman „Mary" war Teil einer Trilogie, die Biografien christlicher Persönlichkeiten zum Thema hatte. Vgl. Niger/Sitarz 2007.

Schnaittacher Juden hatten. Besondere Bedeutung hat das Register der Schnaittacher Gemeinde (das auf Jiddisch geführt worden war und Chroniken und Protokolle von 1640 bis 1810 aufgezeichnet hatte).[5] Ich hatte die glückliche Gelegenheit es durchzublättern, als ich im Keller des Nürnberger Staatsarchives fünfzig Archive von jüdischen Gemeinden gefunden hatte, die den Juden von Gestapo-Leuten geraubt worden und wie durch ein Wunder erhalten geblieben waren. In diesem Schatz jüdischer Geschichte befand sich auch das Archiv der jüdischen Gemeinde Schnaittach, das mehr als hundert Aktensammlungen und zehntausende Dokumente enthielt: eine wunderbare Geschichte, ein wahres Kaleidoskop an Menschen, Geschehnissen und Fakten.

Eine seltene Gemeinde war das, wo über Jahrhunderte das Rabbinat von berühmten Männern geführt wurde. Es gab dort (gleichzeitig mit Fürth) eine der bekanntesten *Jeschiwot* Deutschlands.[6] Die „Weisen von Schnaittach" waren für Juden weit über die Grenzen von Deutschland hinaus ein Begriff. Die *Takkanot Schnaittach*[7] werden in vielen Responsen erwähnt und Rabbiner beriefen sich stets auf sie.[8] Schreiber nahmen die Mühe auf sich, aus der Ferne nach Schnaittach zu reisen, um eine Empfehlung für ihre traditionellen Texte zu erhalten. Schnaittacher Rabbiner wurden in sehr große Gemeinden (Prag, Wien) „abgeworben" und andersherum hielten es Rabbiner aus sehr respektablen Gemeinden für eine große Ehre, in die heilige Gemeinde von Schnaittach aufgenommen zu werden. Der Familienname Schnaittacher ist über die ganze Welt verstreut. Aber das war bereits in den letzten fünfzig Jahren weit entfernte Vergangenheit. Die letzten fünfzig Juden, die in der Hitlerzeit in Schnaittach gelebt hatten, waren weit entfernt von einem Tora-treuen Jüdischsein. Sie waren einfache Juden: Hausierer, Getreide- und Viehhändler.[9]

Wie eine Spur der ehemaligen Prunkzeiten blieben das enorme Synagogen-Gebäude in der Judenschulgasse Nummer 89 (der Name der Straße geht auf die *Jeschiwa* zurück, die sich dort befunden hatte), die *Mikwe* und ein sehr interessanter Friedhof. Noch nirgendwo sah ich eine solch große

---

5 Die *Pinkassim* (Gemeindeprotokolle) von Schnaittach haben sich teilweise erhalten. Sie befinden sich heute in den Central Archives for the History of the Jewish People (CAHJP) in Jerusalem, Signatur D/Sc10 und wurden ediert. Vgl. Hildesheimer 1991.
6 Schnaittach bildete gemeinsam mit den jüdischen Gemeinden von Ottensoos, Forth und Hüttenbach den Rabbinatsbezirk „Medinat Aschpah".
7 Wörtlich „Regeln, Normen".
8 Vgl. Weinberg 1909.
9 Die Ausführungen zur jüdischen Geschichte Schnaittachs entnahm Bernstein aus: Weinberg 1909.

Zahl an Grabsteinen mit den Namen angesehener Gemeindemitglieder. Leiter, Gemeindevorsteher, Nobelmänner, traditionelle Gelehrte, angesehene Wissenschaftler und *Talmud*-Gelehrte. Von der Architektur dieser steinernen Zeugen ist gesondert zu berichten. Die Synagoge hier ist die älteste Fachwerk-Synagoge in Bayern (sie befindet sich an dieser Stelle schon mehr als vierhundert Jahre) und stellt einen Anziehungspunkt für Tausende von Nah und Fern dar.

Die Synagoge in Schnaittach, in der sich heute das Heimatmuseum befindet.

Sie ging aus der „Kristallnacht" unbeschadet hervor, nicht nur weil das Gebäude wie ein altertümliches Objekt unter Denkmalschutz stand, sondern vor allem deshalb, weil um die Synagoge herum in dieser ehemaligen jüdischen Straße bis heute Deutsche wohnen. Und wäre die Synagoge angezündet worden, hätten die Flammen die benachbarten und dicht besiedelten Wohnungen nicht verschont. Die Synagoge wurde mit einfachen Worten „nur" geplündert. Während dieser blutigen Feuernacht geschah ein Wunder. Es fand sich ein Deutscher ein, ein Ofenmacher namens Stammler, der Vorsitzende der Ofenmacherzunft (Schnaittach ist in Deutschland berühmt für seine originale Ofenproduktion). Er rettete aus der geplünderten Synagoge alle Ritualgegenstände und Tora-Rollen und versteckte sie. Da eben dieser Stammler auch einer der Heimatforscher war, setzte er durch, dass im alten Synagogen-Gebäude das Heimatmuseum eingerichtet werden sollte. Tatsächlich brachte er in dieses Museum die von ihm versteckten „Kultgeräte der Juden". Heute ist er der Verwalter des Museums. Bereits seit ein paar Jahren gibt es einen Rechtsstreit zwischen der JRSO (die Organisation in Deutschland, die sich um die Rückgabe des von Nazis geraubten jüdischen Vermögens kümmert) einerseits und Herrn Stammler andererseits. Die JRSO verlangte die Herausgabe der Objekte und Stammler argumentierte, dass er sie nicht geraubt, sondern gerettet habe und sie den Erben der Schnaittacher Juden zurückgeben würde. Obwohl sie alle ausgerottet wurden, habe er nichts dagegen, wenn neue Juden nach Schnaittach kämen, denen er die Objekte geben würde. Stammler gewann in allen Instanzen der alliierten Gerichte. Es wurde nicht nur bewiesen, dass er die Ritualobjekte gerettet hatte, sondern auch, dass er deswegen sogar an Verfolgungen durch die Nazis zu leiden hatte. Im Auftrag der JRSO und des Bezalel-Museums in Jerusalem musste ich eine genaue Inventarisierung der Wertobjekte vornehmen. Und während meines Verweilens in Schnaittach wurde ich wirklich überrascht, denn solch einen Reichtum und solch eine Pracht hatte ich nie zuvor an einem Ort gesehen: Mehr als zehn Tora-Rollen, ein paar Dutzend silberne und vergoldete *Tora-Kronen, Rimonim* und *Tora-Schilder, Chanukka-Lampen, Schabbat-Leuchter, Schiwiti-Licht*[10] und Wandlampen, *Tora-Vorhänge*, Mäntelchen,

---

10 *Schiwiti* ist das erste Wort des Psalms 16,8 (Ich *habe* den Herrn allezeit vor *Augen*; er steht mir zu Rechten, so wanke ich nicht) und wird häufig in Form eines siebenarmigen Leuchters gemäß der sieben Verse auf Plaketten oder als Buch-Illustration dargestellt.

Tischtücher und bestickte kleine Vorhänge, *Kiddusch-Becher*, *Hawdala-Teller*,[11] Beschneidungsmesser und ein paar hundert bestickte und bemalte Wimpel, also *Tora-Binder*; und als Ergänzung heilige und alltägliche Bücher.

Der erwähnte Stammler führte mich umher und zeigte mir die geretteten Schätze. Er machte deutlich, dass er sie nicht aus „ihrer Heimat" herausgeben werde. Er wird, er wird…Ich ging mit ihm durch das Heimatmuseum, von Raum zu Raum und im Dachgeschoss von einer Dachkammer zur nächsten. Währenddessen erzählte er und zeigte in allen Details, wo die „Professoren der *Talmud*-Hochschule" gewohnt hatten (*Roschei-Jeschiwa*) und die Zimmer der „Studenten" (*Jeschiwa-Bocher*). Es stellte sich heraus, dass die Frauen nicht nur einen abgetrennten Bereich in der Synagoge hatten, sondern sogar einen eigenen, streng separierten Eingang zu ihrer Frauenschul und Stammler erklärte mir in seiner „Weisheit", dass „die Frauen bei den Juden unterjocht werden".

Nachdem wir durch die anderen Räume gegangen waren, wo sich unter anderem auch eine wunderbare Sammlung altjüdischer Gewänder mit Hüten und Kappen für Frauen befand, gelangte ich in die „Haupthalle" des Museums, das heißt genauer gesagt der Synagoge, denn bis dahin hatte man mir nur die Seitenkammern gezeigt. Ich war immer noch verblüfft von der Größe des Gebäudes – mindestens ein paar hundert *Minjanim* hätten hier Platz gehabt. Und…an der Ostwand, in der ehemaligen Nische des *Tora-Schreins* stand sie…die „heilige Miriam". Einen besseren Platz konnte der Museumsverwalter Stammler nicht finden. Erschüttert von Scham und Schmerz wandte ich den Blick von der Ostwand dieses Schnaittacher Schreins ab; nicht nur wegen der religiösen Profanität, sondern auch wegen des blutigen Witzes, wegen der höhnischen Farce, die solch ein Bild (absichtlich oder nicht) erschafft: „Sie" als Erbin jenes Ortes, an dem „Du sollst nicht töten" galt! Dorthin, wo der Ort des göttlichen „Ichs"[12] war, hatte man die Figur gebracht – solch blutigen Hohn konnte sich selbst der scheußlichste Mephisto nicht ausdenken.

11 Teller, über dem am Schabbat-Ausgang der Segen über Licht gesprochen wird.
12 Hebräisch *anokhi*, ist das erste Wort der zehn Gebote, mit dem Gott sich selbst beschreibt (Ich bin der Ewige, dein Gott).

***

Da wir an diesem Punkt angelangt sind, lohnt es sich, ein kleines Detail anzufügen, das mit der „Mutter" zu tun hat: Im Württemberger Landesmuseum fand ich etwas, das mit demselben „mütterlichen" Thema in Verbindung stand. In diesem Museum in Stuttgart befinden sich zwei wertvolle Holzstatuen, die die Madonna und den Apostel Johannes den Täufer darstellen. Sie wurden zu Beginn des 14. Jahrhunderts aus Lindenholz geschnitzt (ungefähr 1330) und stammen aus der Bodensee-Gegend.[13] Die Herstellungstechnik solcherart Statuen ist folgende: Das geschnitzte Holz wird mit einem glatten Material überzogen und danach mit Leinen beklebt. Und erst auf das Leinen kommt die Gipsschicht, die bemalt, kaschiert und koloriert wird. Vor mehr als sechshundert Jahren wurden diese Holzstatuen geschnitzt. Anschließend wurde der Lindenholzkorpus mit einem glatten Material überzogen. Durch das Alter wurde der Gips porös und platzte an manchen Stellen ab. Dadurch wurde das glatte Material sichtbar und… eine hebräische Pergamentschrift trat zutage! Da stehen die Madonna mit ihrem Trauergesicht und der taufende Apostel mit frommer Miene und an ihre hölzernen Hüllen sind Tora-Blätter geklebt. Aus diesem brüchigen Gips bricht unsere hebräische Quadratschrift hervor. Auf einem Fuß von Miriam konnte ich ablesen: „Vater im Himmel, erbarme dich unseres Volkes Israel…"

Was soll man zuerst bestaunen, den Hohn, den Zufall oder diese verrückte Verflechtung? Und rückblickend ließ mich die Geschichte aus dem Württembergischen Museum unberührt, im Gegenteil, ich wünschte mir, dass noch mehr Gips bröckeln sollte, dass noch mehr Farbe von dem hölzernen Körper absplittern sollte. Mehr und mehr sollte die Schmach der geschändeten Tora-Rolle aufgedeckt werden, des Vandalismus, der im Namen des Sohnes und der Mutter veranstaltet worden waren…Es ließe mich gar nicht mehr unberührt, wenn noch mehr Farbe von den Statuen abblättern und sich noch mehr unserer Buchstaben darlegen würden. Das wäre ein Beweis dafür, dass die heutigen Zerstörer der Tora-Blätter ihr

---

13 Vermutlich sind die Figur des Johannes aus Ebratshofen (Inv. Nr. 1912-13677) und die Muttergottes aus Stockach (Inv. Nr. 1909-12890) im Landesmuseum Württemberg gemeint, wobei es sich bei dem Johannes um den Evangelisten und nicht den Täufer handelt. Vgl. Baum 1917, S. 71f. und S. 77f.

Handwerk durch Vererbung ausübten, schon vor hunderten von Jahren beherrschten ihre Vorfahren dieses Fach.

Aus: Mordechai W. Bernstein, In labirintn fun tkufes, Buenos Aires 1955, S. 221–227. Übersetzt und kommentiert von Lilian Harlander.

SYNAGOGEN-MAHNMAL ASCHAFFENBURG

Von Jutta Fleckenstein

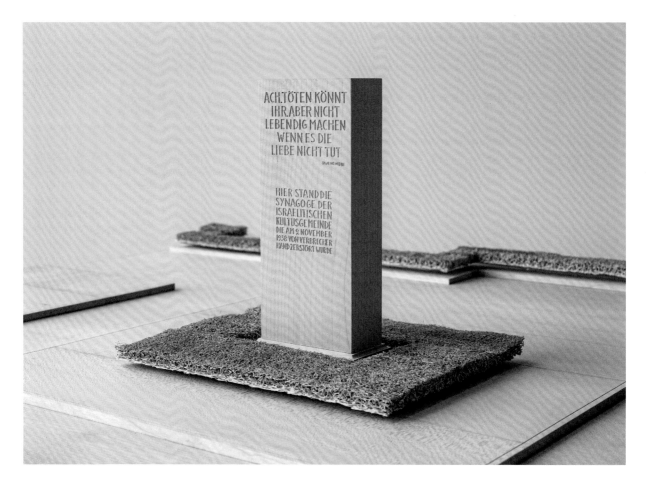

18
Synagogen-Mahnmal

auf dem Wolfsthalplatz
in Aschaffenburg, 1946
Modell, Ahorn, 2020
Modellwerkstatt Gerhard Stocker, Wien
H: 20,3 cm; B: 96 cm; T: 96 cm

MUSEEN DER STADT ASCHAFFENBURG

Mordechai W. Bernstein fand bei seiner Reise nach Aschaffenburg im Jahr 1951 am Ort der ehemaligen Synagoge ein Mahnmal mit Inschrift vor. Da es sich mit „kulturhistorischen Tatsachen" befasse, schrieb er daraufhin an den damaligen Leiter des Stadtarchivs, Dr. Willibald Fischer, verdiene „das durch den Stadtrat aufgestellte Denkmal, sowie die Nennung dieses Platzes mit dem Namen Wolfsthalplatz, verewigt zu werden." Er bat darum, „eine Aufnahme des Denkmals, sowie eine Aufnahme des Straßenwinkels, wo das Namensschild des Platzes vorhanden ist und eine biografische Notiz über Herrn Wolfsthal ausfindig zu machen."[1]

Bernstein erkannte auf seiner Reise durch Unterfranken sofort eine Besonderheit der Erinnerungskultur in Aschaffenburg. 70 Jahre nach Bernsteins Besuch können Erinnerungszeit, -ort und -initiatoren noch einmal beleuchtet werden.

Das Synagogen-Mahnmal in Aschaffenburg wurde bereits im November 1946[2] enthüllt und gehört somit zu den frühesten Erinnerungszeichen in der deutschen Nachkriegszeit. Während in anderen deutschen Städten – wenn überhaupt – im Jahr 1946 die Militärbehörden oder jüdische Überlebende die Initiatoren von Gedenksteinen und Mahnmalen waren, ging die Initiative in Aschaffenburg vom Stadtrat aus.

Hier nur drei Beispiele aus dieser Zeit zum Vergleich: In Frankfurt/M. initiierte die amerikanische Militärbehörde den Gedenkstein für die ehemalige Synagoge in der Friedberger Anlage. In Lampertheim in Hessen realisierte der Verband ehemaliger jüdischer Frontkämpfer und Partisanen ein Mahnmal für die jüdischen Opfer des Nationalsozialismus auf dem Jüdischen Friedhof. In Itzehoe in Schleswig-Holstein setzte sich Gyula Trebitsch[3] mit der Vereinigung der Verfolgten des NS-Regimes für ein Mahnmal für die Opfer des Nationalsozialismus ein. Vergleichbar mit Aschaffenburg war nur die Situation in Düsseldorf. Auch dort initiierte der gewählte Stadtrat die Erinnerungstafel an die zerstörte Synagoge in der Kasernenstraße, die am 9. November 1946 enthüllt wurde.[4]

Der Aschaffenburger Stadtrat legte bereits in der Sitzung vom 27. Februar 1946 das Vorgehen für ein Synagogen-Mahnmal fest: „Die Herrichtung und würdige Ausrichtung des Synagogenplatzes für die Opfer des Faschismus geht dem Ende zu. Die Vorsitzenden der Fraktionen wollen den Wortlaut der Inschrift des aufzustellenden Gedenksteins schriftlich dem Oberbürgermeister einreichen."[5]
Den Vorsitz des Stadtrates hatte seit 1946 Dr. Vinzenz Schwind,[6] dessen Ziel es war, die neue Gartenanlage mit Gedenkstein am 10. März 1946,

---

1 SSAA AR 37, Brief von Mordechai W. Bernstein an Dr. Willibald Fischer vom 13.07.1951. Weitere fünf Briefe vom 20.06.1951, 21.06.1951, 12.10.1951, 7.12.1951, 10.01.1952 liegen vor. Die Adresse der Bildredakteurin Gisela Ploss sowie ein Schreiben von Paul Levy mit Informationen zu Otto Wolfsthal wurden weitergeleitet. Dank an Stephanie Goethals, Stadt- und Stiftsarchiv Aschaffenburg.
2 Main-Echo, 23.11.1946, S. 3.
3 Gyula Trebitsch (1914–2005), später Filmproduzent.
4 Puvogel 1996, S. 296, 335, 530, 738.
5 SSAA ProtS 34, vom 27.02.1946.
6 Dr. Vinzenz Schwind (1910–1974), 1945 bis 1970 Oberbürgermeister in Aschaffenburg.

dem erstmals begangenen „Tag der Opfer des Faschismus" in Bayern, fertigzustellen.[7] Unter der Überschrift „Daran denken! Ein Wort zum 10. März 1946" wendete er sich im Main-Echo an die Aschaffenburger Bürgerinnen und Bürger und erläuterte die Bedeutung des Mahnmals: „Der Gedenkstein an der Stelle, an der noch vor acht Jahren das Gotteshaus der jüdischen Gemeinde Aschaffenburg, die Synagoge, stand, soll nach den Absichten der Stadtverwaltung ein schlichtes Mahnmal zur Erinnerung an die Ereignisse des 8. November 1938 (9. November, Anm. der Verf.) sowohl wie an alle Opfer des Nationalsozialismus sein."[8]

Nachdem der Bau- und Finanzausschuss des Stadtrates am 14. Mai 1946 in einem nächsten Schritt für die Neugestaltung des Synagogenplatzes 10.000 RM bewilligt hatte,[9] vermeldete das Main-Echo am 10. August aus dem Stadtrat, dass das Mahnmal am Synagogenplatz fertiggestellt werde, „wenn die Debatte über die geeignete Inschrift beendet ist."[10] Weiter wurde berichtet: Nachdem bereits ein Entwurf mit dem Goethe-Zitat: „Alle menschlichen Gebrechen sühnet reine Menschlichkeit"[11] vorlag, stellte sich Stadtrat Professor Dr. Karl Rupprecht[12] gegen eine Umsetzung. Er warf hierzu

die Frage auf, wer in der Nachkriegszeit noch die „reine Menschlichkeit" verkörpere. Die CSU habe daraufhin als Vorschlag für eine Inschrift „...und vergib uns unsere Schuld"[13] eingebracht. Schließlich schlug Rupprecht ein Zitat aus Friedrich Hölderlins „Hyperion" vor: „Ach. Töten könnt ihr. Aber nicht lebendig machen. Wenn es die Liebe nicht tut."[14] Alle anwesenden Mitglieder des Stadtrates stimmten dieser Inschrift auf dem Gedenkstein zu.[15]

Bemerkenswert ist hierzu Karl Rupprechts Hintergrund. Geboren 1889 in Uengershausen bei Würzburg, studierte er Klassische Philologie und promovierte in München. In den 1920er Jahren unterrichtete er dort als Lehrer am Wilhelmsgymnasium. In dieser Zeit lernte er die Münchnerin Emmy Frieda Rosenbusch[16] kennen. Sie heirateten, bekamen zwei Kinder und gingen nach 1925 nach Aschaffenburg[17], wo er am heutigen Kronberg-Gymnasium unterrichtete. Karl Rupprecht wurde 1937 nach der Machtübergabe an die Nationalsozialisten im Zuge des „Gesetzes zur Wiederherstellung des Berufsbeamtentums" von 1933 aus dem Schuldienst entlassen und seine Frau aufgrund der jüdischen Herkunft diffamiert. Emmy Rosenbusch überlebte in der

---

7 Bauordnungsamt Aschaffenburg, Hausakte Treibgasse 20, Korrespondenz mit dem Gartengestalter Arnulf Bäuerle, Aschaffenburg zum Wolfsthalplatz, 13. bis 16.02.1946. Dank an Anja Lippert, Museen der Stadt Aschaffenburg.
8 Main-Echo, 9.03.1946, S. 4.
9 SSAA ProtS 35, vom 14. Mai 1946.
10 SSAA ProtS 35, vom 7. August 1946; Main-Echo, 10.08.1946, S. 3.
11 Goethe, J. W., Briefe. Widmung an Georg Wilhelm Krüger, der am 31. März 1827 in einer Aufführung der „Iphigenie auf Tauris" den Orest gespielt hatte.
12 Karl Rupprecht (1889–1970), SSAA Meldekartei Aschaffenburg (Karl Rupprecht).
13 Aus: „Vaterunser", Gebet im Christentum.
14 Leo Baeck Institute, Aschaffenburg, Jewish Community Collection, Clippings and broschure, 1980–1984, darin: Schneider, Siegfried H.: Ach. Töten könnt ihr. Erinnerungen eines Sechzigjährigen. Würzburger kath. Sonntagsblatt, 9. November 1978, S. 14f.; Schneider 1981.
15 SSAA ProtS 35, vom 14. August 1946; Main-Echo, 17.08.1946, S. 3.
16 Emmy Frieda Rosenbusch (1892–1985), StadtA München, Geburtsurkunde, STANM 0048 Nr. 9086.
17 SSAA Meldekartei Aschaffenburg (Karl Rupprecht), StadtA München, PMB R 273 (Karl Rupprecht).

sogenannten privilegierten Mischehe in Aschaffenburg. Ihre Mutter Ida Rosenbusch[18] verstarb mit unbekannter Todesursache 1939 in München. Die Geschichte ihres Vaters in München erinnert an das Schicksal von Otto Wolfsthal in Aschaffenburg: Justizrat Dr. Julius Rosenbusch[19] beging am 16. Juni 1942 in München Selbstmord, um der bevorstehenden Deportation zu entgehen. Direkt nach Kriegsende wurde Karl Rupprecht von der amerikanischen Militärbehörde beauftragt, das Schulwesen in Aschaffenburg neu aufzubauen und war für die CSU als Stadtrat tätig. Im Oktober 1946 wechselte Rupprecht als Direktor an das heutige Karlsgymnasium nach München-Pasing und lehrte als Honorarprofessor an der Universität.[20]

In der Stadtratssitzung vom 11. September 1946 beschloss der Stadtrat noch einstimmig die „Errichtung eines Grabmals auf dem israelitischen Friedhof auf dem Erbig"[21] für die sieben Aschaffenburgerinnen und Aschaffenburger, die sich 1942 das Leben genommen hatten, um einer Deportation zu entgehen. Im selben Monat wurde der ehemalige Synagogenplatz „zu Ehren des bekannten Bankiers und Wohltäters der Stadt"[22] in Wolfsthalplatz benannt.

Das Synagogen-Mahnmal ist somit eines der frühesten Erinnerungszeichen, in Auftrag gegeben von einer kommunalen deutschen Verwaltung, gut sichtbar in der Aschaffenburger Innenstadt. Bernsteins Vermutung, es gehöre zu den „Denkmälern bußfertiger Sünder" und dass die, „die in der ‚Kristallnacht' Feuer gelegt hatten oder Dynamit verwendet hatten, dieselben waren, die später Denkmäler zur Wiedergutmachung aufstellen",[23] trifft zumindest für den Stadtrat Karl Rupprecht nicht zu. Allerdings wurde der Gedenkstein am ehemaligen Synagogenplatz bereits am 26. November 1946 mit Hakenkreuzen geschändet.[24]

18 Ida Rosenbusch, geb. Ansbacher (1869–1939), vgl. Stadtarchiv München 2007.
19 Dr. Julius Rosenbusch (1862–1942), vgl. Stadtarchiv München 2007.
20 Kutzbach 1977, S. 26–29.
21 SSAA ProtS 35, vom 11. September 1946; Main-Echo, 14.09.1946, S. 3.
22 Main-Echo, 25.09.1946, S. 3. Außerdem wurden zwei weitere Straßen nach den bekannten Aschaffenburger Familien jüdischer Herkunft, Dilsheimer und Dessauer, zurückbenannt.
23 S. dazu den Beitrag „Der Otto-Wolfsthal-Platz in Aschaffenburg" in diesem Band, S. 292.
24 Nazi-Buben beschmieren Juden-Mahnmal, in: Main-Echo, 23.11.1946, S. 3. Hierzu Leserbrief von Paul Levy, in: Main-Echo, 27.11.1946, S. 5. 5000 Mark Belohnung für die Auffindung der Denkmalsschänder, in: Main-Echo 30.11.1946, S. 4. S. auch: newspaper.com, The Wisconsin Jewish Chronicle, 6. 12.1946, S. 9. Heute steht das Mahnmal nicht mehr in der Mitte, sondern am Rande des Platzes.

DER OTTO-WOLFSTHAL-PLATZ
IN ASCHAFFENBURG

——— • • • ———

דער אָטטאָ וואָלפסטהאַל-פּלאַץ
אין אַשאַפענבורג

Der folgende Absatz ist aus der Chronik des Rabbi Ephraim bar Jakob de Bonna,[1] die vom jüdischen Leiden und Martyrium in der Zeit der Kreuzzüge erzählt. In den hier zitierten Zeilen berichtet er:

Auch eine Jüdin von Aschaffenburg, Guthilde, wurde festgenommen, um sie an das Gute zu gemahnen. Sie wollte nicht mit bitterem Wasser verunreinigt werden (sie wollte sich nicht taufen lassen). Sie heiligte den Namen Gottes und wurde im Fluss ertränkt. Gotte gedenke ihrer zum Guten wie Rachel und Lea.

An anderer Stelle wird erzählt, dass sie sich, als sie über die Brücke geführt wurde, von ihren Begleitern losriss und in den Fluss sprang. Diese achthundert Jahre alte Märtyrergeschichte aus Aschaffenburg (1147) wiederholte sich in Nuancen im Jahr 1942 an genau diesem Ort. Als ich dort saß und mir die Geschichte aus dem Jahr 1942 anhörte – das Grauen aus der Zeit der Hakenkreuzler –, drängten sich die Erinnerungen an die Geschichte aus der Zeit ihrer Ururgroßväter, also der Kreuzzügler, auf. Aber ehe wir zur heutigen Geschichte kommen, ist eine Einführung erforderlich: Ich will nicht von der Geschichte des jüdischen Aschaffenburg erzählen, oder Aschfinburk oder Astnburg oder Aschternburg und noch zehn andere Bezeichnungen, die diese Stadt in unserer alten Chronik in einem Zeitraum von achthundert Jahren getragen hat, seit wir wissen, dass es dort Juden

---

1 Ephraim bar Jakob de Bonna (1132/33 – nach 1196), Talmudist und liturgischer Dichter. Seine Chronik über die Kreuzzüge wurde 1892 ediert und ins Deutsche übersetzt. Vgl. Neubauer/Stern 1892, S. 192.

gegeben hat. Ich werde auch nicht von der jüdischen Gemeinde kurz vor der Vernichtung berichten, von den mehr als sechshundert Seelen und zehn Vereinen, die es dort im Jahr 1933 gegeben hat. Und ohne den Schatten eines Zweifels werde ich nicht von der Schönheit dieser Stadt, von ihren Parks, Plätzen, Schlössern, Palästen und Alleen sprechen. Dieses Mal berichte ich von einer einzigen Geschichte, von einem einzigen Tag, von einer einzigen Tat. Ich werde von einem einzigen Märtyrer erzählen.

**

Nachdem ich alle meine Angelegenheiten im Aschaffenburger Archiv erledigt hatte, ließ ich mir die Adressen heraussuchen, die ich zuvor notiert hatte. Unter ihnen befand sich auch die Entengasse 11a. Dort stand die Synagoge, die im Jahr 1893 errichtet worden war. Ich hatte eine Fotografie der Inneneinrichtung und des Äußeren der Synagoge bei mir. Die Entengasse fand ich sehr schnell, aber die Nummer 11a existierte nicht. Ich traf dort auf einen wunderbaren Platz mit Bäumen, Blumen und Rasenflächen, mit bequemen Bänken zum Ausruhen und einem Spielplatz für Kinder. Mitten drin stand ein weißes Marmordenkmal mit der deutschen Inschrift:

HIER STAND DIE
SYNAGOGE DER
ISRAELITISCHEN
KULTUSGEMEINDE
DIE AM 9. NOVEMBER
1938 VON VERBRECHER
HAND ZERSTÖRT WURDE.

Darüber befand sich ein Zitat des deutschen Dichters Hölderlin:

ACH, TÖTEN KÖNNT
IHR, ABER NICHT
LEBENDIG MACHEN
WENN ES DIE LIEBE NICHT TUT.

Das Denkmal an der Stelle der zerstörten Synagoge in Aschaffenburg.

In meinen Akten gibt es bereits eine ansehnliche Zahl solcher Denkmäler von bußfertigen Sündern. Sehr oft schon musste ich feststellen, dass diejenigen, die in der „Kristallnacht" Feuer in den Synagogen gelegt oder Dynamit verwendet hatten, dieselben waren, die später die Denkmäler zur Wiedergutmachung aufstellten.

Ich ruhte mich auf einer der Bänke aus und genoss den Schatten der Bäume, die bereits hier gewachsen waren, als die Synagoge noch an ihrem

Platz stand. Kinder spielten in den Sandkästen, die man für sie aufgestellt hatte. Ein städtischer Gärtner goss die Rosen, schnitt Unkraut weg und beseitigte den Abfall. Gegenüber, in einer Ecke dieses leer geräumten Platzes, entdeckte ich ein neues Straßenschild: Otto-Wolfsthal-Platz…Der Gärtner wusste nichts zu antworten auf meine Fragen, wann dieser Name eingeweiht worden sei und wer dieser Otto Wolfsthal gewesen sei, der die Ehre hatte, dass der Platz der Synagoge nach ihm benannt worden war. Er wisse gar nichts. Er sei einer der „Neubürger", ein Fremder, ein Flüchtling aus dem Osten. Er selbst komme aus Schweidnitz in Niederschlesien. Weder dieser Schweidnitzer Gärtner noch die Fotografin Gisela Ploss,[2] die für mich eine Serie von Aufnahmen von diesem Ort vorbereitet hatte, konnten meine Fragen beantworten. Auch Dr. W. Fischer,[3] der Direktor des Aschaffenburger Archivs wusste überhaupt nichts darüber, wer dieser Otto Wolfsthal gewesen war. Er schickte mich aber zu dem Juden Paul Levy[4] in der Dr.-Robert-Koch-Straße Nummer 17. Und hier beginnt nun der zweite, essenzielle Teil der Geschichte: Der alte Paul Levy, einer der Alteingesessenen von Aschaffenburg, einer der wenigen, die aus „jener Welt" gekommen waren, lüftete den Schleier der Geschichte. Er verschaffte mir Einblick in dieses mysteriöse und gleichzeitig tragische Ereignis. Man hätte Levy wohl auch etwas darüber erzählen müssen, aber dieses Mal wollen wir ihn sprechen lassen.

„Wer Otto Wolfsthal war? Warum man den Synagogen-Platz nach ihm benannt hat?…Ich muss mich an jene finsteren Tage erinnern und mich schaudert jedes Mal, wenn ich daran denke…" So begann P. Levy und erzählte dann weiter: „Otto Wolfsthal[5] kam in Bamberg zur Welt. Sein Vater war Justizrat und der erste Jude, der in der bayerischen Regierung solch ein Amt innehatte. Mütterlicherseits stammte er aus der Familie Dilsheimer, eine der angesehensten Familien Aschaffenburgs, deren Wurzeln bis ins Mittelalter zurückreichen. Otto zeigte große Fähigkeiten: Nach Beendigung seines Studiums wurde er Gründer und Aktionär des Bankhauses M. Wolfsthal, später eine Filiale der Münchner Handelsbank, deren Direktor er war.[6] Otto war einer der größten Gönner der Stadt und des Umlandes.

2 Gisela Elisabeth Ploss (1930–2007), Bildreporterin, kam 1938 nach Aschaffenburg. Vgl. SSAA Meldekartei Standesamt Charlottenburg-Wilmersdorf von Berlin, Urkundenstelle, Reg. Nr. 8868-07.
3 Willibald Fischer (1917–1984), ab 1. September 1945 Leiter des Kulturamtes in Aschaffenburg. Vgl. Marquart 2010, S. 237.
4 Paul Levy (1898–1965), überlebte die Schoa in einer sogenannten privilegierten Mischehe in Aschaffenburg. Vgl. Körner 1993, S. 136.
5 Otto Wolfsthal (1870–1942), Sohn von Leon und Pauline (geb. Dilsheimer) Wolfsthal.
6 1905 wurde die Bank an die Bayerische Handelsbank München verkauft.

Das Straßenschild mit dem Namen von Otto Wolfsthal, dem Märtyrer von Aschaffenburg.

Zusammen mit seiner Frau richtete er eine Stiftung über hunderttausend Mark für eine Gesellschaft zur Unterstützung der Kranken ein.[7] Auch die Familie Dilsheimer der mütterlichen Seite von Otto war bekannt für ihre Spenden. Die Stadt hielt es tatsächlich für ihre Pflicht, eine Straße nach dieser Familie zu benennen. Es ist zu schade, Sie hätten die Dilsheimerstraße sehen sollen. Natürlich wurde dieser Name in der Nazi-Zeit getilgt, aber nun ist er wieder da…Ja, wegen Otto…Es war im Herbst 1942. Die Mehrheit der Juden war schon ‚ausgesiedelt' worden, weggeschickt nach Osten. Otto und seine Familie konnten bis zu diesem Zeitpunkt alle Transporte umgehen. Nun aber, beim letzten Transport, konnte ihm keiner seiner zahlreichen Freunde mehr helfen. Der bekannte und von allen respektierte Kommerzienrat war bisher verschont worden, aber dann kam der Befehl, dass man ihn beim letzten Transport mitnehmen solle. Als man kam, um ihn abzuholen, fand man ihn und seine Frau tot. Sie waren freiwillig in

7 Otto Maria Wolfsthal Stiftung.

die Ewigkeit gegangen. Ich kann nicht erzählen, was dann geschah…Otto war mein Verwandter und ein enger Freund…Am selben Tag umgingen auf diese Art auch noch fünf andere Personen die ‚Umsiedlung'…Sie alle wurden in einem Gemeinschaftsgrab beerdigt. Nach dem Zusammenbruch von Hitlers Herrschaft und nach dem Ende des Krieges vollzog die Aschaffenburger Stadtverwaltung vier symbolische Akte der Wiedergutmachung: 1. Auf dem zerstörten Synagogen-Platz wurde ein Park mit einem Denkmal errichtet. 2. Wurde dem Platz der Name Otto-Wolfsthal-Platz verliehen. 3. Auf dem jüdischen Friedhof wurde beim Grab der Sieben[8] ein schönes Denkmal errichtet. 4. Die Straße der Familie Dilsheimer wurde wieder zurück benannt."

***

Ich hörte diese Geschichte und in meiner Erinnerung mischte sie sich mit Rabbi Ephraim ben Jakobs Chronik von den Kreuzzüglern über die Aschaffenburger Frau Guthilde, die in den Fluss gesprungen war… achthundert Jahre liegen zwischen diesen beiden Geschichten, und wie ähnlich sich die beiden sind, als hätte man eine von der anderen kopiert…

Aus: Mordechai W. Bernstein, In labirintn fun tkufes, Buenos Aires 1955, S. 283–288. Übersetzt und kommentiert von Lilian Harlander.

8 Die Sieben: Otto und Maria Wolfsthal, Babette Dilsheimer (geb. 1864), Max Levi (geb. 1875), Ida Hamburger (geb. 1876), Lina Isaac (geb. 1876) und Emma Trier (geb. 1865) begingen gemeinsam am 9. September 1942 Suizid. Vgl. Pollnick 1992 und Goethals 2019.

ABSTRACTS

Holy congregations: Trier

Mordechai W. Bernstein describes the city of Trier as a "milestone" in the history of Ashkenaz. Early evidence exists of a Jewish settlement from the 4th century CE. An oil lamp discovered there, decorated with a *menorah*, dates from this period. Bernstein, however, questions the significance of this find: First, it is not certain if the small lamp belonged to a Jewish owner; second, the lamp may be of a later date. A chronicle from 1066 provides the first written source, according to which Jewish citizens had cast a spell on Eberhard, the bishop at the time. With absolute certainty a Jewish community existed in Trier at the time of the First Crusade and suffered from the massacres carried out by the crusaders. Bernstein considers the concept of martyrdom, which fully developed as a result of persecution during the crusades, to be a distinguishing characteristic of Ashkenazi Judaism.

***

Looking for traces of the Kalonymos "palace"

In 1904 an ancient window was discovered during construction work in Mainz. Shortly afterward, a lively discussion among scholars evolved surrounding this find. Its dating, as well as the question as to who had lived in the building, were the focus of the debate. It was agreed that it originated from between 900 and 1000 CE. As this building would have been within the Jewish quarter at that time and the ornamention on surviving columns shows evidence of an Italian influence, it was assumed that this must be the house of the Kalonymos family. Originally from Lucca in Italy, its members were among the first to settle in Ashkenaz and were of sufficient importance to have been able to afford such a magnificent building. Mordechai W. Bernstein describes in detail how he found the columns in a ruined monastery where they had been stored together with other objects to protect them from air raids. To prevent their destruction by the Nazis they were catalogued under the name "Humbert zum Widder" who had taken over the building after the Kalonymos family had been driven out of Mainz. The question whether the columns had actually been stored in the monastery ruins cannot definitively be proven.

***

Burned Torah scrolls and desecrated parchment

In the 15th and 16th centuries in Germany, parchment Torah scrolls were destroyed by being put to a new use: At that time, a lot of parchment sheets were made into book covers. In his commentaries Mordechai W. Bernstein draws attention to several instances for which especially old or well-known scripts were used. This practice of desecrating Torah scrolls was continued by the Nazis who produced everyday items, such as ladies' handbags and lampshades, out of parchment. In addition to the improper reutilization of Torah scrolls, Bernstein also writes of the consequences of the Nazi destructive frenzy: Numerous burned and charred remnants of Torah scrolls are still to be found in Worms.

***

In ritual baths from the 11th, 12th, and 13th centuries

According to Bernstein, three sites characterize a Jewish congregation: The synagogue, the cemetery, and the *mikveh*. The *mikveh* serves to (re)create the state of ritual purification and is much discussed in rabbinic literature. It is also of special importance in *Kabbalistic* teachings. For Mordechai W. Bernstein, however, *mikva'ot* are important because, unlike many other Jewish sites, they survived the Nazi regime in many places. While most buildings above ground were destroyed, the subterranean rooms remained intact. Bernstein precisely describes the architectural and historical singularities of the *mikva'ot* in Speyer, Worms, and Friedberg.

***

In Elia Bachur's printing house

For Mordechai W. Bernstein, the most important feature of the town of Isny is the Hebrew printing house, founded in 1540 by the Christian priest Paul Fagius, in which the Jewish scholar Elia Bachur worked. Bachur was a major philologist and grammarian who wrote numerous academic works. Born in Ipsheim near Nuremberg, Bachur traveled to Venice—a center of Jewish scholarship—as early as 1496. He earned his living by teaching Hebrew to Jewish and Christian scholars, publishing philological texts, and working in printing houses. In 1540 he received an invitation from Paul Fagius to work in his printing house in Isny where Bachur remained for three years. During this time several of his famous works on grammar were printed. After its closure, Bachur returned to Venice where he died in 1549. Isny is also where the first edition of his so-called "Bovo Bukh" was published. It was the first non-religious Yiddish book, known as "Bove-mayse" up until the 20th century.

***

The Protestant "Synagogue" in Thannhausen

In 1718 the Jewish congregation was expelled from Thannhausen. The driving force behind this was apparently the wife of Imperial Count Johann Philipp von Stadion, who assumed rule over Thannhausen in 1706. Mordechai W. Bernstein discovered that the countess was barren and had accused the Jewish congregation of casting an evil spell. She drove her husband to banish all Jews from Thannhausen. Imperial Count Johann Philipp von Stadion had the synagogue razed to the ground and the so-called "Stadion Chapel" built on the site. The sole relic is the offertory box which can be found in the entrance to the chapel. The Stadion Chapel is still referred to locally as the "Synagogue."

***

Wall paintings in synagogues

The artist Elieser Sussmann is known for the interior painting of wooden synagogues in southern Germany executed at the end of the 17th and beginning of the 18th centuries. In many cases, only a few traces of these synagogues have survived. At the end of the 19th century, after the congregation in Kirchheim had been dissolved, the wooden Kirchheim synagogue was transferred to the Luitpoldmuseum in Würzburg where it was destroyed in World War II during an air raid. The wooden synagogue from Horb was similarly given to the local museum in Bamberg after the dissolution of the Jewish congregation. However, unlike the Kirchheim synagogue, is was successfully rescued during the Nazi era, despite an order to destroy it, by storing it together with theater props. The wooden synagogue in Unterlimpurg, after no longer being used by the congregation, was moved to the local history museum in Schwäbisch-Hall and survived the Nazi period without damage of any significance. As a result, during his visit Mordechai W. Bernstein was able to marvel at the ornamentation and inscriptions painted by Elieser Sussmann and describe these in depth for his readers.

***

Two *mizrah* in the princely collections in Amorbach

The Princes of Leiningen held land primarily in southern Germany that also included numerous Jewish communities and settlements which the Leiningens always looked upon favorably. Their principal seat was in Amorbach where Mordechai W. Bernstein viewed the family's collections and had access to files documenting Jewish matters. During his research, he came across a *mizrah* in the ancestral gallery and was especially impressed by its history. The mizrah dates from the 16th century and was the gift of a *schutzjude*—a protected Jew—to the princely family. In 1934 orders were given by the Nazis to destroy the object. Instead, the *mizrah* was hidden behind a picture of a head of the family where it survived the Nazi era. In 1945 it was returned to its place in the museum where Bernstein ultimately found it. Apart from the *mizrah* Bernstein also came across other documents which record the close relations between the princely family and the Jewish congregations.

***

Three Shlakhmones Plates from Würzburg on Marienberg

In 1945 Würzburg was almost completely bombed flat. In the process the Mainfränkisches Museum was obliterated, including an extensive collection of Judaica held at the museum. Nevertheless, during his visit to Würzburg, Mordechai W. Bernstein hoped possibly to find some of the valuable objects. He was, however, disappointed. While some Judaica from private collections did survive the Shoah and World War II, the museum collection had been lost in its entirety. He was only able to marvel at the Jewish ritual objects shown in photographs. Bernstein was especially interested in the "shalach mones" or *Purim* plates. These are associated with an Ashkenazi custom which Bernstein had not known before: In Ashkenaz, the *shalach mones*, the gifts given at *Purim*, were presented on plates decorated with scenes from the Book of Esther.

***

Around the synagogue courtyard and dance hall

Mordechai W. Bernstein describes a unique characteristic of Ashkenazi Judaism, namely that—irrespective of any social conventions—Jewish congregations often set themselves physically apart from non-Jewish communities. Generally speaking, the center of Ashkenazi life was the synagogue courtyard around which the communal facilities were located. This was where the congregation's social and political life took place. While most of the facilities were also familiar to people outside Ashkenaz, the so-called dance or wedding hall is a specifically Ashkenazi institution. From a number of sources it is known that such buildings were put to a wide range of different uses. It is certain that weddings were held here but other important festivities and balls would also have taken place there as well. In southern Germany it was also common to install a so-called *chuppah* or wedding stone at the synagogue. During the wedding service a glass is shattered on it, introducing a moment of sorrow into the ceremony by commemorating the destruction of the Temple. The stones generally bear the inscription: "The voice of the groom, the voice of the bride, the voice of gladness, the voice of joy," as well as the congratulation "mazal tov."

***

The Göttingen Torah binders

Torah binders, which were very popular in Germany for a period of some 500 years, reflect a tradition that is hardly known in East European Judaism. Made from the swaddling cloth worn by a young boy during the circumcision ceremony, the fabric—sewn into long strips—was used to tie the Torah together. The *binder* includes the boy's name and date of birth as well as the wish that he should be raised to a life of the *chuppah*, the Torah, and good deeds. *Binders* were often richly decorated.

In addition, drawings or embroidery depicted animals, the Torah, and a *chuppah*, as well as bridal couples and Moses with the Tablets. A collection of *Torah binders*, originally from the Jewish congregation of Adelebsen, can be seen in the Stadtmuseum Göttingen. Mordechai W. Bernstein describes in detail the inscriptions and decoration on 28 *binders* dating from between 1690 and 1838.

***

The three rarities in Kriegshaber
Bernstein writes that the cemetery in Kriegshaber is an exception among all the Jewish cemeteries which he had already explored. The reason for this can be found, primarily, in three objects that Mordechai W. Bernstein also calls "curiosities." First he describes a *kiur* made by an Augsburg coppersmith which was overlooked when metal was confiscated during World War II. Then Bernstein highlights a wooden tomb stele for a man who died in 1805 and who is described as a martyr on the stele. Bernstein, however, was not able to find out anything else about the deceased person. Irrespective of this, the tomb stele itself is also special: While the other tombs, generally marked with gravestones, are in a derelict state or have been damaged, the wooden tomb stele is still standing more than 100 years after being erected. The third curiosity is a more recent tombstone with a Yiddish inscription which no longer draws on characteristic qualities but describes the suffering endured during the Shoah.

***

Twenty Hanukkah lamps in the Rheinisches Museum
In connection with the exhibition "Thousand Years" held in 1925 in the Rheinisches Museum in Cologne, the museum had assembled an exceptional collection of Judaica from which twenty Hanukkah lamps in particular became better known. Hanukkah lamps were popular and commonly found in Jewish homes. At an early date, they had evolved from being purely ritual objects into works of art made of the most varied of materials and with different decorations. The missing crates containing the Judaica collection, which had been moved to a safe place for storage, were only rediscovered in the museum in 1950. Mordechai W. Bernstein was invited to be present when the crates were opened and was correspondingly pleased to find the twenty Hanukkah lamps in them which he had been looking for previously.

***

"I don't want to see this presumptuous eyesore anymore"

In 1887 the *Münchner Bote* describes the inauguration of the Jewish congregation's new, main synagogue in Munich, in Herzog-Max-Strasse, as a significant cultural event. Through its prominent siting near Munich's landmark, the "Frauenkirche," it symbolizes the Jewish community's position at the center of society. In June 1938, several months before *Kristallnacht*, Adolf Hitler had the synagogue demolished as an "eyesore." The Jewish congregation was informed beforehand and used the time on hand to hold a final service. When Mordechai W. Bernstein visited Munich, the former synagogue square was being used as a parking lot. Only a medal marking the inauguration of the synagogue in 1887, which Bernstein had been given from a member of the Displaced Persons community, commemorates the magnificent former building.

***

Fire-damaged Torah crown from Laupheim

In 1724 a Jewish community settled in Laupheim. It initially comprised just four families but grew continuously. The first synagogue was soon too small and replaced by a new building. The cemetery also had to be extended. Members of the Jewish congregation were closely involved in local matters: From 1867 onward Jews were represented on the town council and Jewish associations took part in municipal activities as well. Through the Shoah, however, all Jewish life in Laupheim was eradicated. When Mordechai W. Bernstein started his search for objects from Laupheim synagogue, he only found the burned and charred remnants exhibited in the Städtisches Museum Laupheim. These include a fire-damaged Torah crown, decorated with precious stones, dating from 1867, which a member of the museum staff had incorrectly taken to be a bridal crown. Bernstein also visited the cemetery which has a remarkable number of tombstones with inscriptions identifying the deceased as victims of the Shoah.

***

The Gunzenhausen Torah shields

The history of the Jewish congregation in Gunzenhausen can be traced back to the year 1343 and is marked by persecution as well as expulsion and resettlement. The Jewish community was finally expelled during the Nazi era. However, unlike in many other towns, the synagogue in Gunzenhausen survived the *Kristallnacht* of 1938 as its destruction would have endangered neighboring residential buildings. Mordechai W. Bernstein did not find any ritual objects from the synagogue on his visit to Gunzenhausen even though he had been asked time and again specifically about two Torah shields from Gunzenhausen at the Nuremberg Palace of Justice, where he was to hand in reports about his research. He did, however, eventually find them by coincidence in Ansbach after discovering a collection of supposedly old metal objects in a storeroom adjoining the synagogue, which included the two Torah shields in question.

***

A statue of the Virgin Mary in the Schnaittach Torah ark

The half-timbered synagogue in Schnaittach is one of the few that survived the *Kristallnacht* of 1938 unscathed. The surrounding residential buildings were so close that the synagogue was not set on fire. The ritual objects from the synagogue were saved from destruction by the local historian Gottfried Stammler and stored for safe keeping in the synagogue which had, in the meanwhile, been turned into a regional museum. When the Jewish Restitution Successor Organisation (JRSO) lodged a claim for the objects after the war, the collector refused to part with them. The courts of the Allied Forces decided in Stammler's favor. As a result, Mordechai W. Bernstein was only able to make an inventory of the objects in Schnaittach synagogue for the JRSO but not take them with him. During his visit to the town he came across a curiosity in the museum: A pietà had been placed in the Torah ark of the former synagogue, of all places.

***

Otto Wolfsthal Square, Aschaffenburg

When Mordechai W. Bernstein set out to look for the synagogue in Aschaffenburg he only came across an empty square on the site with a memorial commemorating the synagogue and the Jewish congregation. The square was named after Otto Wolfsthal, a Jewish banker, known in Aschaffenburg for his generosity and charity. Due to his connections, he managed to avoid deportation for some time. However, he and his wife ultimately received deportation orders and were to leave on the final transportation. However, when they were to be collected, the couple and five other people were found dead, having committed suicide to avoid being deported.

QUELLEN

Bauordnungsamt Aschaffenburg
- Hausakte Treibgasse 20, Korrespondenz mit dem Gartengestalter Arnulf Bäuerle, Aschaffenburg zum Wolfsthalplatz, 13. bis 16.02.1946

Central Archives for the History of the Jewish People (CAHJP)
- Jerusalem, P160/3: Notizen von Theodor Harburger zur Inventarisation jüdischer Kunst- und Kulturdenkmäler in Bayern (HarInv.)
- Jerusalem, P160/14: Notizen von Theodor Harburger zur Inventarisation jüdischer Kunst- und Kulturdenkmäler in Bayern (HarInv.)
- Jerusalem, P160/105: Notizen von Theodor Harburger zur Inventarisation jüdischer Kunst- und Kulturdenkmäler in Bayern (HarInv.)

Germanisches Nationalmuseum, Nürnberg
- Hs 7058, fol. 34v

Heimatmuseum Schnaittach, Archiv
- Landesamt für Denkmalpflege, Durchschrift eines Schreibens von Gottfried Stammler an Kreisleiter Erich Walz, 29.11.1938
- Schreiben von Gottfried Stammler an das Landesamt für Denkmalpflege München, Schnaittach, 23.08.1953

Jüdisches Museum Franken, Fotoarchiv Schnaittach
- Nr. 1405/75
- Nr. 1405/190

Leo Baeck Institute
- Aschaffenburg, Jewish Community Collection, Clippings and broschure, 1980–1984, darin: Schneider, Siegfried H.: Ach. Töten könnt ihr... Erinnerungen eines Sechzigjährigen. In: Würzburger Katholisches Sonntagsblatt, 5.11.1978, S. 14f.

Niedersächsisches Landesarchiv Hannover (NLA Hannover)
- Foto 1 Nr. 98: Geburtsliste der Synagogengemeinde Adelebsen (1832–1838)
- Foto 1 Nr. 100: Sterbeliste der Synagogengemeinde Adelebsen (1832–1893)
- Hann. 74 Göttingen Nr. 4211: Aufstellung der Juden aus dem Gericht Adelebsen mit Altersangabe (1762)
- Hann. 74 Göttingen Nr. 4211: Synagogenbuch der jüdischen Familien in dem Gerichte Adelebsen (Familienbuch). Aufgestellt am Ende des Monats December 1832 von Salomon Levy Löwenthal

Staatsarchiv Nürnberg
- Rep. 499, Nr. 290, Abgabe von Archivpfleger Gottfried Sammler, Schnaittach, Chronik des Heimatmuseums Schnaittach 1923–1956

Stadtarchiv Göttingen (StadtA Göttingen)
- AA Juden Nr. 11: Kollektenliste von 1719

Stadtarchiv München
- Geburtsurkunde, STANM 0048 Nr. 9086
- Meldekarte Julius Gerstle (EWK-78-G-123)
- PMB R 273 (Karl Rupprecht)

Städtisches Museum Göttingen
- Chronik 1949, Tätigkeitsbericht Otto Fahlbuschs vom 1. Okt. bis 31. Dez. 1949.

Stadt- und Stiftsarchiv Aschaffenburg (SSAA)
- AR 37
- Meldekartei Aschaffenburg (Karl Rupprecht)
- Meldekartei Standesamt Charlottenburg-Wilmersdorf von Berlin, Urkundenstelle, Reg. Nr. 8868-07
- Stadtratsprotokolle (Prot S), 34 und 35

Standesamt München (STANM)
- Geburtsurkunde; STANM 0048 Nr. 9086

INTERNETQUELLEN[1]

Alemannia Judaica, Einstiegsseite für jüdische Gemeinden in Bayern: Friedberg (Wetteraukreis, Hessen). Das mittelalterliche „Judenbad" (10.11.2014): <http://www.alemannia-judaica.de/friedberg_judenbad.htm>

Alemannia Judaica, Einstiegsseite für jüdische Gemeinden in Bayern: Kirchheim (Unterfranken) (VG Kirchheim, Kreis Würzburg) Jüdische Geschichte/Synagoge (erstellt unter Mitarbeit von Joachim Braun, Würzburg) (19.12.2016): <http://www.alemannia-judaica.de/kirchheim_ufr_synagoge.htm>

Alemannia Judaica, Einstiegsseite für jüdische Gemeinden in Bayern: Synagogen. Chuppasteine/Hochzeitssteine an Synagogen – eine Zusammenstellung (30.06.2020): <http://www.alemannia-judaica.de/hochzeitssteine_chuppasteine.htm>

Ancestry | Genealogy, Family Trees & Family History Records: <https://www.ancestry.com/>

Aus der Geschichte der jüdischen Gemeinden im deutschen Sprachraum, Schwäbisch-Hall (Baden-Württemberg): <https://www.jüdische-gemeinden.de/index.php/gemeinden/s-t/1776-schwaebisch-hall-baden-wuerttemberg>

Aydinhan, Gülsa; Schuh, Judith: Familie Markus Rehfeld, in: Jüdisches Leben in Gunzenhausen: <https://www.jl-gunzenhausen.de/rehfeld-markus.html>

Bauer, Sabine: Familie Max Levite, in: Jüdisches Leben in Gunzenhausen: <https://www.jl-gunzenhausen.de/levite-max-121.html>

Beit-Arié, Malachi: Eliyahu Levita as a scribe, author-scribe and codicologist: <https://www.academia.edu/38193125/ELIYAHU_LEVITA_AS_A_SCRIBE_AUTHOR_SCRIBE_AND_CODICOLOGIST>

Central Archives for the History of the Jewish People (CAHJ): Schnaittach – Israelitische Kultusgemeinde. Jewish Community Archives: <http://cahjp.nli.org.il/content/schnaittach-israelitische-kultusgemeinde-0>

Diller, Franz; Hertlein, Mathias: Familie Jacob Nathan Rosenfelder, in: Jüdisches Leben in Gunzenhausen: <https://www.jl-gunzenhausen.de/rosenfelder.html>

Haude, Rüdiger: Die „Jahrtausendausstellungen" in Köln und Aachen 1925, in: Portal Rheinische Geschichte: <http://www.rhei nische-geschichte.lvr.de/Epochen-und-Themen/Themen/die-jahrtausendausstellungen-in-koeln-und-aachen-1925/DE-2086/lido/57d1357ad31239.21169195>

Jewish Virtual Library, A Project of AICE: Abraham Liessin (The Gale Group, 2008): <https://www.jewishvirtuallibrary.org/liessin-abraham>

JRSO/NY/923b. In: <http://www.daat-hamakom.com/content_pages/the-papers-of-the-jewish-restitution-successor-organization-jrsonew-york-office/>.

Leon, Masha: A Film Exploration of the Camp David Peace Negotiations, in: Forward (22.09.2011): <https://forward.com/articles/143358/a-film-exploration-of-the-camp-david-peace-negotia/>

Leon, Masha: Eli Zborowski Center Stage at American Society for Yad Vashem Luncheon, in: Forward (01.06.2012): <https://forward.com/articles/157206/eli-zborowski-center-stage-at-american-society-for/>

Märker, Juliane (Bearb.): Die jüdische Gemeinde Magenza, in: SchUM-Städte, Zentren jüdischen Lebens auf dem Gebiet des heutigen Rheinland-Pfalz (21.03.2013): <https://www.schum-staedte.info/die-schum-gemeinden/mainz-magenza.html>

Newspapers.com by Ancestry, The Wisconsin Jewish Chronicle, 06.12.1946: <www.newspapers.com>

Nothnagel, Karl: Adlerkapitell, in: Reallexikon zur Deutschen Kunstgeschichte, Bd. 1 (1933), in: RDK Labor (05.02.2015): <http://www.rdklabor.de/w/?oldid=88635>

Roberts, Sam: Masha Leon, Society Columnist and Holocaust Survivor, Dies at 86, in: The New York Times (07.04.2017): <https://www.nytimes.com/2017/04/07/nyregion/masha-leon-dead-society-columnist-for-the-forward.html>

Seltmann, Sven; Freitag, Dominik: Familie Sigmund Dottenheimer, in: Jüdisches Leben in Gunzenhausen, <https://www.jl-gunzenhausen.de/dottenheimer-sigmund.html>

The Vilna Gaon Jewish State Museum, History of the Jewish Museum: <http://www.jmuseum.lt/old/en.jmuseum.lt/indexcfd5.html?Element=ViewArticle&TopicID=6>

YIVO-Archives, RG 285. In: <http://www.yivoarchives.org/?p=collections/controlcard&id=32667&q=%22mordechai+bernstein%22>.

LITERATUR

Abramowitz/Bernstein 1954
Abramowitz, Dodl; Bernstein, Mordechai
Wolf: Pinkes Biten: der oyfkum un untergang
fun a Yidisher kehile, Buenos Aires 1954
[jidd.].

Adamy 1895
Adamy, Rudolf: Kunstdenkmäler im Groß-
herzogtum Hessen. Inventarisierung und
beschreibende Darstellung der Werke
der Architektur, Plastik, Malerei und des
Kunstgewerbes bis zum Schluss des XVIII.
Jahrhunderts. Provinz Oberhessen. Kreis
Friedberg, Darmstadt 1895.

Adler 2020
Adler, Eliyana R.: Survival on the Margins.
Polish Jewish Refugees in the Wartime
Soviet Union, Cambridge 2020.

Adressbuch Aschaffenburg 1952
Adressbuch Aschaffenburg, Aschaffenburg
1952.

Alexander-Ihme 1992
Alexander-Ihme, Esther: Die religiösen
Grundlagen der Zedaka, in: Heuberger/
Spiegel 1992, S. 220–222.

Alte Kunst 1927
Hessisches Landesmuseum Darmstadt (Hg.):
Alte Kunst am Mittelrhein, Darmstadt 1927.

Alter 1992
Alter, Anne: Armut und Wohltätigkeit in
der Kunst der Aschkenasim, in: Heuberger/
Spiegel 1992, S. 44–57.

Altmann 1931
Altmann, Adolf: Das früheste Vorkommen
der Juden in Deutschland. Juden im
römischen Trier, in: Trierer Zeitschrift für
Geschichte und Kunst, 6. Jg. (1931),
S. 104–125.

Altmann 1932
Altmann, Adolf: Das früheste Vorkommen
der Juden in Deutschland. Juden im
römischen Trier, Trier 1932.

Arand 2005
Arand, Tobias: Die jüdische Abteilung der
Kölner „Jahrtausend-Ausstellung der Rhein-
lande" 1925, in: Grübel, Monika; Mölich,
Georg (Hg.): Jüdisches Leben im Rheinland,
Köln 2005, S. 194–213.

Aranoff 2009
Aranoff, Deena: Elijah Levita: A Jewish
Hebraist, in: Jewish History, 23. Jg., Nr. 1
(2009), S. 17–40.

Arens 1980
Arens, Fritz: Romanische Türstürze am
Mittel- und Oberrhein sowie in Franken, in:
Mainzer Zeitschrift, 75. Jg. (1980), S. 62–96.

Avni/Klich/Zadoff 2007
Avni, Haim; Klich, Ignacio; Zadoff, Ephraim:
Argentina, in: Skolnik, Fred; Berenbaum,
Michael (Hg.): Encyclopedia Judaica, Bd. 2,
Detroit u. a. 2007, S. 427–450.

Baer 1983
Baer, Ilse: Zinn. Kopie-Imitation-Fälschung-
Verfälschung (= Kunst und Fälschung, Bd. 3),
Hannover 1983.

Baerwald/Feuchtwanger 1937
Baerwald, Leo; Feuchtwanger, Ludwig
(Hg.): Festgabe. 50 Jahre Hauptsynagoge
München. 1887–1937, München 1937.

Bamberger 1911
Bamberger, Moses Löb: Die jüdische Abteilung in der Internationalen Hygiene-Ausstellung in Dresden, in: Ost und West. Illustrierte Monatsschrift für das gesamte Judentum,
11. Jg., Nr. 6 (1911), Sp. 531–538.

Bamberger 1923
Bamberger, Moses Löb: „Aus meiner
Minhagimsammelmappe", in: Jahrbuch für
jüdische Volkskunde, Jg. 25., H. 1 (1923),
S. 320–332.

Baum 1917
Baum, Julius: Deutsche Bildwerke des
10. bis 18. Jahrhunderts. Kataloge der
Kgl. Altertümersammlung in Stuttgart,
Bd. 3, Stuttgart/Berlin 1917.

Bendt 1989
Bendt, Vera: Berlin Museum. Judaica-
Katalog. Jüdische Abteilung, Berlin 1989.

Berger 2005
Berger, Ludwig: Der Menora-Ring von Kaiser-
augst. Jüdische Zeugnisse römischer Zeit
zwischen Britannien und Pannonien
(= Forschungen in Augst, Bd. 36), Augst 2005.

Berger/Bernstein 1957
Bernstein, Mordechai Wolf; Berger, Jacob
Solomon: Pinkes Zamoshtsh, Buenos Aires
1957 [jidd.].

Berliner 1937
Berliner, Abraham: Aus dem Leben der
Juden Deutschlands im Mittelalter. In neuer
Fassung herausgegeben von Ismar Elbogen
(= Bücherei des Schockenverlags, Bd. 79),
Berlin 1937.

Berling 1924/1925
Berling, Karl: Einiges über Zinnfälschungen, in: Jahrbuch für Kunstsammler, 4.–5. Jg. (1924–1925), S. 45–50.

Bernstein 1950
Bernstein, Mordechai Wolf: Lebendige Vergangenheit. Seltsamkeit auf dem Friedhof von Kriegshaber, in: Allgemeine Wochenzeitung der Juden in Deutschland, 22.12.1950, S. 4.

Bernstein 1951
Bernstein, Mordechai Wolf: Lebendige Vergangenheit. „Misrach"-Bilder in den Fürstlich Leiningschen Kunstsammlungen, in: Allgemeine Zeitung des Judentums in Deutschland, 05.01.1951, S. 13.

Bernstein 1955
Bernstein, Mordechai Wolf: In labirintn fun tkufes, Buenos Aires 1955 [jidd.].

Bernstein 1956
Bernstein, Mordechai Wolf: Nisht derbrente shaytn, Buenos Aires 1956 [jidd.].

Bernstein 1958
Bernstein, Mordechai Wolf: Pinkes fun finf fartilikte kehiles, Pruzshene, Bereze, Maltsh, Shershev, Selts, Buenos Aires 1958 [jidd.].

Bernstein 1960
Bernstein, Mordechai Wolf: Dos iz geven nusekh ashkenas, Buenos Aires 1960 [jidd.].

Bernstein 1961
Bernstein, Mordechai Wolf: Pinkes Zshirardov, Amshinov un Viskit: yizker-bukh tsu der geshikhte fun di kehiles…fun zeyer oyfkum bis zeyer hurbn durkh die natsis yimah shemam, Buenos Aires 1961 [jidd.].

Bernstein 1964
Bernstein, Mordechai Wolf; Yizker-bukh Pulav, New York 1964 [jidd.].

Berthold-Hilpert 2018
Berthold-Hilpert, Monika: Die Judaica-Sammlung des Gottfried Stammler. Geschichte einer Arisierung, in: Jim G. Tobias; Schlichting, Nicola (Hg.): Schwerpunktthema: Flucht, Vertreibung, neue Heimat. (= nurinst 2018. Beiträge zur deutschen und jüdischen Geschichte. Jahrbuch des Nürnberger Instituts für NS-Forschung und jüdische Geschichte des 20. Jahrhunderts, Bd. 9), Nürnberg 2018, S. 45–58.

Beutter/Akerman 1985
Beutter, Herta; Akerman Manfred: Juden in Hall: Geschichte und Schicksal der israelitischen Gemeinde vom Mittelalter bis zur Gegenwart. Eine Ausstellung des Hällisch-Fränkischen Museums Schwäbisch Hall. 20. Juni – 15. September 1985, Ausst.-Kat., Schwäbisch Hall 1985.

Bode 1891
Bode, Wilhelm von: Die italienische Plastik, 1. Aufl., Berlin 1891.

Bode 1911
Bode, Wilhelm von: Die italienische Plastik, 5. Aufl., Berlin 1911.

Bodenschatz 1749
Bodenschatz, Johann C.: Kirchliche Verfassung der heutigen Juden, sonderlich derer in Deutschland: in IV Haupt-Theile abgefasset, Bd. 4, Erlangen 1749.

Böcher 1978
Böcher, Otto: Spuren jüdischer Kultur in Mainz, in: Schütz, Friedrich (Bearb.): Juden in Mainz, Ausst.-Kat., Stadt Mainz, Mainz 1978, S. 98–104.

Böhme/Driever/Rohrbach 2009
Böhme, Ernst; Driever, Rainer; Rohrbach, Rainer: „Gekauft aus dem Nachlass des Bankiers Max Frank". „Arisiertes" Kulturgut im Sammlungsbestand des Städtischen Museums (= Göttinger Jahrbuch, Bd. 57), Göttingen 2009, S. 141–150.

Bohlen 2001
Bohlen, Celestine: Museum Helps Jewish Family Regain Relic Nazis Stole, in: New York Times, 29.08.2001, Section E, S. 1.

Brocke/Carlebach 2009
Brocke, Michael; Carlebach, Julius (Hg.): Biographisches Handbuch der Rabbiner. Teil 2: Die Rabbiner im Deutschen Reich 1871–1945, München 2009.

Brocke/Müller 2001
Brocke, Michael; Müller, Christiane E.: Haus des Lebens. Jüdische Friedhöfe in Deutschland, Leipzig 2001.

Brockhoff/Loibl/Wolf 2011
Brockhoff, Evamaria; Loibl, Richard; Wolf, Peter (Hg.): Götterdämmerung. König Ludwig II. und seine Zeit, Ausst.-Kat., Bayerische Landesausstellung 2011, Schloss Herrenchiemsee, Augsburg 2011.

Bronnenmaier 1959
Bronnenmaier, Hans: Thannhauser Heimatbuch, Augsburg 1959.

Brückner 2008
Brückner, Wolfgang: Rhöner Schnitzfiguren aus dem 19. Jahrhundert, Petersberg 2008.

Busch 1929
Busch, Rudolf: Tausend Jahre Mainzer Kunst, in: Wothe, Heinrich (Hg.): Mainz – Ein Heimatbuch, Bd. 2, Mainz 1929, S. 14–130.

Busi 2007
Busi, Giulio: Fagius, Paulus, in: Skolnik, Fred; Berenbaum, Michael (Hg.): Encyclopedia Judaica, Bd. 6, Detroit u.a. 2007, S. 676.

Cahn 1969
Cahn, Jakob: Die Kalonymiden in Mainz. Geschichte ihrer Niederlassung, in: Das Neue Mainz, H. 11, 1969, S. 6f.

Campell 2006
Campbell, Gordon (Hg.): The Grove Encyclopedia of Decorative Arts, Oxford 2006.

Davidovicz 1969
Davidovicz, David: Wandmalereien in alten Synagogen. Das Wirken des Malers Elieser Sussmann in Deutschland, Hameln/Hannover 1969.

Dembsky 2018
Dembsky, Kerstin: Äußerst kompliziertes Inventar. Jüdische Ritualobjekte im Museum für Franken von 1913 bis heute, in: Sieben Kisten 2018, S. 73–90.

Deneke 1988
Deneke, Bernward (Hg.): Siehe der Stein schreit aus der Mauer. Geschichte und Kultur der Juden in Bayern, Ausst.-Kat., Germanisches Nationalmuseum, Nürnberg 1988.

Denkmäler 1856
Denkmäler der deutschen Baukunst dargestellt von dem hessischen Vereine für die Aufnahme mittelalterlicher Kunstwerke zu Darmstadt, Bd. 1, Darmstadt 1856.

Der Israelit 1893
Friedberg (Hessen), in: Der Israelit. Central-Organ für das orthodoxe Judenthum, 34. Jg., Nr. 85 (26.10.1893), S. 1613.

Dieffenbach 1857
Dieffenbach, Philipp: Geschichte der Stadt und Burg Friedberg in der Wetterau, Darmstadt 1857.

Diemer 1978
Diemer, Kurt (Red.): Laupheim. Herausgegeben von der Stadt Laupheim in Rückschau auf 1200 Jahre Laupheimer Geschichte 778–1978, Weißenhorn 1979.

Eis 1979
Eis, Ruth: Torah Binders of the Judah L. Magnes Museum, Berkeley 1979.

Epstein 1901
Epstein, Abraham: Die nach Raschi benannten Gebäude in Worms, in: Monatsschrift für Geschichte und Wissenschaft des Judentums, 45. Jg., H. 1 (1901), S. 44–75.

Eretz Israel Museum 2005
Eretz Israel Museum: In for a Penny. Saving Boxes from Antiquity to Modern Times. Exhibition at the Kadman Numismatic Pavilion, Ausst.-Kat., Tel-Aviv 2005.

Essenwein 1875
Essenwein, A.: Protokoll der Sitzung vom 22. September 1874 der II. Sektion für christliche Kunst bei der Generalversammlung der historischen Vereine Deutschlands, in: Correspondenzblatt des Gesamtvereines der deutschen Geschichts- und Altertumsvereine, 23. Jg., Nr. 1 (Januar 1875), S. 3–5.

Esser 1959
Esser, Karl Heinz: Mittelalterliche Werke aus dem Mainzer Raum. Ausst.-Kat., Altertumsmuseum und Gemäldegalerie, Mainz o. J. [1959].

Feuchtwanger 1985
Feuchtwanger, Naomi: Interrelations between the Jewish and the Christian Wedding in Mediveal Ashkenaz, in: World Congress of Jewish Studies (Hg.): Proceedings of the Ninth World Congress of Jewish Studies, Division D, Bd. 2, Jerusalem 1986, S. 31–36.

Feuchtwanger-Sarig 2005
Feuchtwanger-Sarig, Naomi: „May He Grow to the Torah…": The Iconography of Torah Reading and Bar Mitzvah on Ashkenazi Torah Binders, in: Langer, Ruth; Fine,Steven (Hg.): Liturgy in the Life of the Synagogue: Studies in the History of Jewish Prayer, Winona Lake 2005, S. 161–176.

Fischbach/Westerhoff 2005
Fischbach, Stefan; Westerhoff, Ingrid (Bearb.): Synagogen Rheinland-Pfalz – Saarland (= Gedenkbuch der Synagogen in Deutschland, Bd. 2), Mainz 2005.

Fischer-Hoffmann 1989
Fischer-Hoffmann, Christa-Renate: Der Betraum aus Unterlimpurg (Schwäbisch Hall). Maschinenschriftliche Magisterarbeit, vorgelegt an der Hochschule für Jüdische Studien Heidelberg, Heidelberg 1989.

Franzheim 1980
Franzheim, Liesel: Judaica Kölnisches Stadtmuseum, Bd. 1, Köln 1980.

Fridberg 1927
Fridberg, Sigmund: Das Judenviertel um
1860, in: Menorah. Jüdisches Familienblatt
für Wissenschaft, Kunst und Literatur, 5. Jg.,
Nr. 12 (Dezember 1927), S. 786–789.

Gallas 2016
Gallas, Elisabeth: „Das Leichenhaus der
Bücher". Kulturrestitution und jüdisches
Geschichtsdenken nach 1945 (= Schriften
des Simon-Dubnow-Instituts, Bd. 19),
2. Aufl., Göttingen 2016.

Gesolei 1926
Ausstellung für Gesundheitspflege, Soziale
Fürsorge und Leibesübungen (Gesolei) in
Düsseldorf 1926 – Pavillon „Hygiene der
Juden", in: Beilage zum Nachrichtendienst
der Zentralwohlfahrtsstelle der deutschen
Juden, Nr. 2 (Mai 1926), S. 9–12.

Ginsburg 1968
Ginsburg, Christian David: Jacob ben
Chajim ibn Adonijah‘s Introduction to the
Hebrew Bible and Massoreth Ha-Massoreth
of Elias Levita, 2. Aufl., New York 1968.

Goethals 2019
Goethals, Stephanie: Sieben Selbstmorde
im September 1942. Eine Spurensuche
(= Mitteilungen aus dem Stadt- und Stiftsarchiv Aschaffenburg, Bd. 12), Aschaffenburg 2019, S. 91–113.

Goethert-Polaschek 1988
Goethert-Polaschek, Karin: Lampe mit
siebenarmigem Leuchter, in: Nolden, Reiner
(Bearb.): Juden in Trier. Katalog einer Ausstellung von Stadtarchiv und Stadtbibliothek
Trier. März – November 1988. Herausgegeben
von der Stadtbibliothek und der Universitätsbibliothek Trier, Ausst.-Kat. Trier 1988, S. 29f.

Goldmann 1857
Goldmann, L.: Das Judenbad zu Friedberg
in der Wetterau. Mit einigen Notizen über
die Juden daselbst, in: Jüdisches Volksblatt
zur Belehrung und Unterhaltung auf
jüdischem Gebiete, 4. Jg., Nr. 34 (1857)
S. 135–136.

Goldschmidt 2002
Goldschmidt, Daniel (Hg.): Seder ha-Qinot
le-Tischaʿ be-Av ke-minhag Polin we-qehillot
ha-Ashkenazim be-Erez Yisraʾel, Jerusalem
1972, Jerusalem 2002 [hebr.].

Grafman 1996
Grafman, Rafi: Crowning Glory. Silver
Torah Ornaments of The Jewish Museum,
New York, New York 1996.

Grellert 2007
Grellert, Marc: Immaterielle Zeugnisse.
Synagogen in Deutschland. Potentiale
digitaler Technologien für das Erinnern
zerstörter Architektur, Bielefeld 2007.

Grotte 1915
Grotte, Alfred: Deutsche, böhmische und
polnische Synagogentypen vom XI. bis Anfang des XIX. Jahrhunderts (= Mitteilungen
der Gesellschaft zur Erforschung jüdischer
Kunstdenkmäler, Bd. 7–8), Leipzig 1915.

Grotte 1948
Grotte, Alfred: Mizrah, in: Landmann, Isaac
(Hg.): The Universal Jewish Encyclopedia,
An Authoritative and Popular Presentation
of Jews and Judaism since the earliest
Times, Bd. 7, New York 1948, S. 601.

Grünwald 1881
Grünwald, Moritz: Additamenda zu Zunz’
Namen der Juden II., in: Das jüdische Litera-
turblatt, 10. Jg., Nr. 11 (16.03.1881), S. 41f.

Grunwald 1911
Grunwald, Max: Bericht über die Gruppe
„Hygiene der Juden" in der Internationalen
Hygiene-Ausstellung Dresden 1911, Wien 1911.

Guth 1989
Guth, Klaus (Hg.): Jüdische Landgemeinden
in Oberfranken (1800–1942). Ein historisch-
topographisches Handbuch, Bamberg 1988.

Gutmann 1963
Gutmann, Joseph: Jüdische Zeremonial-
kunst, Frankfurt/M. 1963.

Gutmann 1970
Gutmann, Joseph: Wedding Customs and
Ceremonies in Art, in: Gutmann, Joseph
(Hg.): Beauty in Holiness. Studies in Jewish
Customs and Ceremonial Art, New York
1970, S. 313–339.

Gutmann 1983
Gutmann, Joseph: „Die Mappe Schuletragen:
an Unusual Judeo-German Custom", in:
Kippenberg, Hans (Hg.): Representations
of Gods (= Visible Religion Bd. 2), Leiden
1983, S. 167–173.

Gutmann 1997
Gutmann, Joseph: Die Mappen Schuletragen,
in: Weber, Annette; Friedlander, Evelyn;
Armbruster, Fritz (Hg.): Mappot, gesegnet,
der da kommt. Das Band jüdischer Tradition seit der Spätantike, Osnabrück 1997,
S. 65–69.

Habermann 2007a
Habermann, Abraham Meir: Bomberg, Daniel, in: Skolnik, Fred; Berenbaum, Michael (Hg.): Encyclopedia Judaica, Bd. 4, Detroit u. a. 2007, S. 52.

Habermann 2007b
Habermann, Abraham Meir: Soncino, in: Skolnik, Fred; Berenbaum, Michael (Hg.): Encyclopedia Judaica, Bd. 19, Detroit u. a. 2007, S. 10.

Haedeke 1977
Haedeke, Hanns-Ulrich: Nachahmungen von altem Zinn. Zu Arbeiten der Firma August Weygang in der Art des Historismus, in: Kunst & Antiquitäten, Nr. 2 (1977) S. 45–55 und Nr. 3 (1977) S. 45–50.

Haedeke 1981
Haedeke, Hanns-Ulrich: Wie erkennt man Zinnfälschungen? Eine Antwort, aber keine Patentantwort, in: Kunst & Antiquitäten, Nr. 2 (März–April 1981), S. 62–67.

Hagen 1978
Hagen, Rolf: Tora-Wimpel. Zeugnisse jüdischer Volkskunst aus dem Braunschweigischen Landesmuseum (= Veröffentlichungen des Braunschweigischen Landesmuseums, Bd. 17), Braunschweig 1978.

Hahn/Krüger 2007
Hahn, Joachim; Krüger, Jürgen: „Hier ist nichts anderes als Gottes Haus…" Synagogen in Baden-Württemberg, Bd. 2, Orte und Einrichtungen, Stuttgart 2007.

Harburger 1929
Harburger, Theodor: K'le Kodesch und Parochoth in bayerischem Synagogenbesitz, in: Bayerische Israelitische Gemeindezeitung, 5. Jg., H. 7 (1929), S. 101–103.

Harburger 1931
Harburger, Theodor: „Misrach" von Siegfried Ziegler, in: Bayerische Israelitische Gemeindezeitung, 7. Jg., Nr. 9 (01.05.1931), S. 135.

Harburger 1998
Harburger, Theodor: Die Inventarisation Jüdischer Kunst- und Kulturdenkmäler in Bayern, hrsg. von den Central Archives for the History of the Jewish People und dem Jüdischen Museum Franken – Fürth & Schaittach, Fürth/Jerusalem 1998.

Harlander 2018
Harlander, Lilian: Aus dem Feuer gerettete Holzscheite. Drei Schlachmones-Teller aus Würzburg. Mordechai Wolf Bernstein. Aus dem Jiddischen übersetzt und eingeleitet von Lilian Harlander, in: Sieben Kisten 2018, S. 41–57.

Haupt 1909
Haupt, Albrecht: Die älteste Kunst insbesondere die Kunst der Germanen. Von der Völkerwanderung bis zu Karl dem Großen, Leipzig 1909.

Haus der Bayerischen Geschichte 2019
Mein Schatz fürs Museum: Tora-Schild, in: Loibl, Richard; Ketzer, Christine (Hg.): HDBG Magazin, Nr. 2 (2019), S. 69.

Heimann-Jelinek/Purin 2013
Heimann-Jelinek, Felicitas; Purin, Bernhard (Hg.): Alles hat seine Zeit. Rituale gegen das Vergessen, Ausst.-Kat., Jüdisches Museum München, Heidelberg 2013.

Heuberger/Spiegel 1992
Heuberger, Georg; Spiegel, Paul (Hg.): ZEDAKA – Jüdische Sozialarbeit im Wandel der Zeit: 75 Jahre Zentralwohlfahrtsstelle der Juden in Deutschland 1917–1922; 3. Dezember 1992 – 28. Februar 1993, Ausst.-Kat., Jüdisches Museum Frankfurt, Frankfurt/M. 1992.

Heuberger 1992
Heuberger, Georg (Hg.): Mikwe. Geschichte und Architektur jüdischer Ritualbäder in Deutschland, Ausst.-Kat., Jüdisches Museum Frankfurt, Frankfurt/M. 1992.

Hieke 2018
Hieke, Katrin: Im Spannungsfeld von Politik, Innovation und Tradition: Das Rheinische Museum / Haus der Rheinischen Heimat in Köln 1925–1956, Berlin 2018.

Hilbrenner 2016
Hilbrenner, Anke: Hirš Lekerts Rache. Gewalteskalation an der Peripherie des Zarenreichs um 1900, in: Osteuropa, 66. Jg., Nr. 4 (2016), S. 7–18.

Hildesheimer 1991
Hildesheimer, Meir: Pinkas Kehilat Shnaitakh, Jerusalem 1991 [hebr.].

Holzer 1935
Holzer, Isaak: Aus dem Leben der alten Judengemeinde zu Worms, in: Zeitschrift für die Geschichte der Juden in Deutschland, 5. Jg., Nr. 2–3 (1935), S. 169–181.

Homolka 2009
Homolka, Walter: Das jüdische Eherecht, Berlin 2009.

Honigmann 2001
Honigmann, Peter: Die Akten des Exils. Betrachtungen zu den mehr als hundertjährigen Bemühungen um die Inventarisierung von Quellen zur Geschichte der

Juden in Deutschland, in: Der Archivar,
54. Jg., Nr. 1 (2001), S. 23–31.

Hoppe 2001
Hoppe, Jens: Jüdische Geschichte und
Kultur in Museen. Zur nichtjüdischen
Museologie des Jüdischen in Deutschland
(= Internationale Hochschulschriften,
Bd. 393), Münster 2001.

Hüttenmeister 2016
Hüttenmeister, Nathanja: „Die allerletzten
Dinge" – Jüdische Friedhöfe in Deutschland,
in: Riemer, Nathanael (Hg.): Einführungen
in die Materiellen Kulturen des Judentums,
Wiesbaden 2016, S. 219–253.

Jahrtausendausstellung 1925
Die jüdische Ausstellung auf der Kölner
Jahrtausendausstellung, in: Aus alter
und neuer Zeit. Illustrierte Beilage zum
Israelitischen Familienblatt Hamburg,
28. Jg., Nr. 25 (27.07.1925), S. 194f.

Josten 1937
Josten, Hanns-Heinz: Zwei Zinnschüsseln
mit gefälschter Gravierung, in: Mitteilungen
des Museumsverbandes. Als Manuskript für
die Mitglieder gedruckt und ausgegeben im
Januar 1937, S. 46–48.

Kahn 1926
Kahn, Isidor: Die Juden in Thannhausen,
in: Bayerisch Israelitische Gemeindezeitung,
2. Jg., Nr. 6, 08.06.1926, S. 167.

Kann 1995
Kann, Hans-Joachim: Juden im antiken
Trier?, in: SACHOR. Beiträge zur jüdischen
Geschichte und Gedenkstättenarbeit in
Rheinland-Pfalz, 2. Jg., Nr. 10 (1995),
S. 18–23.

Kapilová 2017
Kapilová, Ludmilla: Vesperbilder in
Bayern von 1380 bis 1430 zwischen
Import und einheimischer Produktion,
Petersberg 2017.

Kapilová 2019
Kapilová-Klüsener, Ludmilla: Das Vesperbild
in der klösterlichen Frauenfrömmigkeit
des 14. Jahrhunderts mit besonderem
Augenmerk auf der sogenannten Pietà
corpusculum, in: Ditfurth, Julia von; Stead,
Adam (Hg.): Bildwerke für Kanonissen?
Neue Bildwerke der Heiligenverehrung in
Frauenstiftskirchen des 13. und 14. Jahr-
hunderts, Köln 2019, S. 169–199.

Katzenstein 2007
Katzenstein, Jacob H.: Schocken, Salman,
in: Skolnik, Fred; Berenbaum, Michael
(Hg.): Encyclopedia Judaica, Bd. 18, Detroit
u.a. 2007, S. 154–155.

Kaufmann-Levy 1970/1971
Kaufmann-Levy, Carola: „Judensachen"
aus dem Fürstlich Leiningenschen Archiv
in Amorbach, in: Der Wormsgau. Zeitschrift
der Kulturinstitute der Stadt Worms und
des Altertumsvereins Worms, Bd. 9
(1970–1971), S. 48–53.

Kießling/Ullmann 1999
Kießling, Rolf; Ullmann, Sabine (Hg.): Land-
judentum im deutschen Südwesten während
der frühen Neuzeit, Berlin 1999.

Kingreen 2008
Kingreen, Monica: Das Judenbad in Fried-
berg. „Eine Mikwe, die in der Welt ihresglei-
chen sucht" (= Wetterauer Geschichtsblätter.
Beiträge zur Geschichte und Landeskunde,
Bd. 56), Friedberg 2008, S. 5–66.

Kirchner 1726
Kirchner, Paul Christian: Jüdisches
Ceremoniel oder Beschreibung derjenigen
Gebräuche, welche die Juden so wol inn-
als ausser dem Tempel, bey allen und jeden
Fest-Tagen, im Gebet, bey der Beschneidung,
bey Hochzeiten, Auslösung der Erst-Geburt,
im Sterben, bey der Begräbnüß und dergleichen, in acht zu nehmen pflegen, Nürnberg
1726.

Kirshenblatt-Gimblett 1982
Kirshenblatt-Gimblett, Barbara: The Cut
That Binds: The Western Ashkenazic Torah
Binder as Nexus between Circumcision and
Torah, in: Turner, Victor (Hg.): Celebration.
Studies in Festivity and Ritual, Washington
1982, S. 136–146.

Klepsch 2004
Klepsch, Alfred: Westjiddisches Wörterbuch.
Auf der Basis dialektologischer Erhebungen
in Mittelfranken, Bd. 1, Tübingen 2004.

Klingelschmitt 1925
Klingelschmitt, Friedrich Theodor: Führer
durch das Bischöfliche Dom- und Diözesan-
museum zu Mainz, Mainz 1925.

Klingelschmitt 1927
Klingelschmitt, Friedrich Theodor: Das Haus
des Kalonymus und der Reichtum des Hum-
bert zum Widder, in: Menorah. Jüdisches
Familienblatt für für Wissenschaft/Kunst und
Literatur, 5. Jg., Nr. 12 (Dezember 1927),
S. 735–743.

Knott 2010
Knott, Marie Luise (Hg.): Hannah Arendt -
Gershom Scholem. Der Briefwechsel. Unter
Mitarbeit von David Heredia, Berlin 2010.

Knufinke 2016
Knufinke, Ulrich: Die Dinge der Synagoge,
in: Riemer, Nathanael (Hg.): Einführungen
in die materiellen Kulturen des Judentums,
Wiesbaden 2016, S. 151–172.

Kober 1932
Kober, Adolf: Rezension, in: Zeitschrift für
die Geschichte der Juden in Deutschland,
4. Jg., Nr. 4 (1932), S. 210–212.

Körner 1993
Körner, Peter: Biographisches Handbuch der
Juden in Stadt und Altkreis Aschaffenburg
(= Veröffentlichungen des Geschichts- und
Kunstvereins Aschaffenburg e.V., Bd. 39),
Aschaffenburg 1993.

Kohn 1986
Kohn, Roger S.: An Inventory to the
Mordechai Bernstein Collection 1905–1965,
New York 1986.

Kraus 2007
Kraus, Wolfgang u.a. (Hg.): Mehr als Steine
…Synagogen-Gedenkband Bayern, Teilbd.
I: Oberfranken, Oberpfalz, Niederbayern,
Oberbayern, Schwaben, Lindenberg 2007.

Kraus 2010
Kraus, Wolfgang u.a. (Hg.): Mehr als Steine
…Synagogen-Gedenkband Bayern, Teilbd.
II: Mittelfranken, Lindenberg 2010.

Kraus 2015
Kraus, Wolfgang u.a. (Hg.): Mehr als Steine
…Synagogen-Gedenkband Bayern, Teilbd.
III: Unterfranken, Teil 1, Lindenberg 2015.

Kreutzberger 1970
Kreutzberger, Max (Hg.): Leo Baeck Institu-
te New York Bibliothek und Archiv. Katalog
Bd. 1. Deutschsprachige jüdische Gemein-
den, Zeitungen, Zeitschriften, Jahrbücher,
Almanache und Kalender, unveröffentlichte
Memoiren und Erinnerungsschriften
(= Wissenschaftliche Abhandlungen des
Leo Baeck Instituts, Bd. 22), Tübingen 1970.

Krinsky 1988
Krinsky, Carol Herselle: Europas Synagogen.
Architektur, Geschichte und Bedeutung,
Stuttgart 1988.

Künzl 1992
Künzl, Hannelore: Mikwen in Deutschland,
in: Heuberger 1992, S. 23–88.

Kurrein 1929
Kurrein, Viktor: Die Symbolik des Körpers in
den rituellen Bräuchen, in: Mitteilungen zur
jüdischen Volkskunde, 31.–32. Jg. (1929),
S. 20–39.

Kutzbach 1977
Kutzbach, Karl August: Prof. Dr. Karl
Rupprecht 1889–1970, in: Mitteilungen der
Paul-Ernst-Gesellschaft 1977, S. 26–29.

Langosch 1961
Langosch, Karl: Hymnen und Vaganten-
lieder. Lateinische Lyrik des Mittelalters mit
deutschen Versen. Dritte verbesserte Auflage, Darmstadt 1961.

Lauterbach 1970
Lauterbach, Jacob Z.: The Ceremony of
Breaking a Glass at Weddings, in: Gutmann,
Joseph (Hg.): Beauty in Holiness. Studies
in Jewish Customs and Ceremonial Art,
New York 1970, S. 340–369.

Lazarus 1929
Lazarus, Ludwig: Kalonymus, in: Herlitz,
Georg; Kirschner, Bruno (Begr.): Jüdisches
Lexikon. Ein enzyklopädisches Handbuch
des jüdischen Wissens in vier Bänden,
Bd. 3, Berlin 1929, Sp. 570–571.

Lehnardt 2016
Lehnardt, Andreas: Die Kalonymiden –
Von Lucca an den Rhein, in: Dobras, Wolf-
gang (Hg.): Es war eine berühmte Stadt…
Mainzer mittelalterliche Erzählungen und
ihre Deutung, Mainz/Würzburg 2016,
S. 171–190.

Lehnardt 2020
Lehnardt, Andreas (Hg.): European
Genizah. Newly Discovered Hebrew Binding
Fragments in Context (= European Genizah
Texts and Studies, Bd. 5), Leiden/Boston
2020.

Lerch 1982
Lerch, Dominique: Imagerie et société.
L' imagerie Wentzel de Wissembourg au
XIXe sièce, Strasbourg 1982.

Lewin 1929
Lewin, Louis: Jakob ben Jakar aus Worms,
in: Herlitz, Georg; Kirschner, Bruno (Begr.):
Jüdisches Lexikon. Ein enzyklopädisches
Handbuch des jüdischen Wissens in vier
Bänden, Bd. 3, Berlin 1929, Sp. 143.

Lichte 2015
Lichte, Claudia: … erworben bei S. Seligsberger Ww., Würzburg, Johanniterplatz.
Die Bedeutung der Kunst- und Antiquitätenhandlung Seligsberger für die Sammlungen

des Mainfränkischen Museums Würzburg, in: Ries 2015, S. 109–130.

Lindenschmit 1904
Lindenschmit, Ludwig: Mainz, Sammlung des Vereins zur Erforschung der rhein. Geschichte und Altertümer, in: Westdeutsche Zeitschrift für Geschichte und Kunst, 23. Jg. (1904), S. 351–372.

Liptzin/Frakes 2007
Liptzin, Sol; Frakes, Jerold C: Bove-Bukh, in: Skolnik, Fred; Berenbaum, Michael (Hg.): Encyclopedia Judaica, Bd. 4, Detroit u. a. 2007, S. 107–108.

Liptzin 2007
Liptzin, Sol: Segalowitch, Zusman, in: Skolnik, Fred; Berenbaum, Michael (Hg.): Encyclopedia Judaica, Bd. 18, Detroit u. a. 2007, S. 249.

Löffelmeier 2009
Löffelmeier, Anton: Die „Löwen" unterm Hakenkreuz. Der TSV München von 1860 im Nationalsozialismus, Göttingen 2009.

Löwenstein 1903
Löwenstein, Leopold: Wormser Gemeindeordnungen, in: Blätter für jüdische Geschichte und Literatur, 4. Jg. (1903), S. 145–150, 161–165, 177–179.

Löwenstein 1904
Löwenstein, Leopold: Wormser Gemeindeordnungen, in: Blätter für jüdische Geschichte und Literatur, 5. Jg. (1904), S. 33–36, 65–68, 81–84.

Mainz 1925
Mainz, Michael M.: Aus der Geschichte der Gemeinde. Erinnerungen an die Judengasse, in: Gemeindeblatt der Israelitischen Gemeinde Frankfurt/M., 3. Jg., Nr. 6 (Februar 1925), S. 2–4.

Manthey/Tollmien 1999
Manthey, Matthias; Tollmien, Cordula: Juden in Göttingen, in: von Thadden, Rudolf; Trittel, Günter J. (Hg.): Göttingen. Geschichte einer Universitätsstadt, Bd. 3, Von der preußischen Mittelstadt zur südniedersächsischen Großstadt 1866–1989, Göttingen 1999, S. 675–760.

Margaritha 1530
Margaritha, Anton: Der gantz jüdisch Glaub: mit sampt einer gründlichen vnd warhafftigen anzaygunge, aller Satzungen, Ceremonien, Gebetten ... / durch Anthonium Margaritham [...], Augsburg 1530.

Marquart 2010
Marquart, Markus: Zur Aschaffenburger Museumsgeschichte von 1854 bis 1949 (= Aschaffenburger Jahrbuch für Geschichte, Landeskunde und Kunst des Untermaingebietes, Bd. 27), Aschaffenburg 2009, S. 155–260.

Marzi/Tiede-Fansel 2015
Marzi, Werner; Tiede-Fansel, Tatjana: Abteilung I: Mittelalter, in: Brüchert, Hedwig (Hg.): Magenza – 1000 Jahre jüdisches Mainz, Katalog zur Dauerausstellung im Stadthistorischen Museum Mainz, Ausst.-Kat., Mainz 2015, S. 9–22.

Mayer 1935
Mayer, Ludwig: Jüdische Friedhöfe in Schwaben, in: Jüdische Rundschau, 40. Jg., Nr. 97 (03.12.1935), S. 6.

Medan 2007
Medan, Meir: Levita, Elijah, in: Skolnik, Fred; Berenbaum, Michael (Hg.): Encyclopedia Judaica, Bd. 12, Detroit u.a. 2007, S. 730–732.

Medicus 2014
Medicus, Thomas: Heimat. Eine Suche, Berlin 2014.

Meyer-Barkhausen 1958
Meyer-Barkhausen, Werner: Das „Graue Haus" zu Winkel im Rheingau, in: Mainzer Zeitschrift, 53. Jg. (1958), S. 1–20.

Mishkinsky 2007
Mishkinsky, Moshe: Zygelbojm, Samuel Mordecai, in: Skolnik, Fred; Berenbaum, Michael (Hg.): Encyclopedia Judaica, Bd. 21, Detroit u. a. 2007, S. 696–697.

Monumenta Judaica 1963
Monumenta Judaica. 2000 Jahre Geschichte und Kultur der Juden am Rhein, Ausst.-Kat., Kölnisches Stadtmuseum, Köln 1963.

Moses 1926
Moses, Elisabeth: Die Abteilung „Juden und Judentum im Rheinland" auf der Jahrtausendausstellung in Köln Juni – August 1925, in: Soncino-Blätter. Beiträge zur Kunde des jüdischen Buches, 1. Jg., H. 1–2 (Oktober 1925), S. 86–88.

Mühlhäußer 2007
Mühlhäußer, Werner: Gunzenhausen, New York und zurück. Das Tora-Schild der Familie Dottenheimer, in: Stäbler, Wolfgang (Red.): Kulturgutverluste, Provenienzforschung, Restitution. Sammlungsgut mit belasteter Herkunft in Museen, Bibliotheken und Archiven (= MuseumsBausteine, Bd. 10), München/Berlin 2007, S. 173–177.

Müller 2017
Müller, Sigrun: Reichklara und Armklara.
Zwei Mainzer Klarissenklöster in der Zeit
der katholischen Reform bis zu Mainzer
Aufklärung, Marburg 2017.

Mundhenke 1964
Mundhenke, Herbert (Bearb.): Die Kopf-
steuerbeschreibung der Fürstentümer Calen-
berg-Göttingen und Grubenhagen von 1689,
Teil 7, Hildesheim 1964.

Mundhenke 1965
Mundhenke, Herbert (Bearb.): Die Kopf-
steuerbeschreibung der Fürstentümer Calen-
berg-Göttingen und Grubenhagen von 1689,
Teil 8, Hildesheim 1965.

Nachama/Sievernich 1991
Nachama, Andreas; Sievernich, Gereon:
Jüdische Lebenswelten, Ausst.-Kat., Berliner
Festspiele, Frankfurt/M. 1991.

Nebinger 1979
Nebinger, Gerhard: Die Herren und Frei-
herren von Welden. Die Marktgemeinde
Laupheim zur Zeit der Welden, in: Diemer,
Kurt (Red.): Laupheim. Herausgegeben
von der Stadt Laupheim in Rückschau
auf 1200 Jahre Laupheimer Geschichte
778–1978, Weißenhorn 1979, S. 120–153
und 154–158.

Neubauer/Stern 1892
Neubauer, Adolf; Stern, Moritz (Hg.): Hebräische Berichte über die Judenverfolgungen
während der Kreuzzüge. Im Auftrage der
Historischen Commission für Geschichte
der Juden in Deutschland, ins Deutsche
übersetzt von Seligman Baer (= Quellen
zur Geschichte der Juden in Deutschland,
Bd. 2), Berlin 1892.

NGK, Bd. 1, Teil 1
Tebbe, Karin (Bearb.:): Nürnberger Gold-
schmiedekunst 1541–1868, Bd. 1., Teil 1:
Meister, Werke, Marken, Nürnberg 2007.

NGK, Bd. 1, Teil 2
Tebbe, Karin (Bearb.): Nürnberger Gold-
schmiedekunst 1541–1868, Bd. 2, Goldglanz
und Silberstrahl, Nürnberg 2007.

Niger/Sitarz 2007
Niger, Shemuel; Sitarz, Magdalena: Asch,
Sholem, in: Skolnik, Fred; Berenbaum,
Michael (Hg.): Encyclopedia Judaica.
Bd. 2, Detroit u. a. 2007, S. 550–551.

Niggl 1983
Niggl, Reto: Zinn nach altem Vorbild. Beitrag der Familie Weygang zum historischen

Handwerk und Fortführung traditioneller
Formen in die Gegenwart, München 1983.

Nürnberger Künstlerlexikon 2007
Grieb, Manfred H. (Hg.): Nürnberger Künstlerlexikon. Bildende Künstler, Kunsthand-
werker, Gelehrte, Sammler, Kulturschaffen-
de und Mäzene vom 12. bis zur Mitte des
20. Jahrhunderts, München 2007.

Nürnberger Zeitung 1953
Gottfried Stammler sucht Schnaittachs
älteste Kirche, Nürnberger Zeitung,
8. August 1953.

Oestreich 1982
Oestreich, Carl: Die letzten Stunden eines
Gotteshauses, in: Lamm, Hans (Hg.): Ver-
gangene Tage. Jüdische Kultur in München,
München/Wien 1982, S. 447f.

Olszowy-Schlanger 2011
Olszowy-Schlanger, Judith: The Science
of Language among Medieval Jews, in:
Freudenthal, Gad (Hg.): Sciene in Medieval
Jewish Cultures, Cambridge u. a. 2011,
S. 359–426.

Ophir 1972
Ophir, Baruch Zvi: Pinkas Hakehillot.
Encyclopedia of Jewish Communities from
their Foundation till after the Holocaust.
Germany – Bavaria, Jerusalem 1972.

Orgad 2017
Orgad, Zvi: Eliezer-Zusman. An Eighteenth-
Century Synagogue Painter at Work. Ph.D.
diss., Bar-Ilan University, Ramat Gan, Israel,
2017.

Panter 2015
Panter, Armin: Die Haller Synagogen des
Elieser Sussmann im Kontext der Sammlung
des Hällisch-Fränkischen Museums,
Künzelsau 2015.

Paulus 2019
Paulus, Simon: in domo iudeorum – Das
„Judenhaus" in Schwäbisch Gmünd und die
Frage nach jüdischen Gemeinschaftshäusern
im zentraleuropäischen Raum, in: Stürze-
becher, Maria; Paulus, Simon (Hg.): inter
iudeos – Topographie und Infrastruktur jü-
discher Quartiere im Mittelalter (= Erfurter
Schriften zur jüdischen Geschichte, Bd. 5),
Jena/Quedlinburg 2019, S. 112–131.

Pazaurek 1908
Pazaurek, Gustav E.: Württemberger Zinnfälschungen, in: Mitteilungen des Museumsverbandes. Als Manuskript für die Mitglieder
gedruckt und ausgegeben im Mai 1908, S. 1f.

Pollnick 1992
Pollnick, Carsten: Otto Wolfsthal – eine Aschaffenburger Tragödie vor 50 Jahren (= Mitteilungen aus dem Stadt- und Stiftsarchiv Aschaffenburg, Bd. 3), Aschaffenburg 1992, S. 505–507.

Pressel 1861
Pressel, Theodor: Ambrosius Blaurer's des schwäbischen Reformators Leben und Schriften, Stuttgart 1861.

Pucat 1941
Pucat, Walter: Kalonymus, in: Landman, Isaac (Hg.): The Universal Jewish Encyclopedia: an authoritative and popular presentation of Jews and Judaism since the earliest times, Bd. 6, New York 1942, S. 299–300.

Purin 1996
Purin, Bernhard (Hg.): Jüdisches Museum Franken in Schnaittach. Museumsführer, Fürth 1996.

Purin 1999
Purin, Bernhard (Hg.): Jüdisches Museum Franken – Fürth und Schnaittach (Prestel Museumsführer compact), München/London/New York 1999.

Purin 2001a
Purin, Bernhard: Das Tora-Schild von Gunzenhausen, in: Häder, Ulf (Bearb.): Beiträge öffentlicher Einrichtungen der Bundesrepublik Deutschland zum Umgang mit Kulturgütern aus ehemaligem jüdischem Besitz (= Veröffentlichungen der Koordinierungsstelle für Kulturgutverluste, Bd. 1), Magdeburg 2001, S. 107–117.

Purin 2001b
Purin, Bernhard: Die Welt der jüdischen Postkarten, Ausst.-Kat., Jüdisches Museum Franken in Fürth, Wien 2001.

Purin 2002
Purin, Bernhard: Gerettet oder geraubt? Zur Aneignung von Judaica im Nationalsozialismus und heute, in: Häder, Ulf (Bearb.): Museen im Zwielicht – die eigene Geschichte, Magdeburg 2002, S. 403–418.

Purin 2003
Purin, Bernhard: Judaica aus der Medina Aschpah. Die Sammlung des Jüdischen Museums Franken in Schnaittach, Fürth 2003.

Purin 2008
Purin, Bernhard (Hg.): Stadt ohne Juden. Die Nachtseite der Münchner Stadtgeschichte, Ausst.-Kat., Jüdisches Museum München, München 2008.

Purin 2017
Purin, Bernhard: Judaica in Süddeutschland. Eine Typologie, in: Lohr, Otto; Purin, Bernhard (Hg.): Jüdisches Kulturgut. Erkennen – Bewahren – Vermitteln (= Museums-Bausteine, Bd. 18), Berlin/München 2017, S. 61–97.

Purin 2018
Purin, Bernhard: Katalog der Judaica in der Sammlung des Museums für Franken in Würzburg, in: Sieben Kisten 2018, S. 113–295.

Puvogel/Stankowski/Graf 1996
Puvogel, Ulrike; Stankowski, Martin; Graf, Ursula: Gedenkstätten für die Opfer des Nationalsozialismus. Eine Dokumentation, Bd. 1, 2. Aufl., Bonn 1996

Quartalsblätter 1874
Quartalsblätter des historischen Vereins für das Großherzogtum Hessen, Nr. 2–3 (Juni 1874).

Rabinowitz 2007
Rabinowitz, Louis Isaac: Maimonides, Moses, in: Skolnik, Fred; Berenbaum, Michael (Hg.): Encyclopedia Judaica, Bd. 13, Detroit u.a. 2007, S. 381–385.

Raubenheimer 1957
Raubenheimer, Richard: Paul Fagius aus Rheinzabern. Sein Leben und Wirken als Reformator und Gelehrter, Grünstadt 1957.

Rechenberg 2020
Rechenberg, Andrea (Hg.): Die Göttinger Tora-Wimpel (Arbeitstitel), Göttingen 2020.

Renda 1989
Renda, Gerhard: Judaica im Heimatmuseum – die Geschichte einer Bewahrung, in: Anzeiger des Germanischen Nationalmuseums Nürnberg, Nürnberg 1989, S. 49–56.

Reuter/Schäfer 2005
Reuter, Fritz; Schäfer, Ulrike: Wundergeschichten aus Warmaisa: Juspa Schammes, seine Ma'asseh nissim und das jüdische Worms im 17. Jahrhundert, Worms 2005.

Ries 2015
Ries, Rotraud (Hg.): Seligsberger – Eine jüdische Familie und ihr Möbel- und Antiquitätenhaus, Ausst.-Kat., Johanna-Stahl-Zentrum für jüdische Geschichte und Kultur Unterfrankens, Würzburg 2015.

Rodov 2013
Rodov, Ilia M.: The Tora Ark in Renaissance Poland. A Jewish Revival of Classical Antiquity (= Jewish and Christian Perspectives Series, Bd. 23), Leiden/Boston 2013.

Röder 1986
Röder, Ernst: Der Chuppa- oder Hochzeitsstein an der Synagoge in Alsenz, in: Donnersberg-Jahrbuch 1986. Heimatbuch für das Land um den Donnersberg, 9. Jg. (1986), S. 121f.

Röhrbein 1973
Röhrbein, Waldemar R. (Hg.): 700 Jahre Juden in Südniedersachsen: Geschichte und religiöses Leben. Ausstellung im Städtischen Museum Göttingen vom 14. Oktober bis 9. Dezember 1973, Ausst.-Kat., Göttingen 1973.

Rosenfeld 2004
Rosenfeld, Gavriel D.: Architektur und Gedächtnis. München und Nationalsozialismus. Strategien des Vergessens, Ebenhausen bei München 2004.

Rosenzweig 2016
Rosenzweig, Claudia (Hg.): Bovo d'Antona by Elye Bokher. A Yiddish Romance. A Critical Edition with Commentary, Leiden 2016.

Rusiniak-Karwat 2017
Rusiniak-Karwat, Martyna: Bundists under the Soviet Occupation: The Case of Matwiej Bernstein, in: Studia Polityczne, 45. Jg., Nr. 3 (2017), S. 141–151.

Sabelleck 2002
Sabelleck, Rainer: Juden in Göttingen, in: Böhme, Ernst; Vierhaus, Rudolf (Hg.): Göttingen. Geschichte ein Universitätsstadt, Bd. 2: Vom Dreißigjährigen Krieg bis zum Anschluss an Preußen. Der Wiederaufstieg als Universitätsstadt (1648–1866), Göttingen 2002, S. 635–657.

Salfeld 1898
Salfeld, Siegmund: Das Martyrologium des Nürnberger Memorbuches, Berlin 1898.

Salfeld 1918
Salfeld, Siegmund: Die Mainzer Judenerben. Beitrag zur Topographie des alten Mainz, in: Mainzer Zeitschrift, 12. Jg (1917), S. 1–36.

Schaller/Dietert 2010
Schaller, Bernd; Dietert, Eike: Im Steilhang. Der jüdische Friedhof zu Adelebsen. Erinnerung an eine zerstörte Gemeinschaft, Göttingen 2010.

Scharf 2004
Scharf, Heike: „Ich hatte nur die Absicht, die Ruhe und die Ordnung aufrecht zu erhalten." Das Palmsonntagspogrom vom 25. März 1934 in Gunzenhausen (= nurinst 2004. Beiträge zur deutschen und jüdischen Geschichte. Jahrbuch des Nürnberger Instituts für NS-Forschung und jüdische Geschichte des 20. Jahrhunderts, Bd. 2), S. 55–70.

Schazmann 1788
Schazmann, Ferdinand: Patriotische Gedanken über den Zustand der Juden überhaupt, vorzüglich der Judenschaft in der Reichsstadt Friedberg, Friedberg 1788.

Scheffler, Oberfranken
Scheffler, Wolfgang: Goldschmiede Oberfrankens. Daten, Werke, Zeichen, Berlin 1989.

Schenk 1979
Schenk, Georg: Die Juden in Laupheim, in: Diemer, Kurt (Red.): Laupheim. Herausgegeben von der Stadt Laupheim in Rückschau auf 1200 Jahre Laupheimer Geschichte 778–1978, Weißenhorn 1979, S. 286–303.

Schilling 1992
Schilling, Agnes Maria: Auf den Spuren jüdischen Lebens in Augsburg (= Haus der Bayerischen Geschichte. Exkursionsblätter zur Geschichte und Kultur der Juden in Bayern, Bd. 11), München 1992.

Schneider 1904a
Schneider, Friedrich: Wohnhaus des Kalonymos?, in: Frankfurter Zeitung, Nr. 86 (26.03.1904), S. 1.

Schneider 1904b
Schneider, Friedrich: Neue architektonische Funde in Mainz, in: Frankfurter Zeitung, Nr. 95 (05.04.1904), S. 2.

Schneider 1904c
Schneider, Friedrich: Haus zum Adler, in: Frankfurter Zeitung, Nr. 97 (07.04.1904), S. 2.

Schneider 1981
Schneider, Siegfried H.: ...wenn es die Liebe nicht tut. Begegnung mit einer jüdischen Frau, in: Würzburger katholisches Sonntagsblatt (25.01.1981), S. 14f.

Schneider 2013
Schneider, Malou: Mémoires du judaïsme en Alsace. Le collections du Musée alsacien, Strasbourg 2013.

Schneider 2020
Schneider, Erich: Vitrinenkommode als Zeugin der Nazi-Zeit, in: Altfränkische Bilder. Frankens Kunst, Geschichte und Landschaft, NF, 15. Jg. (2020), S. 30–32.

Schönhagen 2018a
Schönhagen, Benigna: Das Jüdische Kultur-museum Augsburg-Schwaben 2006–2018, Lindenberg im Allgäu 2018.

Schönhagen 2018b
Schönhagen, Benigna (Hg.): Eine Erinnerung ist eine Erinnerung ist eine Erinnerung? Judaica aus dem Umfeld der Synagoge Kriegshaber, Ausst.-Kat., Jüdisches Kulturmuseum Augsburg-Schwaben, Berlin 2018.

Schrohe 1904
Schrohe, Heinrich: Geschichte des Reichklaraklosters in Mainz, Mainz 1904.

Schrohe 1905
Schrohe, Heinrich: Reichsgeschichtliches auf Mainzer Denkmälern, in: Zeitschrift des Vereins zur Erforschung der Rheinischen Geschichte und Alterthümer, 4. Jg. (1893/1905), S. 583–603.

Schübel 2007
Schübel, Birgit: Judaica aus Nürnberg. Silbernes Ritualgerät für Synagoge und Haus, in: NGK, Bd. 1, Teil 2, S. 245–257.

Schübel 2014
Schübel, Birgit: Silberjudaica aus Nürnberger Meisterhand. Goldschmiedearbeiten für den rituellen Gebrauch, in: Kluxen, Andrea M.; Krieger, Julia (Hg.): Geschichte und Kultur der Juden in Nürnberg (= Franconia Judaica, Bd. 8), Würzburg 2014, S. 133–164.

Schulze-Dörlamm 2005
Schulze-Dörrlamm, Mechthild: Das steinerne Monument des Hrabanus Maurus auf dem Reliquiengrab des hl. Bonifatius (†754) in Mainz, in: Jahrbuch des Römisch-Germanischen Zentralmuseums, 51. Jg. (2004), S. 282–347.

Schweizer 1904
Schweizer, Abraham: Ein patriotischer Hymnus, in: Blätter für jüdische Geschichte und Literatur, 5. Jg. (1904), S. 36–39.

Segalowitch 1945
Segalowitch, Zusman: A boym fun poyln, Buenos Aires 1945 [jidd.].

Selig 1988
Selig, Wolfram: Die Synagogenbauten der Neuzeit, in: Selig, Wolfram (Hg.): Synagogen und jüdische Friedhöfe in München, München 1988, S. 35–120.

Seling 2007
Seling, Helmut: Die Kunst der Augsburger Gold- und Silberschmiede 1529–1868, Meister, Marken, Werke, erweiterte und überarbeitete Neuauflage, München 2007.

Serarius 1604
Serarius, Nikolaus: Moguntiacarum rerum ab initio usque ad reverendissium et illustrissimum hodiernum archiepiscopum, Mainz 1604.

Shadur/Shadur 2002
Shadur, Joseph; Shadur, Yehudit: Traditional Jewish Papercuts. An Inner World of Art and Symbol, Hanover 2002.

Shenef 2016
Shenef, Yehuda: Das Haus der drei Sterne. Die Geschichte des jüdischen Friedhofs von Pfersee, Kriegshaber und Steppach bei Augsburg, in Österreich, Bayern und Deutschland, Friedberg 2016.

Sieben Kisten 2018
Jüdisches Museum München; Museum für Franken (Hg.): „Sieben Kisten mit jüdischem Material." Von Raub und Wiederentdeckung 1938 bis heute, Ausst.-Kat., Jüdisches Museum München/Museum für Franken, Berlin 2018.

Silverman/Elyada 2007
Silverman, Godfrey Edmond; Elyada, Aya: Muenster, Sebastian, in: Skolnik, Fred; Berenbaum, Michael (Hg.): Encyclopedia Judaica, Bd. 14, Detroit u.a. 2007, S. 599.

Sinn 2012
Sinn, Andrea: Gehen? Oder Bleiben! Lebenswelten osteuropäischer und deutscher Juden in der Nachkriegszeit, 1945–1950 (= Ausstellungsreihe Jüdisches Leben nach der Katastrophe, Bd. 1), Augsburg 2012.

Sotheby's New York 1999
Sotheby's New York, Important Judaica, March 16, 1999

Sotheby's New York 2013
Sotheby's New York, Important Judaica, 17 December 2013.

Sotheby's Tel Aviv 1991
Sotheby's Tel Aviv, Important Judaica, Books, Manuscripts, Works of Art and Paintings, Wednesday 2nd October 1991.

Sotheby's Tel Aviv 2001
Sotheby's Tel Aviv, Judaica, October 11, 2001.

Stadtarchiv München 1999
Stadtarchiv München (Hg.): Beth ha-
Knesseth – Ort der Zusammenkunft. Zur
Geschichte der Münchner Synagogen, ihrer
Rabbiner und Kantoren. Mit Beiträgen von
Elisabeth Angermair, Andreas Heusler, Eva
Ohlen, Brigitte Schmidt, Tobias Weger.
München 1999.

Staudinger 2007
Staudinger, Barbara (Hg.): Von Bayern
nach Erez Israel – Auf den Spuren jüdischer
Volkskunst, Ausst.-Kat., Jüdisches Museum
München, München 2007.

Stein 2008
Stein, Peter: Lebendiges und untergegan-
genes jüdisches Brauchtum. Brauch gestern
und heute, Brauch hier und dort mit beson-
derer Berücksichtigung der schweizerischen
Judendörfer Endingen und Lengnau, Basel
2008.

Taddey 1992
Taddey, Gerhard: Kein kleines Jerusalem.
Geschichte der Juden im Landkreis Schwäbisch Hall (= Forschungen aus Württembergisch Franken, Bd. 36), Sigmaringen 1992.

Toeplitz 1926
Toeplitz, Erich: Die Jahrtausend-Ausstellun-
gen der Rheinlande, in: Menorah. Illustrierte Monatsschrift für die jüdische Familie,
3. Jg., Nr. 8–9 (1925), S. 192–197.

Toeplitz 1931
Toeplitz, Erich: Sedergerät. Unter beson-
derer Berücksichtigung der Bestände im
Museum jüdischer Altertümer und in Frank-
furter Privatbesitz, in: Gemeindeblatt der
Israelitischen Gemeinde Frankfurt, 9. Jg.,
Nr. 8 (April 1931), S. 246–249.

Transier 2004
Transier, Werner: Die SchUM-Gemeinden:
Wiegen und Zentren des Judentums am
Rhein im Mittelalter, in: Europas Juden im
Mittelalter, Ausst. Kat., Historisches Museum
der Pfalz, Speyer 2004, S. 59–67.

Trüger 1994
Trüger, Michael: Der jüdische Friedhof in
Kriegshaber (Schwaben), in: Der Landesver-
band der Israelitischen Kultusgemeinden in
Bayern, 9. Jg. (1994), S. 25f.

Tück 2009
Tück, Jan-Heiner: Gabe der Gegenwart.
Theologie und Dichtung der Eucharistie bei
Thomas von Aquin, Freiburg im Breisgau
2009.

Ullmann 1999
Ullmann, Sabine: Nachbarschaft und
Konkurrenz. Juden und Christen in Dörfern
der Markgrafschaft Burgau 1650 bis 1750,
Göttingen 1999.

Verhandlungen 1836
Verhandlungen der Israelitischen Kreis-
Synode zu Würzburg, im Jahre 1836. Ein
Sendschreiben an den Herausgeber dieser
Zeitschrift, in: Sulamith. Eine Zeitschrift
zur Beförderung der Kultur und Humanität
unter den Israeliten, 8. Jg., Nr. 6 (1836),
S. 372–381.

Veselska 2009
Veselska, Dana: Bohemian and Moravian
Torah Binders and Covers from Circumci-
sion Swaddling as a Source for Social and
Art History, in: Cermanová, Iveta; Putík,
Alexandr (Hg.): May God Let Him Grow: a
Child's Birth in the Culture and Customs of
Bohemian and Moravian Jews, Prag 2009,
S. 28–33.

Vogel/Römer 1999
Vogel, Stefan; Römer, Gernot: Wo Steine
sprechen…Die jüdischen Friedhöfe in
Schwaben, Augsburg 1999.

Volbach 1960
Volbach, Fritz: Ein mittelalterlicher Türsturz
aus Ingelheim, in: Mitteilungen des Ober-
hessischen Geschichtsvereins, NF, Bd. 44
(1960) S. 15–19.

Wagner 1902
Wagner, Heinrich: Judenbad, in: Der Israelit.
Central-Organ für das orthodoxe Judenthum,
43. Jg., Nr. 38 (12.05.1902), S. 826–828.

Wallersteiner 1926
Wallersteiner, David: Die jüdische Druckerei
in Thannhausen, in: Bayerische Israelitische
Gemeindezeitung, 2. Jg, Nr. 12, 03.12.1926,
S. 321.

Weber 1983
Weber, Wilhelm: Vom Jüdischen Museum bis
zur Judaica-Sammlung im Mittelrheinischen
Landesmuseum Mainz, in: Mittelrheinisches
Landesmuseum Mainz (Hg.): Monumenta
Judaica. Ausstellung der Judaica-Samm-
lung im Mittelrheinischen Landesmuseum,
Ausst.-Kat., Mainz 1983, S. 3–25.

Weber 1997
Weber, Annette: Synagogenausstattungen
als Dokumente jüdischen Lebens auf dem
Lande in Franken und Schwaben im 18.
Jahrhundert, in: Richarz, Monika; Rürup,
Reinhard (Hg.): Jüdisches Leben auf dem

Lande. Studien zur deutsch-jüdischen Geschichte (= Schriftenreihe wissenschaftlicher Abhandlungen des Leo Baeck Instituts, Bd. 56), Tübingen 1997, S. 189–206.

Weber/Friedlander/Armbruster 1997
Weber, Annette; Friedlander, Evelyn; Armbruster, Fritz (Hg.): Mappot…Blessed Be Who Comes; the Band of Jewish Tradition (= Mappot…Gesegnet, der da kommt; das Band jüdischer Tradition), Osnabrück 1997.

Wegweiser 1877
Drei Tage in Augsburg. Kleiner Wegweiser für die Stadt und ihre Umgebung, Augsburg 1877.

Weil 1939
Weil, Simon: Las colonias agrícolas de la Jewish Colonization Association. Reseña geográfica, económica e histórica, in: Delegación de Asociaciones Israelitas Argentinas (Hg.): 50 años de colonización judía en la Argentina, Buenos Aires 1939, S. 142–198.

Weil 1963
Weil, Gérard: Élie Levita: Humaniste et Massorète (1469–1549), Leiden 1963.

Weinberg 1909
Weinberg, Magnus: Geschichte der Juden in der Oberpfalz, Bd. 3, Der Bezirk Rothenberg (Schnaittach, Ottensoos, Hüttenbach, Forth), Sulzbürg 1909.

Weinstein 1985
Weinstein, Jay: A Collector's Guide to Judaica, London 1985.

Wenge 2005
Wenge, Nicola: Integration und Ausgrenzung in der städtischen Gesellschaft. Eine jüdisch-nichtjüdische Beziehungsgeschichte Kölns 1918–1933, Diss., Mainz am Rhein 2005.

Wiedenau 1983
Wiedenau, Anita: Katalog der romanischen Wohnbauten in westdeutschen Städten und Siedlungen, Tübingen 1983.

Wiesemann 1991
Wiesemann, Falk: „Masal tow" für Braut und Bräutigam. Der Davidstern auf Hochzeitssteinen, in: Eichmann, Johanna S.; Stegemann, Wolf: Der Davidstern. Zeichen der Schmach – Symbol der Hoffnung, Dorsten 1991, S. 86–91.

Wiesner/Weber 2016
Wiesner, Linda; Weber, Annette: Symbol für Bund und Lehre: Torawickelbänder und ihre Bedeutung für den Einzelnen und die Gemeinde, in: Riemer, Nathanael (Hg.): Einführungen in die Materiellen Kulturen des Judentums, Wiesbaden 2016, S. 119–149.

Wilhelm 1973
Wilhelm, Peter: Die jüdische Gemeinde in der Stadt Göttingen von den Anfängen bis zur Emanzipation (= Studien zur Geschichte der Stadt Göttingen, Bd. 10), Göttingen 1973.

Wilhelm 1978
Wilhelm, Peter: Die Synagogengemeinde Göttingen, Rosdorf und Geismar 1850–1942 (= Studien zur Geschichte der Stadt Göttingen, Bd. 11), Göttingen 1978.

Wirsching 2013
Wirsching, Andreas: Jüdische Friedhöfe in Schwaben 1933–1945, in: Brenner, Michael; Ullmann, Sabine (Hg.): Die Juden in Schwaben, München 2013, S. 251–262.

Wolf/Tausendpfund 1997
Wolf, Gerhard Philipp; Tausendpfund, Walter: Schnaittach – Landesrabbinat, in: Jüdisches Leben in der Fränkischen Schweiz (= Die Fränkische Schweiz - Landschaft und Kultur, Schriftenreihe des Fränkische-Schweiz-Vereins, Bd. 11), Erlangen 1997, S. 632–687.

Yaniv 2009
Yaniv, Bracha: Ma'ase Rokem. Textile Ceremonial Objects in the Ashkenazi, Sephardi and Italian Synagogue, Jerusalem 2009, S. 81–103 [hebr].

Zimmels 1926
Zimmels, Hirsch Jakob: Beiträge zur Geschichte der Juden in Deutschland im 13. Jahrhundert insbesondere auf Grund der Gutachten des R. Meïr von Rothenburg, Wien 1926.

Deskriptives Gesamtverzeichnis der Aufsätze zur deutsch-jüdischen Geschichte von Mordechai W. Bernstein[1]

Lilian Harlander

Das folgende Verzeichnis paraphrasiert Mordechai W. Bernsteins Aufsätze zur Geschichte in Deutschland in aller Kürze. Es soll in erster Linie einen Überblick verschaffen und als Forschungsgrundlage für Interessierte dienen. Geschrieben ist es aus der (zeitlichen) Perspektive Bernsteins, weshalb manche Begrifflichkeiten und Benennungen veraltet erscheinen mögen.

IN DEN LABYRINTHEN DER ZEITEN, Buenos Aires 1955

Einführung 9
Nicht nur die Fakten zur aschkenasischen Epoche, sondern auch das besondere Milieu und heute verschwundene Bräuche sollen dargestellt werden. Bernsteins Schreibmotivation liegt in seiner eigenen familiären Vergangenheit, da einige seiner Vorfahren aus Aschkenas stammen.

In den Labyrinthen der Zeiten 16
Bernstein besucht in der Nachkriegszeit im Laufe von drei Jahren mehr als achthundert deutsche bzw. aschkenasische Orte, an denen in der Vergangenheit jüdisches Leben stattgefunden hat und an das oft nur mehr steinerne Zeugnisse erinnern.

1. Steine erzählen

In den Katakomben von Heilbronn 23
Bernstein besucht Heilbronn und sieht eine völlig zerstörte Stadtruine. Unter der ebenfalls zerstörten Heilbronner Synagoge befinden sich Katakomben und Tunnel mit hebräischen Inschriften aus dem 10. Jahrhundert, welche die Luftangriffe im Zweiten Weltkrieg überstanden haben.

Konstanzer Mauern erzählen 32
Konstanz ist eine der ältesten Städte Deutschlands, in der sich jüdische Familien bereits ab dem 12. Jahrhundert niedergelassen haben. Bernstein beschreibt verschiedene Spuren des mittelalterlichen Judentums, u.a. in einer Handschrift ein Hinweisschild für die mittelalterliche Synagoge, einen christlich-jüdischen Friedhof und einen 1321 erbauten Pulverturm.

Eine „Wiedergutmachung" vor fünfhundert Jahren 40
Der Pulverturm am Rheinsteig in Konstanz war nicht nur das Gefängnis im Mittelalter dort lebender Juden, sondern ist auch von ihnen erbaut worden, wie einige Konstanzer Chroniken berichten. Jüdische Männer errichteten ihn als Teil der Befestigungsanlage ursprünglich als Schutzturm. Zwischen 1443 und 1448 wurde dort die Konstanzer jüdische Gemeinde gefangen gehalten.

Das Geheimnis des Davidsterns in Hameln 46
Hameln gehört zu den Städten mit den ältesten jüdischen Ansiedlungen. Bei der Restaurierung eines aus dem 13. Jahrhundert erhaltenen gotischen Gebäudes, in dem sich nun die Löwenapotheke befindet, wurde am Dachgiebel ein aus dem Stein gebrochenes Fenster in Form eines Davidsterns entdeckt. Möglicherweise handelt es sich um die Überreste einer Synagoge.

---

1 Digitalisate der drei Bände können unter https://www.yiddishbookcenter.org/ eingesehen werden.

Der Krieg wegen der Festungssynagoge in Talheim 228

In Talheim (Landkreis Heilbronn) befand sich eine Synagoge außerhalb der Stadt im Hof einer mittelalterlichen Festung. Nachdem die Burg erbenlos und unbewohnt war, siedelten sich dort im 18. Jahrhundert – allerdings nicht ohne städtische Gegenwehr – jüdische Familien an, zumal sie nicht in der Stadt selbst leben durften. 1836 weihten sie innerhalb der Festungsmauer eine Synagoge ein. Heute ist sie eine verwahrloste Ruine.

Die verbrannte Tora-Krone in Laupheim 236

Siehe S. 250–257 in diesem Band.

Hildesheimer Märtyrer-Denkmal 243

Nach dem Zweiten Weltkrieg ließen sich in Hildesheim Displaced Persons nieder, um eine neue Gemeinde zu errichten. Auf dem neuen jüdischen Friedhof, der bereits über hundert Jahre alt ist, wurde ein Denkmal für neun unbekannte Märtyrer aufgestellt, die im KZ-Außenlager Hildesheim ermordet wurden.

Die 13 Stufen der Düsseldorfer Synagoge 249

Die letzte Synagoge in Düsseldorf wurde 1904 errichtet; ein Prachtbau, der während der Novemberpogrome vollständig vernichtet wurde. Übrig blieben nur ein leerer Platz und 13 grasbewachsene Stufen der ehemaligen Eingangstreppe. 1946 wurde eine Gedenktafel angebracht.

Die hölzerne Scheunen-Synagoge in Bechhofen 255

In den Archiven in Nürnberg und Ansbach liegen sehr viele Unterlagen zur ehemaligen jüdischen Gemeinde in Bechhofen (Landkreis Ansbach). Man weiß nicht genau, wann die Synagoge errichtet wurde, erwähnt wird sie bereits im 16. Jahrhundert. Und schon im 13. Jahrhundert hatte an derselben Stelle eine Synagoge gestanden. Im 18. Jahrhundert war sie von Elieser Sussmann bemalt worden. 1938 wurde sie zerstört.

Die Wandmalereien in den Synagogen 264

Siehe S. 116–123 in diesem Band.

„Ich will diesen anmaßenden Schandfleck nicht mehr sehen" 271

Siehe S. 238–243 in diesem Band.

Was bedeuten die zwei Türme in Langen? 277

In Langen (Landkreis Offenbach) befinden sich in der Dieburger Straße 25 zwei Türme mit Davidsternen. An dieser Stelle befand sich früher eine Synagoge und die Türme wurden als Denkmäler auf Initiative des Bürgermeisteramtes aufgebaut. Ein Turm befindet sich beim ehemaligen Eingang der Synagoge, der andere dort, wo der *Tora-Schrein* gewesen ist.

Der Otto-Wolfsthal-Platz in Aschaffenburg 282

Siehe S. 290–295 in diesem Band.

3. Die verschwundene Landschaft

Die evangelische „Synagoge" in Thannhausen 291

Siehe S. 104–109 in diesem Band.

Eine ehemalige Kirche – eine Synagoge 297

In Coburg wurde im 15. Jahrhundert die später protestantische Sankt-Nikolaus-Kirche erbaut. Um 1870 gab die Stadt sie an die nach gut dreihundert Jahren wieder nach Coburg zurückgekehrten Juden ab, damit diese sie als Synagoge nutzen konnten. Weil das Gebäude Stadteigentum geblieben war und unter Denkmalschutz stand, wurde es während der Novemberpogrome nicht zerstört.

Die Glocke rief zum Gebet 301

In Buchau (Landkreis Biberach) gab es in der 1839 erbauten Synagoge eine Glocke, welche die Einwohner zum Gebet rief. Die Synagoge war als Prachtbau konzipiert worden, um sie von den umliegenden Wohnhäusern abzuheben. Sie wurde während der Novemberpogrome zerstört.

2 Eine Übersetzung des kompletten Aufsatzes in: Sieben Kisten 2018, S. 41–58.

Almemor / Bima
Pult für die Lesung aus der Tora.

Amud / Omed
Lesepult für den Kantor bei den Aschkenasim.

Beth Midrasch, Pl. Beth Midraschim
Bet- und Lehrhaus.

Bima
s. *Almemor.*

Bsamim-Turm / Bsamim-Büchse
Gefäß zur Aufbewahrung von Gewürzen
(hebräisch Bsamim), über die am Schabbat-
Ausgang der Segen gesprochen wird.

Chanukka
Achttägige Festzeit, die an die Rückeroberung
des Tempels durch die Makkabäer erinnert.

Chanukka-Leuchter
Achtarmiger Leuchter.

Chewra Kadischa
Beerdigungsbruderschaft.

Chuppa, Pl. Chuppot
Baldachin, unter dem die Trauung stattfindet.

Ez Chaijm
Wörtlich „Baum des Lebens", Stäbe der
Tora-Rolle.

Gemara
Kommentar zur *Mischna*; gemeinsam bilden
sie den *Talmud.*

Haftara
wörtlich „Abschluss"; Lesung aus den
Prophetenbüchern an Feiertagen.

Hagbaha
Hochheben der Tora direkt nach der Lesung.

Jeschiwa, Pl. Jeschwiot
Hochschule für *Talmud-* und Tora-Studenten.

Jom Kippur
Versöhnungstag; höchster Feiertag.

Kabbala
Mystische Lehre im Judentum.

Keter Tora
s. *Tora-Krone.*

Kiddusch-Becher
Becher, über dem der Segen über Wein
gesprochen wird.

Kina, Pl. Kinot
Klagelied über die Zerstörung Jerusalems
oder eine andere historische Katastrophe.

Kiur
Gefäß mit Wasser, das zur rituellen
Waschung am Ausgang eines jüdischen
Friedhofs aufgestellt ist.

Klesmer(-Kapelle)
Volksmusiktradition aus dem aschkenasischen
Judentum. Klesmer kann die Musiker oder
die Musikrichtung bezeichnen.

Kohen, Pl. Kohanim
Gelten als Nachfahren Aarons; jüdische
Hohepriester des Tempels.

Kohanim-Hände
Die Kohanim sprachen den Aaronitischen
Segen, der eine bestimmte Handhaltung
vorschrieb, die häufig auf Grabsteinen
abgebildet ist.

Levite
Die Leviten waren im Tempel zuständig für
die rituelle Reinheit.

Leviten-Kannen
Mit Kannen wuschen die Leviten den
Priestern vor der Durchführung von Opfern
die Hände. Sie sind häufig auf Grabsteinen
abgebildet.

Machsor, Pl. Machsorim
Gebetbuch für Feiertage.

Magenza
Hebräisch für Mainz; s. auch *SchUM-
Gemeinden.*

Mappa, Pl. Mappot
s. *Tora-Binder.*

Masal Tov
Wörtlich „Guter Stern"; Glückwunsch.

Memorbuch
Buch in dem Namen von Verstorbenen der
Gemeinde oder von Märtyrern gesammelt
werden, außerdem Gebete und allgemeine
Informationen zur Geschichte der Gemeinde.

Menora, Pl. Menorot
Siebenarmiger Tempelleuchter.

Mesader Kidduschin
Rabbiner, der die Trauung vollzieht.

Mesusa, Pl. Mesusot
Hülse zur Befestigung am Türstock, die
ein Pergament mit dem Gebet „Höre Israel"
enthält.

Midrasch
Exegetische Auslegung religiöser Texte im
rabbinischen Judentum.

Mikwe, Pl. Mikwaot
Ritualbad.

Minhag, Pl. Minhagim
Regionale religiöse Bräuche.

Minjan, Pl. Minjanim
Gruppe von zehn mündigen Gemeinde-
mitgliedern; sie ist notwendig, damit ein
Gottesdienst abgehalten werden kann.

Mischna
Niederschrift der mündlich überlieferten
Auslegung der Tora; gemeinsam mit der
Gemara bildet sie den *Talmud*.

Omed
s. *Amud*.

Parochet
s. *Tora-Vorhang*.

Pessach
An den Auszug der Israeliten aus Ägypten
erinnerndes, achttägiges Fest.

Pessach-Teller
s. *Seder-Teller*.

Purim
An die Errettung der persischen Juden
erinnernder Feiertag.

Purim-Teller / Schlachmones-Teller
Teller für die *Schlachmones* am *Purim*-Fest.

Raschi-Synagoge
Ursprünglich wurde als „Raschi-Synagoge"
die kleine, zum jüdischen Lehrhaus gehörige
und 1615 zerstörte Synagoge in Worms
bezeichnet. Nach 1945 wird dieser Begriff
gelegentlich auch für die große Synagoge
verwendet.

Raschi-Tor
Bezeichnung für den Eingang der Stadtmauer
in Worms.

Rimon, Pl. Rimonim
Wörtlich „Granatäpfel", Aufsätze für die
Rollenstäbe zum Schmuck der Tora-Rolle.

Schabbat-Lampe / Schabbat-Leuchter
Mehrteilige (Öl-)Lampe zum Gebrauch am
Schabbat.

Schamasch, Pl. Schamaschim
Wörtlich „Diener", neunter Leuchterarm am
Chanukka-Leuchter zum Entzünden der ande-
ren Lichter.

Schawuot
Feiertag, der an den Empfang der Gebote
auf dem Berg Sinai durch Moses erinnert
und gleichzeitig Aspekte des Erntedanks in
sich trägt.

Schlachmones / Schloach-Manot
Geschenke zum *Purim*-Fest.

Schlachmones-Teller
s. *Purim-Teller*.

Schloach-Manot
s. *Schlachmones*.

SchUM-Gemeinden / SchUM-Städte
SchUM ist ein hebräisches Akronym für
Shpira (Speyer), Warmaisa (Worms) und
Magenza (Mainz) und bezeichnet den
Verbund der dortigen jüdischen Gemeinden,
die eine herausragende Stellung im mittel-
alterlichen Aschkenas innehatten.

Seder-Teller / Pessach-Teller
Am *Seder-Abend* (abendliche Feier zum Auf-
takt des *Pessach*-Festes) benutztes Geschirr.

Sukkot
Laubhüttenfest, das an die 40-jährige
Wanderschaft in der Wüste erinnert.

Talmud
Zentrales Schriftwerk mit Auslegungen der
religiösen Gebote.

Tanach
Sammlung Heiliger Schriften bestehend
aus Tora (Weisung), *Nevi'im* (Propheten)
und *Ketuvim* (Schriften).

Tora-Binder / Tora-Wimpel / Mappa
Aus einer Beschneidungswindel gefertigtes
und mit einem Segensspruch beschriftetes
Stoffband zum Zusammenbinden der Tora-
Rolle.

Tora-Krone / Keter Tora
Auf beide Stäbe der Tora-Rolle aufgesetzter
Schmuck.

Tora-Mantel
Textiler Schutz der Tora-Rolle.

Tora-Schild / Tass
Schild zum Schmuck und zur Bezeichnung
von Tora-Rollen.

Tora-Schrein
Schrein zur Aufbewahrung der Tora-Rollen.

Tora-Vorhang / Parochet
Vorhang für den *Tora-Schrein*.

Tora-Wimpel
s. *Tora-Binder*.

Warmeisa
Hebräisch für Worms; s. auch *SchUM-
Gemeinden*.

Zedaka-Büchse / Spenden-Büchse
Wohltätigkeit (Zedaka) hat im Judentum
einen besonderen Stellenwert. Deshalb
befinden sich in Synagogen Opferstöcke und
Spendenbüchsen, in denen für verschiedene
karitative Zwecke Geld gesammelt wird.

ORTE

Monika Berthold-Hilpert studierte Neuere und Mittelalterliche Geschichte, Amerikanistik und Slavistik an der Friedrich Alexander Universität Erlangen-Nürnberg und in Kalamazoo/MI (USA). Seit 1991 ist sie als wissenschaftliche Mitarbeiterin am Jüdischen Museum Franken Fürth, Schnaittach und Schwabach tätig. Sie kuratierte eine Reihe von Ausstellungen zur Geschichte der Juden in Franken und veröffentlichte zahlreiche Beiträge zu Themen der fränkisch-jüdischen Geschichte.

Ernst Böhme studierte Geschichte und Klassische Philologie in Tübingen. 1985 wurde er mit einer Untersuchung zur frühneuzeitlichen deutschen Reichsverfassungsgeschichte promoviert. Seit 1989 war er als wissenschaftlicher Archivar am Niedersächsischen Staatsarchiv in Bückeburg beschäftigt. 1997 übernahm er die Leitung des Stadtarchivs Göttingen. Zum 1. November 2005 wurde ihm zusätzlich die Leitung des Städtischen Museums Göttingen übertragen. Seit dem 31. März 2020 ist er im Ruhestand. Ernst Böhme hat zahlreiche Untersuchungen vor allem zur Göttinger Stadt- und niedersächsischen Landesgeschichte vorgelegt und sich intensiv mit der Provenienzforschung zur Göttinger Museumssammlung beschäftigt.

Jutta Fleckenstein ist seit 2005 Kuratorin und stellvertretende Direktorin am Jüdischen Museum München. Sie studierte Geschichte und Germanistik in Erlangen und Rom, dann war sie am Jüdischen Museum Franken, Fürth und Schnaittach, tätig. Im Rahmen ihrer Arbeitsschwerpunkte Identität und Migration realisierte sie die Dauerausstellung *Stimmen_Orte_Zeiten. Juden in München* sowie verschiedene Wechselausstellungen, darunter das Themenjahr *Juden 45/90* zu Displaced Persons und Zuwanderern aus der ehemaligen Sowjetunion.

Lilian Harlander studierte Germanistik und Jüdische Kulturgeschichte in Salzburg und arbeitete seither an diversen Forschungsprojekten sowie im Zentrum für Jüdische Kulturgeschichte Salzburg, unter anderem gemeinsam mit der Universität Wien, an einem jiddisch-deutschen Übersetzungsprojekt zu S. Ansky. Seit 2016 ist sie Kuratorin für die Sammlungen im Jüdischen Museum München und betreut deren wissenschaftliche Aufarbeitung und Digitalisierung.

Souzana Hazan studierte Judaistik, Ost- und Südosteuropäische Geschichte und Osteuropastudien in Berlin. Nach dem wissenschaftlichen Volontariat und der Mitwirkung am Editionsprojekt „Die Verfolgung und Ermordung der europäischen Juden durch das nationalsozialistische Deutschland 1933–1945 (VEJ)" ist sie seit 2015 als Kuratorin und wissenschaftliche Mitarbeiterin für den Standort Ehemalige Synagoge Kriegshaber des Jüdischen Museums Augsburg Schwaben tätig.

Andreas Lehnardt ist seit 2004 Professor für Judaistik an der Evangelisch-Theologischen Fakultät der Johannes Gutenberg-Universität Mainz. Er leitet mehrere wissenschaftliche Projekte zur Geschichte und Literatur der Juden in Deutschland, u. a. gefördert von der Deutschen Forschungsgemeinschaft (DFG), der Rothschild Foundation Europe (RTF) und der Fritz Thyssen Stiftung. Publiziert hat er über Rabbinische Literatur, jüdische Geschichte und Brauchtum, über die alte Jüdische Bibliothek der jüdischen Gemeinde Mainz und über hebräische Einbandfragmente in deutschen Archiven und Bibliotheken, insbesondere in Mainz, Trier und Gotha. Ein weiteres Projekt widmet sich der Erschließung neuzeitlicher Genisot.

Armin Panter studierte Kunstgeschichte, (Nebenfächer: Geschichte und Literaturwissenschaft) an der Universität Karlsruhe (TH) und Sorbonne, Paris I und promovierte 1988. 1989–1991 absolvierte er ein Volontariat am Badischen Landesmuseum Karlsruhe, anschließend arbeitete er an der Oberfinanzdirektion Karlsruhe, Staatliche Schlösser und Gärten. 1992 wurde er stellvertretender Leiter des Hällisch-Fränkischen Museums Schwäbisch Hall, seit 2000 ist er Leiter des Hällisch-Fränkischen Museums. Seine Ausstellungen und Publikationen widmen sich überwiegend regionalen Themen.

Simon Paulus studierte Architektur an der TU Braunschweig und promovierte dort 2005 mit einer baugeschichtlichen Arbeit über die Architektur mittelalterlicher Synagogen. Als Mitbegründer der Bet Tfila – Forschungsstelle in Braunschweig beschäftigt er sich seit 1999 in Forschungsprojekten, Publikationen und Ausstellungen u. a. intensiv mit dem Themenschwerpunkt jüdischer Architektur, Siedlungstopographie und Sachkultur des Mittelalters und der Frühen Neuzeit. Derzeit ist er als Privatdozent an der Universität Stuttgart und an der Leibniz Universität in Hannover tätig.

Bernhard Purin studierte Empirische Kulturwissenschaft und Neuere Geschichte in Tübingen. Er war an den Jüdischen Museen Hohenems und Wien, wo er 1995 eine der ersten Ausstellungen zur Raubkunstproblematik kuratierte, tätig, leitete 1995 bis 2002 das Jüdische Museum Franken in Fürth und Schnaittach und ist seit 2003 Direktor des Jüdischen Museums München. Er kuratierte zahlreiche Ausstellungen zur jüdischen Kulturgeschichte und gehörte dem Konzeptteam des 2017 eröffneten Erinnerungsortes Olympia-Attentat in München an.

Lara Theobalt studierte Allgemeine und Vergleichende Literaturwissenschaft in Bochum, München und Dublin. Sie lernte Jiddisch an der LMU München und nahm 2015 am Vilnius Summer Program in Yiddish teil. Seit 2018 ist sie wissenschaftliche Volontärin am Jüdischen Museum München.

Christiane Twiehaus leitet seit 2014 die Abteilung für Jüdische Geschichte und Kultur im MiQua. LVR-Jüdisches Museum im Archäologischen Quartier Köln. Sie studierte Jüdische Studien und Europäische Kunstgeschichte in Freiburg und Heidelberg. Studienschwerpunkte waren Jüdische Kunst und Talmud/Rabbinische Codizes. Sie nahm vielfältige Tätigkeiten im Kulturbereich wahr, unter anderem an der Bundeskunsthalle in Bonn, am Theater Bonn sowie am Jüdischen Museum Franken Fürth, Schnaittach & Schwabach.

Joanna Weinberg studierte Classics am University College, London. 2001 erschien ihre kommentierte Übersetzung von *Azariah of de' Rossi's Light of the Eyes* bei Yale University Press. Sie unterrichtete rabbinische, mittelalterliche und frühmoderne jüdische Kultur am Leo Baeck College und später an der Universität von Oxford (bis 2017). Gemeinsam mit Anthony Grafton arbeitete sie an einer Studie zu Isaac Casaubon (Harvard University Press 2011) und brachte gemeinsam mit Michael Fishbane *Midrash Unbound* (Littman Library, 2013) heraus. Derzeit ist sie Mitherausgeberin eines Bands der Oxford-Warburg Reihe mit dem Titel *The Mishnaic Moment: Jewish Law among Jews and Christians in early modern Europe.*

Ayleen Winkler studierte Allgemeine und Vergleichende Literaturwissenschaft sowie Religionswissenschaft mit einem Schwerpunkt in Jüdischer Kultur und Geschichte in Bochum. Seit 2019 ist sie wissenschaftliche Volontärin am Jüdischen Museum München.

**IM LABYRINTH DER ZEITEN
MIT MORDECHAI W. BERNSTEIN DURCH
1700 JAHRE DEUTSCH-JÜDISCHE GESCHICHTE**
Eine Ausstellung des Jüdischen Museum München

KURATOR
Bernhard Purin
in Zusammenarbeit mit Ayleen Winkler

AUSSTELLUNGSARCHITEKTUR
Architekt Martin Kohlbauer

AUSSTELLUNGSGRAFIK
Haller & Haller

ÜBERSETZUNGEN
Christopher Wynne
Liliane Dombrowski

LEIHVERKEHR
Verena Immler

RESTAURIERUNG / KONSERVIERUNG
Susanne Depping
Sabine Menges

AUSSTELLUNGSPRODUKTION
Sabine Menges
mit
Hasan Güneri
Thomas Sensburg
Museom Service Gmbh., Wien

KULTURVERMITTLUNG
Kerstin Baur
Katharina Erbe

BESUCHERSERVICE
Nicole Heinzel
Barbara Kontae

PRESSEARBEIT
Angela Brehm

VERWALTUNG
Marco Hennig
Evdoxia Tsiligiri
Birgit Werner-Altmann

LEIHGEBER
Dottheim Brooks Family, New York
Hällisch-Fränkisches Museum, Schwäbisch Hall
Martin Heidecker, Alsenz
Jüdisches Museum Augsburg Schwaben
Jüdisches Museum Franken, Fürth
Kölnisches Stadtmuseum
Landesmuseum Mainz
Fürstlich Leinigensches Archiv, Amorbach
Marktgemeinde Schnaittach, Heimatmuseum
Münchner Stadtmuseum
Museen der Stadt Aschaffenburg
Museum für Franken, Würzburg
Museum zur Geschichte von Christen und Juden, Laupheim
Rheinisches Landesmuseum, Trier
Alexander Graf von Schönborn, Oberstadion
Stadtarchiv Bamberg
Städtisches Museum, Göttingen
Wetterau-Museum, Friedberg (Hessen)

DANK
Stefan Dünisch, Stadtarchiv Bamberg
Patricia Fliegauf, Münchner Stadtmuseum
Gernot Frankhäuser, Landesmuseum Mainz
Stephanie Goethals, Stadt- und Stiftsarchiv Aschaffenburg
Manfred Göttner, Heimatverein Thannhausen
Birgit Heide, Landesmuseum Mainz
Ada Hinkel, Textilrestaurierung, Hamburg
Jutta Hofmann-Beck, Münchner Stadtmuseum
Yanek Iontef, Tel Aviv
Florian Kastner, Marktgemeinde Schnaittach
Andreas Lehnhardt, Johannes Gutenberg-Universität Mainz
Karen, Laura und Nina Leon, New York
Anja Lippert, Museen Aschaffenburg
Anton Löffelmeier, Stadtarchiv München
Judith Olszowy-Schlanger, Oxford Centre for Hebrew and Jewish Studies
Thomas Otten, MiQua LVR – Jüdisches Museum im archäologischen Quartier Köln
Regina Prinz, Münchner Stadtmuseum
Wolfgang Reinicke, Haus der Bayerischen Geschichte, Regensburg
Marion Schneider, Deutsches Hygienemuseum Dresden
Sascha Stölp, Alsenz
Christiane Twiehaus, MiQua LVR – Jüdisches Museum im archäologischen Quartier Köln
Matthias Weniger, Bayerisches Nationalmuseum, München

und allen Leihgeberinnen und Leihgebern

Cover, S. 153
© Martin Heidecker, Alsenz,
Foto: Julia Hoffmann

S. 7, 14
© Karen Leon, Laura Leon und Nina Leon,
New York

S. 12
© Architekt Martin Kohlbauer, Wien

S. 24
© GDKE/Rheinisches Landesmuseum Trier,
Foto: Thomas Zühmer

S. 30, 34
© GDKE/Landesmuseum Mainz,
Foto: Kai Pelka

S. 57
© Stadtarchiv Bamberg, Foto: Lara Müller

S. 71
© Wetterau-Museum (Hessen),
Foto: Johannes Kögler

S. 83, 286
© Jüdisches Museum München,
Foto: Franz Kimmel

S. 101
© Alexander Graf von Schönborn, Oberstadion, Foto: Wolfgang Mennel

S. 113
© Hällisch-Fränkisches Museum,
Foto: Jürgen Weller Fotografie

S. 127
© Amorbach, Fürstlich Leiningensches
Archiv, Foto: Jens Kortus

S. 141
© Museum für Franken, Würzburg,
Foto: Klaus Bauer, Hahn-Media, Würzburg

S. 176–178
© Städtisches Museum Göttingen,
Foto: Barbara Eismann

S. 207
© Jüdisches Museum Augsburg Schwaben,
Foto: Ilya Kotov

S. 219
© Rheinisches Bildarchiv Köln, Kölnisches
Stadtmuseum, Foto: Peter Kunz

S. 235
© Münchner Stadtmuseum, Sammlung
Angewandte Kunst, Foto: Gunther Adler

S. 247
© Museum zur Geschichte von Christen und
Juden, Laupheim, Foto: Michael Niemetz

S. 260
© Dottheim Brooks Family, New York,
Foto: Haus der Bayerischen Geschichte |
Maximilian Brückner

S. 261
© Jüdisches Museum Franken,
Foto: Richard Krauss, Nürnberg

S. 273
© Marktgemeinde Schnaittach, Heimatmuseum, Fotografin: Annette Kradisch
Fotodesign, Nürnberg

Alle anderen Abbildungen sind den Büchern
und Aufsätzen Mordechai W. Bernsteins
entnommen.